# GELDANLAGE FÜR VORSICHTIGE

# GELDANLAGE FÜR VORSICHTIGE

Markus Neumann

## INHALT

**7 ANLEGEN OHNE SCHLAFLOSE NÄCHTE**
7 Die Finanzmärkte nach Jahren der Krise
13 Die Haftung bei Pleiten von Finanzunternehmen

**19 BANKZINSEN OHNE RISIKO**
19 Tagesgeld – meist besser als ein Sparbuch
21 Festgeld – Direktbanken haben die Nase vorn
24 Sparbriefe – Vorsicht vor der Abgeltungsteuer

**27 ZINSEN VON STAATEN UND UNTERNEHMEN**
27 So funktionieren Anleihen
36 Europäische Staatsanleihen als Langzeitanlage
41 Pfandbriefe – fast so sicher wie Bundeswertpapiere
43 Unternehmensanleihen – mehr Rendite, mehr Risiko
45 Rentenfonds – bequem in Anleihen investieren

**49 KRISENSCHUTZ – WAS SACHWERTE TAUGEN**
49 Was Sachwerte von anderen Anlagen unterscheidet
54 Inflationsschutz – mehr Wunsch als Wirklichkeit

**61 AKTIEN – KLUG INVESTIEREN**
61 Aktiengesellschaften – die wichtigsten Fakten
63 Was die Kurse an der Börse treibt
66 Wie man preiswerte Aktien erkennt
69 Aktienfonds – breit gestreut investieren

**77 GOLD – EDEL, ABER SPEKULATIV**
77 Der heilige Gral der Pessimisten
80 Barren und Münzen: Gold richtig kaufen

**83 IMMOBILIEN – GENAU RECHNEN**
83 Nicht immer ein Fels in der Brandung
86 Erfolgsfaktoren für den Immobilienkauf
89 Die selbstgenutzte Immobilie
94 Die vermietete Eigentumswohnung
100 Offene Immobilienfonds

**105 7 GOLDENE REGELN FÜR VORSICHTIGE**
106 Setzen Sie sich klare Ziele!
109 Investieren Sie nur in Produkte, die Sie verstehen!
112 Verlassen Sie sich nicht auf Prognosen!
114 Achten Sie auf die Kosten!
118 Erwarten Sie keine Geschenke!
121 Begrenzen Sie Ihr Risiko!
124 Kontrollieren Sie Ihre Anlagen regelmäßig!

**129 KRISENFESTE DEPOTS FÜR VORSICHTIGE**
129 Sicher vor Verlusten: Das Garantiedepot
133 Anleihen und Aktien mischen: Das Sicherheitsdepot
135 Zur Sache: Das Inflationsschutzdepot

**141 FONDS – DIE KLASSENBESTEN**
141 So optimieren Sie Ihr Depot
144 Rentenfonds Euro – ein solides Fundament
148 Aktienfonds Welt – Indexbezwinger sind rar
151 Aktienfonds Europa – Flexibilität lohnt sich
154 Aktienfonds Deutschland – hohe Schwankungen
157 Aktienfonds Schwellenländer – gute Beimischung

**160 SERVICE**
160 Empfehlenswerte Fonds aus unserem Dauertest
170 Ausgewählte Rentenindexfonds
172 Register
176 Impressum

# ANLEGEN OHNE SCHLAFLOSE NÄCHTE

Seit Ausbruch der Krise auf den Finanzmärkten sind viele Anleger in Deckung gegangen. Riskante Anlagen wie Aktien wollen sie nicht mehr anfassen und auch Banken misstrauen sie. Doch die Lage ist nicht so düster wie manche meinen. Bankeinlagen in Europa sind gut abgesichert und die Märkte haben sich beruhigt, seit die Europäische Zentralbank quasi für den Erhalt des Euro bürgt. Die größte Gefahr für Anleger sind jetzt die extrem niedrigen Zinsen.

## DIE FINANZMÄRKTE NACH JAHREN DER KRISE

Vor Ausbruch der Finanz- und Staatsschuldenkrise war die Welt für Kapitalanleger noch weitgehend in Ordnung. Wer auf Nummer sicher gehen und gar keine Risiken eingehen wollte, konnte sein Geld beispielsweise in festverzinsliche Wertpapiere wie Bundesschatzbriefe und Bundesanleihen stecken. Anleger, die auf diese Papiere setzen, erhalten regelmäßige Zinszahlungen und am Ende der Laufzeit ihr Geld zurück. Die Zinsen lagen immer über der Inflationsrate, die den durchschnittlichen Anstieg der Lebenshaltungskosten misst. Die Anleger erhielten also einen Ausgleich für steigende Lebensmittelpreise, Energiekosten und Mieten. Und der über die Inflationsrate hinausgehende Zins sorgte für einen stetigen Vermögenszuwachs. Mit Bundeswertpapieren konnten Anleger die Kaufkraft ihres Vermögens erhalten und es gleichzeitig vermehren.

Diese rosigen Zeiten sind vorbei. Seit Ausbruch der Krise befinden sich die Zinsen im Sturzflug. Inzwischen haben sie historische Tiefstände erreicht. Mit Bundeswertpapieren kommen Anleger nicht mehr auf einen grünen Zweig. Wer heute ein Höchstmaß an Sicherheit will, muss dafür bezahlen – mit einem schleichenden Verlust des Vermögens. Denn Inflation plus Abgeltungsteuer sind höher als der Zins, der sich mit den meisten Bundeswertpapieren erzielen lässt. Auch für Bankeinlagen, für Tages- und Festgelder, Sparbriefe und -bücher, befinden sich die Zinsen im Keller.

Hinzu kommt, dass Banken und Sparkassen nicht mehr wie früher uneingeschränkt als Hort der Stabilität angesehen werden. Geldinstitute und mit ihnen ganze Staaten können in gefährliche Schieflagen geraten. Das hat die Krise gezeigt.

**Vorsichtige Anleger müssen umdenken**
Schlechte Zeiten also für Geldanleger, die sich bisher vor allem auf festverzinsliche Anlagen konzentrierten und riskante Papiere wie Aktien mieden. Eine solche Anlagestrategie, die bis vor wenigen Jahren noch als vorsichtig galt, birgt nun die Gefahr des stetigen Kaufkraftverlustes. Vorsichtige Geldanlage ist heute mehr denn je eine Frage der Erwartungen: Jemand, der etwa davon überzeugt ist, dass Papiergeld bald nichts mehr wert ist, verhält sich aus seinem persönlichen Blickwinkel vorsichtig, wenn er das Vermögen in Gold und Immobilien investiert. Aus der Perspektive eines anderen vorsichtigen Anlegers, der an den Fortbestand des internationalen Finanzsystems glaubt, kommt diese Strategie dagegen einem Besuch im Spielkasino gleich. Denn besonders Gold, aber auch Immobilien sind riskante Anlagen.

Die meisten vorsichtigen Anleger dürften aber zumindest eines gemeinsam haben: Für sie steht der Erhalt des Ersparten an erster Stelle. Schmerzliche Verluste wollen sie vermeiden. Doch wie man dieses Ziel heute erreicht – daran scheiden sich die Geister. Extrem-Strategien, bei denen man sein ganzes Geld vielleicht aus Angst vor einer Finanzmarkt-Katastrophe in eine einzige Anlage steckt, sind keinesfalls das Gelbe vom Ei. Im Gegenteil: Das Risiko, völlig danebenzuliegen, ist beträchtlich. Zu den goldenen Regeln für vorsichtige Geldanleger gehört, nie alles auf eine Karte setzen (siehe Seite 121). Es ist sicherer, das Vermögen über verschiedene Anlagen zu verteilen, zu denen heute auch in Maßen Aktien zählen. Denn ohne die Renditechancen, die sie bieten, ist ein Erhalt des Vermögens kaum noch möglich. Es erscheint merkwürdig: Aber es ist eine Folge der Krise, dass heute ausgerechnet vorsichtige Anleger kaum auf Aktien verzichten können.

**Extrem-Risiken werden nicht mehr diskutiert**
Wenn man sein Geld auf verschiedene Anlagen verteilt, ist die Wahrscheinlichkeit hoch, dass immer einige von ihnen gut laufen, unabhängig davon, was an den Finanzmärkten passiert. Extrem-Strategien gehen dagegen meistens nur dann auf, wenn das erwartete Extrem-Szenario, etwa der Zusammenbruch der Eurozone, auch eintritt. Doch von solchen Risiken redet niemand mehr, seit der neue Chef der Europäischen Zentralbank (EZB), Mario Draghi, sich im Sommer 2012 dazu bekannte, alles ihm Mögliche zu tun, um den Euro zu erhalten. Die Unsicherheit an den Finanzmärkten ist deutlich zurückgegangen, an den Aktienbörsen sind die Anleger wieder in Kauflaune. Draghi will im Notfall unbegrenzt Anleihen von Euro-Krisenländern kaufen, um deren Kurse zu stützen. Diese Ankündigung hat die Investoren beruhigt, denn sie ist quasi eine Gratis-Risikoversicherung für Anleger.

Eine mögliche Stützung der Anleihekurse bedeutet eine Begrenzung der Verluste, die Anleger mit Anleihen der Krisenländer schlimmstenfalls machen können. Gleichzeitig werden den Schuldenstaaten auf diese Weise tragbare Finanzierungskosten garantiert. Die gefürchtete Abwärtsspirale aus steigenden Zinsen und wachsenden Belastungen für die Staatshaushalte, die schließlich in die Pleite führen können, scheint durchbrochen. Schlechte Nachrichten aus den angeschlagenen Euro-Staaten werden an den Finanzmärkten nun mit Gelassenheit aufgenommen. Denn Staatspleiten und einen Zusammenbruch des Euro hält die Mehrheit der Investoren inzwischen für unwahrscheinlich. Die Debatte darüber ist jedenfalls verstummt.

## Die Angst vor Inflation

Schon zu Beginn der Finanzkrise hat die EZB die europäische Wirtschaft mit Geld überschwemmt. Sie senkte die Zinsen immer weiter, zu denen sich Geschäftsbanken bei ihr Geld leihen können, und stellt ihnen nahezu unbegrenzt Kredit zur Verfügung. Diese Politik des billigen Geldes hat bei vielen Menschen die Furcht vor einer steigenden Inflation geschürt. Die Angst ist zwar verständlich. Doch eine Ausweitung des Zentralbankgeldes führt nicht zwangsläufig zu einer höheren Teuerungsrate. Das Geld muss auch unter die Leute gebracht werden. Aber das ist bisher nicht der Fall. Geschäftsbanken im Euroraum vergaben tendenziell weniger Kredite an Unternehmen und private Haushalte als vor der Krise.

### INFO Wo ist das Geld der EZB?

Aber wo ist das Geld, mit dem die EZB die Banken überschüttet? Die Antwort auf diese Frage ist komplex. Vereinfacht gesagt sitzen Banken in sicheren Euroländern auf diesen vielen Milliarden und verleihen sie nicht weiter. Der Hintergrund: Normalerweise finanzieren sich Banken nur zu einem Teil über Notenbankkredite. Eine andere wichtige Finanzierungsquelle ist der sogenannte Geldmarkt, auf dem Banken überschüssiges Kapital an andere Banken verleihen, die gerade welches brauchen. Doch seit Ausbruch der Krise trauten sich die Geldinstitute untereinander nicht mehr über den Weg. Deutsche Banken zum Beispiel wollten Banken in Krisenländern nichts mehr leihen. Die EZB sprang in die Bresche, während die Banken mit Überschuss-Kapital ihr Geld einfach behielten und bei der EZB anlegten. Im Prinzip wurden lediglich Kredite zwischen Geschäftsbanken durch EZB-Kredite ersetzt. Mehr Geld in die Wirtschaft floss dadurch bisher nicht.

**Kein Boom, keine Inflation**
Wenn das Zentralbankgeld nicht bei Unternehmen und Haushalten ankommt, können diese es nicht ausgeben und so zusätzliche Nachfrage schaffen. Und wenn die Nachfrage nicht steigt, steigen auch die Verbraucherpreise nicht stärker an. Tatsächlich war die Inflationsrate zu Beginn des Jahres 2013 sogar rückläufig. Im Euroraum lag sie bei 2 Prozent, in Deutschland bei 1,5 Prozent. Die Zahlen sind wenig erstaunlich, wenn man bedenkt, dass die Wirtschaftsleistung in vielen Euroländern schrumpft. „Kein Boom, keine Inflation", konstatiert Wirtschaftsnobelpreisträger Paul Krugman.

Selbst wenn die Wirtschaft wieder anspringt, müsste das nicht gleich zu höheren Preisen führen. Solange die Produktionskapazitäten nicht ausgelastet sind, können die Unternehmen eine steigende Nachfrage befriedigen, ohne dass die Inflation anzieht.

Doch einen großen Wachstumsschub erwartet in den nächsten Jahren kaum jemand. Viele Konjunkturforscher, Bankvolkswirte und Vermögensverwalter rechnen nur mit einer schwachen Wirtschaftsentwicklung im Euroraum.

**So funktioniert die „Enteignung der Sparer"**
Manche Anleger fürchten, die Staaten könnten in die Trickkiste greifen und versuchen, die Inflation absichtlich anzuheizen und sich über eine höhere Teuerung zu entschulden. Theoretisch ist das möglich. In der Praxis aber nicht so einfach umsetzbar. Schulden kann man nicht einfach verschwinden lassen (wenn man sie nicht zurückzahlen kann oder will). Aber man kann sie relativieren, ohne dafür einen Cent aus der Staatskasse aufwenden zu müssen. Dafür ist letztlich nicht die Teuerungsrate entscheidend, sondern die Differenz zwischen Zinsen und Inflation (der sogenannte Realzins).

Zu Beginn des Kapitels haben Sie gelesen, dass Ihr Vermögen stetig an Wert verliert, wenn die Zinsen, die Sie für Ihre Anlagen bekommen, niedriger sind als die Inflation. Ihren Kaufkraftverlust kann man ökonomisch auch als Umverteilung von Ihnen zum Staat interpretieren, der dadurch nach und nach seine Schuldenquote senkt, ohne die Ausgaben senken zu müssen (siehe Kasten). Kritiker sprechen auch von einer „Enteignung der Sparer".

Doch wie kann eine Regierung für eine solche Umverteilung sorgen? Entweder müsste die Inflation steigen, ohne dass der Zins zunimmt. Oder der Zins müsste sinken, während die Inflationsrate unverändert bleibt oder steigt.

Eine höhere Inflation mit Hilfe einer Geldschwemme können Staaten aber nicht so einfach erzwingen. Die Unabhängigkeit der EZB ist gesetzlich festgeschrieben, offiziell haben die Regierungen der EU-Mitgliedsländer keinen Einfluss auf die Geldpolitik. Zudem ist die EZB verpflichtet, für Preisstabilität zu sorgen. Die ist ihrer Ansicht nach bei einer Teuerungsrate von knapp unter 2 Prozent gegeben. Aber selbst mit einer Geldflut kann Inflation

**INFO** **Schrumpfkur für Schuldenberge**

Die Schulden eines Landes werden im Verhältnis zum Bruttoinlandsprodukt (BIP) gemessen. Deswegen ist immer von „Schuldenquoten" die Rede. Nur mit solchen relativen Kennzahlen lässt sich die Verschuldung einzelner Länder sinnvoll vergleichen. Ein kleines Land kann unter einer Kreditlast von 200 Milliarden Euro zusammenbrechen, für ein großes Land wie die USA wäre eine solche Summe marginal.

Die relative Schuldenmessung ermöglicht die Senkung der Schuldenquoten mit Hilfe von niedrigen Zinsen. Am schnellsten wird eine Regierung ihre Schulden los, ohne einen Euro für Zinsen und Tilgung ausgeben zu müssen, wenn die Inflationsrate höher als der Zins ist. Ökonomen sprechen dann von einem negativen Realzins (Realzins = Zins minus Inflationsrate)

Wenn sich ein Staat rechnerisch von seinen Schulden befreien will, muss das nominale BIP schneller steigen als der Schuldenberg. Dann sinkt die Schuldenquote.

Das nominale BIP misst die Menge aller in einer Volkswirtschaft produzierten Güter und Dienstleistungen zu aktuellen Preisen, enthält also auch die Teuerungsrate. Wenn man die Inflation herausrechnet, erhält man das reale BIP. Dessen Wachstumsrate zeigt, um wie viel die Menge der hergestellten Güter und Dienstleistungen gestiegen (oder gesunken) ist. Das nominale BIP steigt also jährlich in Höhe der Inflationsrate und der realen Wachstumsrate.

Angenommen die Zinsen für eine Staatsschuld im Inland wären genauso hoch wie die Inflationsrate. Dann könnte die Regierung die Zinsen vollständig mit neuen Krediten bezahlen, ohne dass die für die Kreditwürdigkeit entscheidende Schuldenquote anstiege. Denn das BIP würde dann ja mindestens so schnell wie die Schulden wachsen. Falls das BIP auch real zunimmt, würde die Schuldenquote um diese Rate Jahr für Jahr abnehmen. Ideal für eine Regierung wäre natürlich eine Teuerungsrate, die höher als der Zins ist. Dann würde die Schuldenquote noch schneller sinken – nämlich in Höhe des negativen Realzinses plus des realen Wachstums. Die Schulden würden zwar von Jahr zu Jahr um die kreditfinanzierten Zinsen wachsen, aber gemessen am nominalen BIP würden sie jährlich kleiner, weil sie mit einer deutlich geringeren Rate wachsen als das nominale BIP. Auf diese Weise verschwindet ein Schuldenberg, ohne jemals Zinsen und Tilgung zu bezahlen.

nicht auf Knopfdruck erzeugt werden (siehe oben). Außerdem müsste sie überraschend kommen. Andernfalls würden Staatsanleiheinvestoren einen höheren Zins als Ausgleich für eine höhere Teuerungsrate verlangen. Nur über langlaufende Anleihen, deren Zinsen nicht schnell angepasst werden können, ließe sich dann die Schuldenquote drücken.

Vielversprechender für Regierungen erscheint da die andere Stellschraube: der Zins. Hier können Regierungen Einfluss nehmen – und machten es auch. In den USA legte die Regierung beispielsweise nach dem Zweiten Weltkrieg eine Zinsobergrenze fest, die unter der Wachstumsrate der Wirtschaft lag (siehe Kasten Seite 11). Zwischen 1946 und 1962 schrumpfte die Schuldenquote von 120 auf 60 Prozent, ohne dass der Staat etwas von den Schulden tilgte. Wenn Staaten in die Märkte eingreifen, um die Zinsen zu drücken, sprechen Ökonomen von „finanzieller Repression".

### FAZIT: REGIERUNGEN LIEBEN NIEDRIGE ZINSEN

Zwar droht Anlegern in Sachen Inflation derzeit keine Gefahr und Regierungen haben wenig Mittel, daran etwas zu ändern. Doch Staaten haben ein handfestes Interesse an niedrigen Zinsen und können sie auch erzwingen. Da die Schulden in vielen europäischen Ländern trotz Sparprogrammen weiter steigen, müssen sich vorsichtige Anleger voraussichtlich längerfristig mit sehr niedrigen Zinsen arrangieren.

### Schleichender Vermögensverlust in sicheren Eurostaaten

In einigen sicheren Eurostaaten wie Deutschland oder den Niederlanden sanken die Zinsen, die Anleger für Staatsanleihen erhielten, ohne Eingriffe der Regierungen. Die Ursache ist eine besonders hohe Nachfrage nach risikolosen Anleihen im Zuge der Schuldenkrise. Weil zudem einige Länder, die eine vorher uneingeschränkte Kreditwürdigkeit genossen hatten (wie Italien oder Spanien), in Zahlungsschwierigkeiten gerieten, sank auch das Angebot solcher risikoloser Papiere. Die Folge: Staaten, deren Anleihen als sicher gelten, konnten die Zinsen für ihre neuen Anleihen senken und fanden trotzdem genügend Käufer. In Deutschland drehte der Zins nach Abzug der Inflationsrate für Staatsanleihen mit einer Laufzeit von bis zu zehn Jahren schließlich in den negativen Bereich. Für vorsichtige Anleger ist seitdem der Notstand ausgebrochen.

Der schleichende Vermögensverlust ist heute vermutlich die größte Gefahr für Anleger.

### DEM ZINSTIEF ENTGEHEN

Anleger können dem Zinstief und dem damit drohenden Wertverfall ihres Ersparten nur entgehen, wenn sie bei der Geldanlage auch auf riskantere Anlagen wie Aktien setzen. Wie das möglich ist, ohne sich dabei auf unkalkulierbare Abenteuer an den Finanzmärkten einzulassen, lesen Sie in den folgenden Kapiteln.

# DIE HAFTUNG BEI PLEITEN VON FINANZUNTERNEHMEN

Seit das internationale Bankensystem und einige europäische Staaten bedrohlich ins Wanken gerieten, sorgen sich immer mehr Anleger um die Sicherheit ihrer Bankeinlagen. Pleiten in den USA und Island und kurz vor der Zahlungsunfähigkeit stehende deutsche Geldinstitute nährten vor allem 2008 Zweifel an der Solidität und Vertrauenswürdigkeit der Finanzbranche. Zwar scheinen die schlimmsten Brände inzwischen gelöscht zu sein. Doch die Angst vor dem Verlust des Ersparten ist bei vielen geblieben.

Mittlerweile hat die Europäische Union (EU) die gesetzliche Bankeinlagensicherung einheitlich geregelt und den Schutz für Anleger verbessert. Seit 2011 ist jedes Mitgliedsland verpflichtet, die Rückzahlung von Spareinlagen bis zu 100 000 Euro pro Bank und Kunde zu garantieren. Diese Regelung gilt für Girokonten, Guthaben auf Kreditkartenkonten, Tages- und Festgeld sowie für Sparbriefe. Für Gemeinschaftskonten von Eheleuten beträgt die abgesicherte Summe 200 000 Euro. Solange die Höchstgrenzen nicht überschritten werden, gilt die Einlagensicherung auch für noch ausstehende Zinsen.

### Rückzahlung der Guthaben

Wie die EU-Richtlinie im Detail umgesetzt wird, ist Sache der einzelnen Länder. In Deutschland sind die Vorgaben im Einlagensicherungs- und Anlegerentschädigungsgesetz verankert. Danach müssen alle deutschen Privatbanken wie die Deutsche Bank Mitglied in der Entschädigungseinrichtung deutscher Banken (EdB) sein. Schlittert ein Geldinstitut in die Pleite, springt die EdB ein. Sie finanziert sich aus den Mitgliedsbeiträgen der Banken. Über wie viel Geld sie verfügt, wird nicht veröffentlicht. Sollten ihre Mittel zur Deckung eines Schadensfalles nicht ausreichen, kann sie weitere Finanzspritzen von den Mitgliedsbanken einfordern oder Kredite aufnehmen. Wichtig: Auf die gesetzliche Einlagensicherung besteht ein Rechtsanspruch, der einklagbar ist.

In Frankreich, Österreich, Großbritannien und Luxemburg regeln ähnliche Entschädigungseinrichtungen wie in Deutschland die Ansprüche von Bankkunden. In den Niederlanden hat diese Aufgabe die Zentralbank übernommen. Allen gemein ist, dass sie spätestens 20 Tage nach einer Bankenpleite die Guthaben der Kunden inklusive Zinsen zurückbezahlen.

### TIPP: VERMÖGEN VERTEILEN

Oft bieten Banken im europäischen Ausland die höchsten Zinsen. Wenn Sie mehr als 100 000 Euro etwa als Tages- oder Festgeld in Europa anlegen wollen, verteilen Sie Ihr Vermögen auf verschiedene Banken, sodass die Sicherungsgrenze nicht überschritten wird. Auf diese Weise schützen Sie auch größere Summen vor der Zahlungsunfähigkeit von Banken.

## Ausnahmefall Deutschland

Innerhalb von Deutschland ist die Streuung des Vermögens über mehrere Geldinstitute dagegen häufig nicht notwendig. Die meisten Privatbanken sind hier zusätzlich zur EdB freiwillig Mitglied im Einlagensicherungsfonds des Bundesverbandes deutscher Banken (BdB). Der BdB sichert Bankeinlagen in Millionenhöhe ab und springt ein, wenn die EdB-Sicherungsgrenze ausgeschöpft ist. Er steht pro Kunde für Beträge in Höhe von bis zu 30 Prozent des haftenden Eigenkapitals einer Bank gerade. Wie groß diese Summe im Einzelnen ist, hängt also von der Größe des Geldinstituts ab. Bei der IKB direkt beispielsweise waren 2012 rund 654 Millionen Euro pro Kunde über den BdB abgesichert. Bei den kleinsten Banken sind es immerhin noch 1,5 Millionen Euro – für die meisten Anleger ein ausreichendes Auffangnetz. Die genaue Höhe kann auf der Webseite des BdB abgefragt werden (www.bankenverband.de).

Allerdings senkt der BdB die Haftungshöhe in den kommenden Jahren schrittweise: Ab dem Jahr 2015 sinkt sie auf 20 Prozent, 2020 auf 15 Prozent und 2025 schließlich auf 8,75 Prozent des Eigenkapitals. Selbst bei kleinen Banken sind dann aber immer noch knapp 440 000 Euro pro Kunde vor Pleiten geschützt.

### Kein Rechtsanspruch auf BdB-Entschädigung

Anders als bei der gesetzlichen Einlagengarantie besteht auf die Zahlungen des BdB allerdings kein Rechtsanspruch. Der Verband begründet diesen Mangel mit formalen Hindernissen: Gäbe es einen Rechtsanspruch, würde der BdB-Fonds rechtlich als Versicherung eingestuft. Das hätte zur Folge, dass Versicherungssteuer anfiele. Zudem würde dadurch auch das Entschädigungsverfahren komplizierter und teurer. Deshalb sei 1976 bei der Gründung des Fonds – in Absprache mit dem Finanzministerium und der Finanzdienstleistungsaufsicht – darauf verzichtet worden, einen Rechtsanspruch festzuschreiben, erklärt der BdB.

Kritiker verweist der Verband auf die verlässliche Schadensregulierung in der Vergangenheit. Seit Bestehen des Sicherungsfonds hat kein Kunde in Deutschland bei einer der mehr als 30 Bankpleiten seine Spareinlagen verloren.

Inzwischen sind auch einige Banken aus dem europäischen Ausland, deren Kundengelder in den jeweiligen Heimatländern von der gesetzlichen Einlagesicherung geschützt sind, zusätzlich Mitglied im BdB-Fonds. Dazu zählen Cortal Consors, die ICICI Bank und die Bank of Scotland. Letztere ist derzeit allerdings nur bis 250 000 Euro pro Person abgesichert, weil sie noch nicht lange genug Mitglied im Einlagensicherungsfonds des BdB ist (Stand: Juli 2013).

Darüber hinaus gibt es eine Vielzahl von ausländischen Geldinstituten, die in Deutschland eigenständige Tochtergesellschaften unterhalten. Diese Banken haben zum Teil exotisch klingende Namen, fallen jedoch unter die deutsche gesetzliche Einlagensicherung und sind zudem häufig noch BdB-Mitglied. Bei ihnen greifen demnach dieselben Schutzmechanismen wie bei den meisten deutschen Privatbanken. Zu diesen Instituten zählen beispielsweise ING-Diba, Santander Consumer Bank, Ziraat Bank sowie die Oyak Anker Bank.

Lassen Sie sich also nicht von fremd klingenden Namen verunsichern. Informationen über die Einlagensicherung der jeweiligen Bank, die meistens auf deren Internetseiten veröffentlicht werden, verschaffen Ihnen Klarheit.

## Die Abwicklung von Schadensfällen

Wie Schadensfälle konkret abgewickelt werden, ist von Land zu Land verschieden. Besonders bequem haben es Anleger in Deutschland. Hat die Bundesanstalt für Finanzdienstleistungsaufsicht (BaFin) die Zahlungsunfähigkeit einer privaten Bank festgestellt, schickt die EdB den Kunden automatisch einen Antrag zu. Guthaben und Zinsen sind darin bereits vermerkt. Die Kunden müssen lediglich ihre Kontonummer eintragen und den Antrag zurückschicken. Die Entschädigung wird spätestens nach 20 Tagen bezahlt.

### INFO Die Einlagensicherung bei Sparkassen und Volksbanken

**Sparkassen:** Anders als Privatbanken garantieren die öffentlich-rechtlichen Sparkassen die Rückzahlung der Kundengelder ohne Begrenzung. Über einen Sicherungsverbund sind 100 Prozent der Einlagen abgesichert. Die Mitgliedschaft in der sogenannten Institutssicherung der Sparkassen-Finanzgruppe (DSGV) ist für alle Sparkassen zwingend. Gerät eine Sparkasse in Bedrängnis, wird sie von den anderen Mitgliedern im Verbund gestützt. Pleiten werden nach diesem System verhindert, bevor sie eintreten. Käme es dennoch zu einem Schadensfall, würden Kunden der betroffenen Sparkassen vom DSGV in voller Höhe entschädigt.
**Volksbanken:** Die Volks- und Raiffeisenbanken sowie die Sparda-Banken und die PSD Banken haben ein ähnliches System wie die Sparkassen. Auch bei ihnen sind Spareinlagen ohne Begrenzung abgesichert.
**Bausparkassen:** Ebenfalls unlimitiert sind Bausparguthaben bei privaten Bausparkassen. Dazu zählen die Aachener, Debeka, Alte Leipziger, Deutsche Bausparkasse Badenia und die Bausparkasse Mainz. Andere Einlagen sind bei diesen Instituten allerdings nur begrenzt gesichert. Hier greift die EdB für die ersten 100 000 Euro pro Kunde. Höhere Beträge sind über den Einlagensicherungsfonds des Verbandes der privaten Bausparkassen geschützt – allerdings nur weitere 150 000 Euro, sodass sich insgesamt eine Sicherungsgrenze von 250 000 Euro ergibt.

Etwas länger dauert es, wenn das Guthaben die 100 000-Euro-Grenze überschreitet und die zahlungsunfähige Bank Mitglied im Sicherungsfonds des BdB ist. Dann überträgt die EdB die gesamte Entschädigung auf den BdB. Der wiederum prüft die Forderung und gleicht sie innerhalb von ein bis zwei Monaten aus.

In Frankreich und England werden Schadensfälle von der gesetzlichen Einlagensicherung ähnlich unkompliziert bearbeitet wie in Deutschland. In den Niederlanden und Luxemburg sind die Verfahren weniger kundenfreundlich. In den Niederlanden müssen Anleger warten, bis die Zentralbank eine Adresse im Internet bekannt gibt, an die Anträge auf Entschädigung zu richten sind. In Luxemburg veröffentlicht die insolvente Bank Anträge im Internet. Kunden tragen darin ihre Forderungen ein und müssen zudem ihre Identität nachweisen.

Nur wenig komplexer wird es, wenn eine Bank der gesetzlichen Einlagensicherung im europäischen Ausland unterliegt und gleichzeitig freiwilliges Mitglied im deutschen BdB-Fonds ist. Bei Forderungen über 100 000 Euro schaltet sich der BdB automatisch ein. Kunden erhalten dann ein Formular. Darin ist ihr Guthaben inklusive Zinsen maximal bis zur jeweiligen Sicherungsgrenze und abzüglich der von der gesetzlichen Einlagensicherung geleisteten Zahlung eingetragen. Die Anleger müssen nur noch ihre Kontonummer ergänzen und den Bogen an den BdB zurückschicken.

## Auch Sicherungssysteme haben ihre Grenzen

Viele Anleger fragen sich, ob die Sicherungssysteme im Ernstfall auch tatsächlich funktionieren. Solange in den EU-Staaten nur vereinzelt Banken zahlungsunfähig werden, sollte die gesetzliche Einlagensicherung in den meisten Ländern in der Lage sein, alle Entschädigungsforderungen zu begleichen. Schließlich ist die Haftung begrenzt.

Anders sieht es aus, wenn nach der Pleite einer Großbank weitere Institute mitgerissen werden. Bei einem massenhaften Zusammenbruch könnten die Sicherungssysteme, die sich ja aus den Beiträgen von Banken finanzieren, schnell überfordert sein. Sie sind nicht für Katastrophen wie den Zusammenbruch des Finanzsystems geschaffen. Würde eine solche Gefahr drohen, müsste der Staat eingreifen, um zu verhindern, dass es zu einer Kettenreaktion kommt. Ein solches Szenario ist nach Ansicht von Finanztest aber wenig wahrscheinlich.

## Einlagensicherung wird europäisch

Ab 2014 sollen Bankenaufsicht und Einlagensicherung auf EU-Ebene organisiert werden. Nach Plänen der Europäischen Kommission überwacht dann die Europäische Zentralbank die Geldinstitute. Gleichzeitig soll auch die Einlagensicherung europäisch werden. Nationale Absicherungsfonds in den einzelnen Ländern sollen die Sicherheit der Bankeinlagen garantieren. Gerät ein solcher Fonds in

Bedrängnis, müssen die anderen Länderfonds mit Krediten helfen. Vor allem die Sparkassen und Genossenschaftsbanken sind gegen ein solches System. Sie fürchten eine Schwächung ihrer bisher autonomen Institutssicherung (siehe Kasten, Seite 15). Werden die Pläne umgesetzt, wird sich an der Sicherheit deutscher Bankguthaben voraussichtlich nichts ändern. Die Abwicklungsfonds würden die bisherige gesetzliche Einlagensicherung ersetzen und der zusätzliche Entschädigungsfonds des BdB bliebe bestehen.

## Insolvenzschutz bei Fonds

Kapital, das in Investmentfonds steckt, ist vor einer Insolvenz des Fondsinitiatoren ohne Begrenzungen geschützt. Es ist sogenanntes Sondervermögen. Die Investmentgesellschaft ist gesetzlich verpflichtet, die Kundengelder getrennt vom Vermögen des Unternehmens aufzubewahren. Das Anlegerkapital wird bei einer unabhängigen Depotbank hinterlegt. So ist sichergestellt, dass zur Geldanlage überlassenes Vermögen bei einer Insolvenz nicht in die Konkursmasse fällt und verwertet werden kann, um Verbindlichkeiten des Fondsinitiatoren zu begleichen. Diese Sicherung des Anlagekapitals vor einer Zahlungsunfähigkeit der Fondsgesellschaft ist aber nicht als Schutz vor Investitionsrisiken misszuverstehen. Wer beispielsweise einen Aktienfonds kauft, muss damit rechnen, im schlimmsten Fall Geld zu verlieren, weil die Preise von Aktien fallen können (siehe Seite 63).

## Kein Auffangnetz bei Anleihen und Zertifikaten

Anleihen und Zertifikate, sogenannte Inhaberschuldverschreibungen, sind im Gegensatz zu Bank- und Fondseinlagen nicht vor Pleiten der Herausgeber (Emittenten) geschützt. Anleihen werden von Staaten, etwa der Bundesrepublik Deutschland, und von Unternehmen herausgegeben. Die Käufer geben den Emittenten einen Kredit und erhalten dafür Zinsen. Kann der Emittent die Kredite nicht zurückzahlen, ist das verliehene Geld verloren. Beispielsweise mussten Inhaber von Griechenland-Anleihen auf einen großen Teil ihrer Forderungen verzichten, weil das Land seine Schulden nicht mehr bedienen konnte. Mehr über die Chancen und Risiken von Anleihen lesen Sie ab Seite 27.

Auch Zertifikate, mit denen Anleger auf nahezu alles setzen können, was an den Kapitalmärkten gehandelt wird, sind Inhaberschuldverschreibungen. Bei einer Pleite des Emittenten werden sie wertlos. Dieser Umstand wird im Finanzmarktjargon als „Emittentenrisiko" bezeichnet.

### BESSER FONDS ALS ZERTIFIKATE

Oft können Sie für dasselbe Investment zwischen Zertifikaten und Fonds wählen, etwa für Anlagen in Aktienindizes wie den deutschen Dax. In solchen Fällen sind Sie meistens besser beraten, wenn Sie sich für einen Fonds entscheiden, weil dieser im Gegensatz zum Zertifikat vor einer Insolvenz geschützt ist.

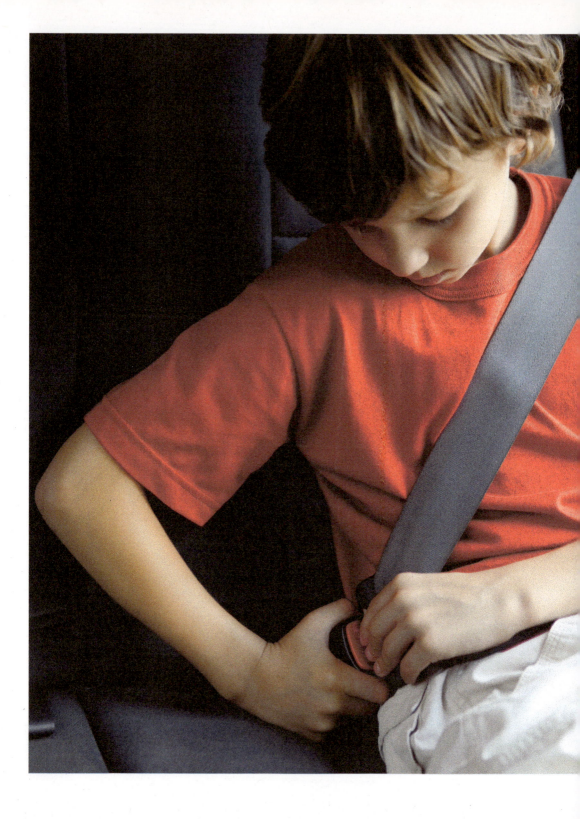

# BANKZINSEN OHNE RISIKO

Verzinste Bankguthaben sind eine sehr sichere Geldanlage. Das angelegte Vermögen ist vor Bankenpleiten geschützt und keinen Schwankungsrisiken ausgesetzt. Auch die Höhe der Zinserträge ist bei Festgeldern und Sparbriefen für die Dauer der Anlage genau kalkulierbar. Das macht sie zu einem verlässlichen Baustein im Depot. In Zeiten historisch niedriger Zinsen kann es allerdings zur Herausforderung werden, lohnende Angebote zu finden, deren Rendite über der Inflationsrate liegt.

## TAGESGELD – MEIST BESSER ALS EIN SPARBUCH

Trotz magerer Zinsen und Begrenzungen bei der Abhebung von Bargeld schwören nach wie vor Millionen Menschen hierzulande auf das Sparbuch. Dabei sind Tagesgeldkonten deutlich attraktiver. Sie sind genauso sicher wie Sparbücher, doch die Zinsen sind häufig höher und Kontoinhaber können jederzeit vollständig über die eingezahlte Summe verfügen. Deshalb sind Tagesgeldkonten sehr gut geeignet, um größere Beträge kurzzeitig zu parken. Zudem kann hier dauerhaft eine Barreserve für Notfälle angelegt werden, die – anders als auf den meisten Girokonten – Zinsen bringt. Die Abwicklung des alltäglichen Zahlungsverkehrs ist über Tagesgeldkonten aber nicht möglich. Von ihnen lassen sich nur Überweisungen auf sogenannte Referenzkonten, meistens ein Girokonto, tätigen.

Ein Nachteil von Tagesgeldern sind ihre variablen Zinsen. Die Banken können die Zinssätze jederzeit senken oder erhöhen. Dabei orientieren sich die Institute meistens an den Zinsen, die auf dem Geldmarkt für Kurzfristdarlehen zwischen Banken bezahlt werden. Anleger sollten die Verzinsung ihres Tagesgeldkontos regelmäßig prüfen. Sinkt die Rendite spürbar unter die der Konkurrenz, wechseln Sie einfach die Bank. Wer Onlinebanking nutzt, kann das mit ein paar Mausklicks erledigen.

## Lockangebote: Die Tricks der Banken

Allerdings sind nicht alle Tagesgeldangebote so attraktiv wie sie auf den ersten Blick erscheinen. Nicht selten gibt es einen oder gleich mehrere Haken. Nicht zuletzt deswegen lohnt es sich immer, auch das Kleingedruckte zu lesen. Die häufigsten Fallstricke:

- **Befristete Angebote:** Der attraktive Zins gilt nur für einen begrenzten Zeitraum. Bei solchen Angeboten spekulieren die Kreditinstitute darauf, dass der Anleger das Ende der Sonderverzinsung verpasst. Danach erhält er für sein Geld nur noch den bescheideneren Standardzins.

- **Limitierte Beträge:** Typisch sind auch attraktive Zinsen, die beim näheren Hinsehen nur für kleine Beträge gelten, zum Beispiel nur bis 5 000 Euro. Ist die Einlage höher, bekommen Kunden für den Betrag über dieser Grenze einen deutlich niedrigeren Zins gezahlt.

- **„Falsche" Zinstreppe:** Mit Zinsen, deren Höhe vom Einzahlungsbetrag abhängt, sollen Kunden animiert werden, möglichst hohe Beträge auf ihr Tagesgeldkonto einzuzahlen. Beispielsweise werden bei Summen über 10 000 Euro 2 Prozent Zinsen geboten, darunter nur 1 Prozent. Dagegen ist nichts einzuwenden, solange der höhere Zins für den gesamten Einzahlungsbetrag gilt. Bei einer „falschen" Zinstreppe ist das nicht der Fall. Die Bank verzinst lediglich den Betragsanteil über 10 000 Euro mit 2 Prozent. Derartig gestrickte Tagesgeldangebote sollten Anleger meiden – Alternativen gibt es genug.

- **Unerwünschte Nebenkosten:** Manche Banken und Sparkassen locken Kunden mit hohen Zinsen, verlangen gleichzeitig aber Geld für die Kontoführung, für Überweisungen oder für den Versand der Kontoauszüge. Das schmälert die jährliche Rendite. Anleger sollten nur kostenlose Konten für Tagesgeld und Festzinsanlagen wählen.

- **Für manche Anleger ärgerlich:** Die hohen Zinsen gibt es öfter nur, wenn der Kunde ein Onlinekonto führt. Kunden, die das nicht wollen oder können, sind von dem Angebot ausgeschlossen.

### ! DIE BESTEN TAGESGELDKONTEN

Lockangebote mit unerfreulichen Begleiterscheinungen lässt man besser links liegen. So macht es auch Finanztest bei der monatlichen Ermittlung der besten Tagesgeldkonditionen. Wir berücksichtigen nur unbefristete Angebote ohne Kosten und Nebenbedingungen.

Banken, die sich bei der Zinshöhe als besonders beständig erwiesen, erhalten das Prädikat „dauerhaft gut". Sie haben sich in den vergangenen zwei Jahren 22 Monate lang unter den 20 Geldinstituten mit den besten Tagesgeldkonditionen gehalten. Die aktuellste Auswertung finden Sie immer in der neusten Ausgabe von Finanztest oder im Internet unter www.test.de/zinsen.

## Weniger bekannte Direktbanken haben die Nase vorn

Die höchsten Zinsen bieten häufig unbekanntere Direktbanken, die auf groß angelegte Werbekampagnen verzichten. Direktbanken nehmen Kundenaufträge nur über das Internet sowie per Telefon und Post entgegen. Sie unterhalten keine Filialen und kommen mit wenig Personal aus. Wegen ihrer geringeren Kosten können sie bessere Konditionen bieten als Banken, die ein aufwendiges Zweigstellennetz finanzieren. Die Kehrseite der Medaille: Auf persönlichen Kontakt zu einem Berater müssen ihre Kunden verzichten. Wer darauf Wert legt, ist bei einer Direktbank falsch.

### TIPP: FAHREN SIE ZWEIGLEISIG
Viele Anleger unterhalten zum Beispiel ein Girokonto bei ihrer Hausbank mit Filialnetz und nutzen gleichzeitig Tagesgeldkonten bei Direktbanken.

### TIPP  Nominalzins und Rendite
Anlageangebote können Sie anhand des zu erwartenden Ertrags vergleichen. Entscheidend ist dabei der Effektivzins. Das ist der Zuwachs, den Ihre Anlage auf Jahresbasis tatsächlich bringt. Hier müssen Sparer genau hinsehen. Werben zum Beispiel zwei Banken damit, dass Sie eingezahltes Tagesgeld mit 2 Prozent verzinsen, kann sich die Rendite trotzdem unterscheiden. Bank 1 könnte zum Beispiel die Zinsen nur einmal im Jahr gutschreiben, während Bank 2 die Zinsen jeweils anteilig monatlich gutschreibt. Dann ist der Nominalzins beider Banken zwar gleich, doch bei Bank 2 ist aufgrund des Zinseszinseffekts der Effektivzins etwas höher. Er liegt nicht bei 2,00, sondern bei 2,02 Prozent.

## FESTGELD – DIREKTBANKEN HABEN DIE NASE VORN

Auf Festgeldkonten wird Kapital für einen bestimmten Zeitraum zu einem festen Zinssatz angelegt. An solche Konten können Anleger vor Ablauf der Frist nicht heran. Wie bei Tagesgeld bestehen auch bei Festgeldern keine Kursrisiken. Der eingezahlte Betrag schwankt nicht während der Anlagedauer und ist im Rahmen der Einlagensicherung garantiert.

Es gibt kurzfristige Festgelder mit Laufzeiten von 30, 60, 90, 180 oder 360 Tagen. Sie sind eine Alternative zu Tagesgeldkonten. Die Rendite ist allerdings im Vergleich zu den besten Tagesgeldkonditionen meistens geringer. Dafür ist die Höhe des Zinses festgeschrieben.

Etwas höhere Zinsen bieten Festgelder mit längerer Laufzeit. Möglich sind in der

Regel Anlagen zwischen einem und zehn Jahren. Grundsätzlich gilt: Je länger die Anlagedauer, desto höher die Zinsen. Die attraktivsten Konditionen bieten wie beim Tagesgeld meistens unbekanntere Direktbanken.

Nicht selten können Festgeldkonten erst ab einer Mindestanlagesumme eröffnet werden, die zwischen 2 500 und 5 000 Euro rangiert. Bei kurzfristigen Festgeldern wird der Zins am Ende der Laufzeit bezahlt. Bei mehrjährigen Verträgen werden die Erträge jährlich ausgeschüttet und versteuert, falls kein Freistellungsauftrag erteilt wurde oder dieser schon ausgeschöpft ist. Die Zinsen werden anschließend entweder dem Girokonto oder dem Tagesgeldkonto gutgeschrieben oder im Festgeldkonto angelegt. Letzteres ist vorteilhafter, weil Anleger bei diesem Verfahren automatisch vom Zinseszinseffekt profitieren und sich nicht selbst um die Wiederanlage ihres Zinsertrages kümmern müssen.

Einen wichtigen Unterschied gibt es auch zum Ende der Laufzeit. Manche Banken überweisen dann Anlagesumme und Erträge unaufgefordert auf das Girokonto des Kunden. Andere Verträge müssen dagegen vor Ablauf der Frist gekündigt werden. Andernfalls legt die Bank oder die Sparkasse das Geld mit derselben Laufzeit wie zuvor wieder an – zu den dann aktuellen Konditionen. Wer hier vor Überraschungen geschützt sein will, studiert die Modalitäten vor dem Abschluss eines Festgeldvertrages.

Hüten sollten sich Anleger vor Kombinationsangeboten. Hier werden Kunden mit hohen Festgeldzinsen gelockt und gleichzeitig zu anderen Anlagen, beispielsweise einem Fondskauf, verpflichtet. Wer solche zusätzlichen Finanzprodukte nicht braucht, sollte sich nicht von hohen Zinsen blenden lassen. Das gilt auch für andere Lockangebote, die an unvorteilhafte Nebenbedingungen geknüpft sind (siehe Tagesgeld Seite 19).

## Europäische Zentralbank beeinflusst Festgeldzinsen

Was Festgelder einbringen, hängt grundsätzlich vom allgemeinen Zinsniveau ab, an dem sich Banken und Sparkassen orientieren. Dabei spielt auch der sogenannte Leitzins der Europäischen Zentralbank (EZB) eine wichtige Rolle. Zu diesem Zinssatz können sich die Geschäftsbanken bei der EZB Geld leihen. Sinkt er, setzen die Banken meistens auch die Zinsen für Fest- und Tagesgeld herunter. Diese Erfahrung mussten Anleger auch in den Jahren nach Ausbruch der Finanzkrise machen. Während die EZB ihre Zinsen immer weiter senkte, um die angeschlagene Finanzindustrie mit billigem Geld zu versorgen, verschlechterten sich die Konditionen von Fest- und Tagesgeld.

Der Hintergrund für diesen Zusammenhang: Banken haben verschiedene Möglichkeiten, um sich Geld für die Finanzierung ihrer Geschäfte, etwa die Vergabe von Krediten, zu beschaffen. Sie leihen sich welches bei der EZB oder auf dem Geldmarkt bei anderen Banken. Oder sie versuchen, möglichst viel Kapital bei Privatanlegern und Unternehmen einzusammeln, indem sie gute Konditionen für Bankeinlagen bieten. Doch dafür sinkt der Anreiz, wenn bei der EZB Geld im Überfluss günstig zu haben ist.

Hinzu kommen Ausnahmesituationen aufgrund der europäischen Staatsschuldenkrise: 2012 verfügten deutsche Banken wegen der Kapitalflucht aus angeschlagenen Euroländern über so viel überschüssiges Kapital, dass sie dreistellige Milliardenbeträge bei der EZB zu einem minimalen Zinssatz parkten. Auch unter solchen Umständen sind Banken weniger auf Kundeneinlagen angewiesen und bieten nur niedrige Zinsen.

## Hohe Festgeldzinsen sind kein Indiz für größere Risiken

Mittlerweile ist es immer schwieriger geworden, Banken zu finden, die noch Festgeldzinsen über der aktuellen Inflationsrate bieten. Die Unterschiede zwischen einzelnen Instituten sind zum Teil erheblich, weswegen sich ein Vergleich in jedem Fall lohnt. Hohe Renditen, das haben die meisten Anleger spätestens während der Finanzkrise gelernt, sind an den Kapitalmärkten auch mit höheren Risiken verbunden. Das gilt prinzipiell bei jeder Anlage, beispielsweise bei Staatsanleihen. Bei Fest- und Tagesgeld liegen die Dinge aber etwas anders. Hier sind hohe Zinsen kein Indiz für ein größeres Risiko, solange es sich um das Angebot einer europäischen Bank handelt, die sich auf eine tragfähige Einlagensicherung stützt.

Vielmehr können bessere Zinskonditionen ein Hinweis darauf sein, dass eine Bank Schwierigkeiten hat, sich auf dem Geldmarkt oder bei der EZB zu finanzieren. Im Verlauf der Finanzkrise haben viele Banken ihre Ausleihen untereinander drastisch reduziert – aus Angst vor Pleiten. Bei der EZB gibt es nur Geld gegen Sicherheiten, etwa Staatsanleihen von erstklassigen Herausgebern. Zwar sind die Standards seit Ausbruch der europäischen Staatsschuldenkrise immer weiter abgesenkt worden. Dennoch verfügt nicht jede Bank über genügend Sicherheiten, um sich bei der EZB mit genügend Kapital zu versorgen. Hier kommen dann wieder die Anleger ins Spiel, um deren Geld manche Banken mit überdurchschnittlichen Zinsangeboten buhlen. Nicht zuletzt können aber attraktive Konditionen auch aus geringeren Kosten einer Bank im Vergleich zur Konkurrenz resultieren (siehe Seite 21).

### KURZE LAUFZEITEN BEI NIEDRIGEN ZINSEN

In Zeiten sehr niedriger Zinsen ist es ratsam, keine Festgelder mit zu langen Laufzeiten abzuschließen. Sonst können Sie nicht flexibel reagieren, wenn die Zinsen wieder steigen und es bessere Angebote auf dem Markt gibt. Zwar weiß niemand genau, wann es zu Trendwenden an den Zinsmärkten kommt. Doch länger als drei bis fünf Jahre sollten Sie sich in einer Niedrigzinsphase nicht festlegen.

Eine andere Variante, um Geld nicht zu lange in niedrig verzinsten Anlagen zu binden, ist das sogenannte Treppendepot. Hier verteilen Sie Festgeld oder Anleihen über verschiedene Laufzeiten.

Mit diesem System partizipieren Sie schnell an steigenden Zinsen und erzielen mittelfristig einen soliden Durchschnittsertrag. Wie so ein Treppendepot genau funktioniert, lesen Sie auf Seite 138.

## SPARBRIEFE – VORSICHT VOR DER ABGELTUNGSTEUER

Sparbriefe sind festverzinsliche Wertpapiere, die von Banken und Sparkassen herausgegeben werden. Sie unterscheiden sich nur wenig von Festgeldern mit langen Laufzeiten. Geldinstitute bieten deswegen meistens entweder Festgeldkonten oder Sparbriefe, aber nicht beides an.

Auch bei Sparbriefen können Anleger während der Laufzeit nicht an ihr Geld heran, die Zinsen sind fixiert, es gibt keine Kursrisiken. Zudem ist das Anlagekapital wie bei Festgeldern über die Einlagensicherung geschützt. Die Mindestanlagesummen liegen häufig zwischen 2 500 und 5 000 Euro.

Anders als manche Festgeldkonten müssen Sparbriefe üblicherweise am Laufzeitende nicht gekündigt werden. Ein weiterer Unterschied zu Festgeldern: Im Notfall können Anleger Sparbriefe beleihen. Aber das kann sehr teuer werden.

Es gibt vier Sparbrief-Varianten:
- **Variante 1.** Sparbriefe mit jährlicher Zinszahlung: Sie zahlen die Zinsen meist nach Ablauf eines Laufzeitjahres an den Kunden aus, beispielsweise auf das Girokonto. Das bedeutet, der Zinsertrag wird jährlich steuerlich wirksam.
- **Variante 2.** Sparbriefe mit jährlicher Zinszahlung und Wiederanlage der Zinsen: Sie funktionieren wie Variante 1, die Zinsen werden aber wieder dem Sparbriefkonto zugebucht und in den folgenden Jahren mitverzinst. Vorteil: Der Kunde muss sich nicht um die Anlage der Zinsen kümmern und profitiert vom Zinseszinseffekt.

> **TIPP** **Festgelder und Sparbriefe ohne Tricks**
>
> Finanztest nimmt regelmäßig Festgelder und Sparbriefe unter die Lupe, bei denen die Zinsen jährlich versteuert werden. Die besten aktuellen Zinsangebote für verschiedene Laufzeiten finden Sie in jeder Ausgabe von Finanztest oder im Internet unter www.test.de/zinsen.

- **Variante 3.** Aufgezinste Sparbriefe: Bei dieser Variante werden die Zinsen nicht jährlich ausgeschüttet, sondern gesammelt und erst am Ende der Laufzeit auf einen Schlag zusammen mit dem Anlagebetrag ausgezahlt. Das kann dazu führen, dass die Zinserträge in diesem Jahr den Sparerpauschbetrag von 801 Euro pro Jahr für Alleinstehende übersteigen und Abgeltungssteuer fällig wird, während der Pauschbetrag in den Vorjahren, in denen keine Zinsen flossen, nicht ausgeschöpft wurde.
- **Variante 4.** Abgezinste Sparbriefe: Hier wird der Zinsertrag beim Kauf des Sparbriefes vom Nennbetrag abgezogen. Am Ende der Laufzeit wird der volle Nennwert zurückbezahlt. Steuerlich wie Variante 3.

Ein Rechenbeispiel verdeutlicht die Unterschiede: Nehmen wir der Einfachheit halber an, Sie kaufen einen Sparbrief mit einem Nennwert von 10 000 Euro und haben keine weiteren Einkünfte aus Zinsen und Dividenden. Die Laufzeit beträgt drei Jahre, der jährliche Zins 4 Prozent.

Bei Variante 1 bekommen Sie jedes Jahr 400 Euro auf ihr Girokonto überwiesen. Die sind steuerfrei, weil sie unterhalb Ihres Pauschbetrages liegen. Nach drei Jahren haben Sie 1 200 Euro Gewinn, wenn Sie Ihre Zinserträge aus den ersten beiden Jahren nicht wieder angelegt haben, etwa auf einem Tagesgeldkonto. Bei Variante 2, einem Sparbrief, der die Zinsen nach Steuern automatisch wieder anlegt, erzielen Sie mit dem Zinseszinseffekt einen Ertrag von rund 1 249 Euro, immerhin 49 Euro mehr.

Bei Variante 3 bekommen Sie am Ende auch 1 249 Euro Zinsen und ihre Einlage zurück. Nur jetzt wird für die 448 Euro über dem Pauschbetrag Abgeltungsteuer inklusive Solidaritätszuschlag in Höhe von 26,4 Prozent fällig. Ohne Kirchensteuer, die eventuell noch dazukommt, sind das immerhin 118 Euro, die Sie unter dem Strich weniger bekommen als bei Variante 2 mit Zinseszinseffekt. Auch im Vergleich zu einer einfachen jährlichen Verzinsung (Variante 1) sind Sie mit Variante 3 in diesem Beispiel schlechter gestellt.

Bei Variante 4 ist der Nennwert von 10 000 Euro der Betrag, den sie am Ende der Laufzeit inklusive Zinsen erhalten. Die Zinsen in Höhe von 1 110 Euro zieht die Bank beim Kauf des Sparbriefes vom Nennwert ab, sodass Sie nur rund 8 890 Euro bezahlen. Da auch bei dieser Variante die Zinsen auf einmal ausgeschüttet werden, fällt auch hier Abgeltungsteuer an.

### FAZIT: KLECKERN STATT KLOTZEN

Wer nicht jährlich ohnehin mit Zinseinnahmen und Dividenden aus anderen Anlagen seinen Sparerpauschbetrag voll ausschöpft, fährt bei größeren Beträgen mit den Varianten 1 oder 2 am besten.

# ZINSEN VON STAATEN UND UNTERNEHMEN

Eine gute Ergänzung zu Festgeldern sind sichere Anleihen von Staaten und sogenannte Pfandbriefe. Denn sie stützen sich auf andere Sicherungssysteme als Bankeinlagen. Allerdings schwanken ihre Kurse während der Laufzeit. In Zeiten sehr niedriger Zinsen bieten sich darüber hinaus auch für vorsichtige Anleger Unternehmensanleihen als Beimischung an. Sie werfen höhere Renditen ab, sind aber auch riskanter.

## SO FUNKTIONIEREN ANLEIHEN

Die Herausgabe (Emission) von Anleihen ist eine wichtige Finanzierungsquelle von Staaten und für Unternehmen eine Alternative zur Aufnahme von Bankkrediten. Jedes Jahr decken Länder wie die Bundesrepublik Deutschland, die USA und Japan ihre Haushaltsdefizite mit der Emission von Anleihen. Im Jahr 2012 hat allein die Bundesrepublik frische Anleihen im Wert von 264 Milliarden Euro platziert. Das Volumen von Bundeswertpapieren, die 2011 noch im Umlauf waren, summierte sich im Durchschnitt auf insgesamt 1,1 Billionen Euro.

Zu den Käufern dieser Papiere zählen institutionelle Anleger wie Banken, Versicherungen, Pensionsfonds und Stiftungen sowie Privatanleger. Sie schätzen den verlässlichen Charakter von sicheren Anleihen.

Für den Kredit, den die Anleger den Emittenten geben, erhalten sie einen über die Laufzeit festen Zinssatz. Das haben Anleihen, die wegen der regelmäßigen Zinseinnahmen auch „Renten" genannt werden, mit Sparbriefen und Festgeldern gemein. Ein wesentlicher Unterschied besteht in der Handelbarkeit. Während Festgelder vor Ablauf der Frist unantastbar sind, können häufig gehandelte (liquide) Anleihen jederzeit zu Geld gemacht werden. Das Handelsvolumen mit Bundeswertpapieren betrug 2011 mehr als 6 Billionen Euro. Statistisch gesehen wechselte demnach jede Anleihe fünf Mal pro Jahr den Besitzer.

Das bedeutet aber auch, dass ihr Wert anders als bei Spareinlagen während der Laufzeit schwankt. Doch bei Fälligkeit erhalten die Anleger ihr Kapital vollständig zurück, vorausgesetzt sie haben für die Anleihe nicht mehr als deren Nennwert bezahlt (das ist der Betrag, der auf der Anleihe steht) und der Herausgeber gerät nicht in Zahlungsschwierigkeiten. Denn Anleihen sind nicht wie Bankguthaben von der Einlagensicherung geschützt.

**Großes Angebot unterschiedlicher Papiere**
Der Markt für Anleihen ist vielfältig: Es gibt sie mit Laufzeiten von wenigen Monaten bis zu mehr als 30 Jahren. Anleihen mit Fälligkeiten unter einem Jahr werden als Geldmarktpapiere bezeichnet. Anleihen sind in allen wichtigen Währungen wie Euro, US-Dollar, Schweizer Franken und japanischen Yen zu haben. Ihr Nennwert rangiert meistens zwischen 1 000 und 100 000 Euro.

Häufig werden Anleihen nur mit hohem Nennwert emittiert. Diese Tranchen richten sich ausschließlich an institutionelle Investoren. Kleinanleger können in diese Papiere nur über Fonds investieren (siehe Seite 45).

Angeboten werden zudem Unternehmensanleihen, besicherte Anleihen, die sich in Deutschland Pfandbriefe nennen, und sogenannte Hochzinsanleihen (High-Yields). Letztere sind Risikopapiere von Herausgebern mit einer geringen Kreditwürdigkeit (Bonität). Unter den Emittenten von Anleihen tummeln sich neben großen und kleinen Staaten multinationale Unternehmen wie Daimler, Siemens und VW, mittelständische Firmen und natürlich Banken.

**Kurse und Renditen**
Bei Anleihen setzt sich die Rendite, also der Ertrag im Verhältnis zum investierten Kapital, zusammen aus
- den festgeschriebenen Zinszahlungen (dem sogenannten Zinskupon),
- dem Kaufkurs,
- dem Rückkaufkurs, der meistens dem Nennwert entspricht,
- und der Restlaufzeit.

Auch das ist ein Unterschied zu Festgeldern, bei denen der effektive Festzins immer gleich der Rendite ist.

Der Kurs einer Anleihe wird in Prozent ihres Nennwerts gemessen. Beträgt der Nennwert beispielsweise 1 000 Euro und der Kurs 90 Prozent, kostet das Papier 900 Euro (plus Nebenkosten). Bei einem Kurs von 100 Prozent entspricht der Anleihepreis genau dem Nennwert.

In der Regel weicht der Preis allerdings schon bei der Ausgabe einer Anleihe vom Nennwert ab. Anschließend kann er auf dem freien Markt steigen oder fallen.

Beispiel:
- Eine Anleihe ist mit einem Zinskupon von 5,5 Prozent ausgestattet.
- Ihr Kaufkurs beträgt an der Börse 110 Prozent,
- der Rückzahlungskurs 100 Prozent
- und die Restlaufzeit 5 Jahre.

Die jährliche Rendite, die ein Anleger erzielt, der diese Anleihe einen Tag nach einer Kuponzahlung kauft, beträgt näherungsweise 3,18 Prozent.

Die Rendite ist geringer als der Zinskupon, weil der Kaufkurs über dem Rückzahlungskurs liegt. Der Besitzer der Anleihe erhält zwar jährlich 5,5 Prozent Zinsen. Doch weil er 10 Prozent mehr für das Papier bezahlt hat als er am Ende dafür zurückerhält, entsteht ein Kursverlust, der mit dem Zinsgewinn verrechnet werden muss.

**Sichere Rendite bis zur Fälligkeit**
Die durchschnittliche jährliche Rendite, die sich beim Kauf einer Anleihe errechnet, ist Anlegern sicher, wenn sie das Papier bis zur Fälligkeit halten. In der Zwischenzeit werden der Kurs der Anleihe und ihre Rendite aber schwanken. Steigende Kurse

## INFO  Die wichtigsten Anleihekennzahlen im Überblick

**Rating:** Ein Anhaltspunkt für die Kreditwürdigkeit eines Unternehmens ist das sogenannte Rating. Dabei handelt es sich um Bonitätsnoten, die von Ratingagenturen vergeben werden (siehe Tabelle Seite 31). Vorsichtige Anleger sollten nur Anleihen mit dem Prädikat „Investment Grade" kaufen.

**Zinskupon:** Dabei handelt es sich um die feste laufende Verzinsung, die ein Anleger jährlich erhält.

**Rendite:** Zinskupon und Rendite sind bei Anleihen nicht das Gleiche. Letztere errechnet sich aus dem Kaufpreis, dem Kupon, dem Rückzahlungsbetrag und der Laufzeit. Die Rendite schwankt täglich. Ist der Kaufpreis höher als der Rückzahlungsbetrag, ist die Rendite niedriger als der Kupon – und umgekehrt.

**Kurse & Nennwert:** Anleihekurse werden in Prozent des Nennwerts angegeben. Der Nennwert ist der nominelle Betrag, der auf einer Anleihe steht. Auf ihn beziehen sich die Verzinsung, Rückzahlungsbetrag und Emissionspreis.

**Rückzahlungsbetrag:** Der Rückzahlungsbetrag entspricht in der Regel 100 Prozent des Nennwertes.

**Emissionspreis:** Das ist der Preis (in Prozent), den Sie bei der Zeichnung einer Anleihe bezahlen. Er weicht meistens vom Nennwert ab.

**Kurswert:** Den aktuellen Kurswert einer Anleihe müssen Sie bezahlen, wenn Sie sie nach ihrer Emission bei einer Bank oder an einer Börse kaufen. Zusätzlich müssen Sie die Stückzinsen vorstrecken. Hinzu kommen Erwerbskosten.

**Stückzinsen:** Stückzinsen werden immer fällig, wenn Anleihen nach ihrer Emission den Besitzer wechseln. Der Käufer zahlt die Stückzinsen an den Verkäufer für die Zinsanteile der Anleihe, die seit dem jüngsten Zinszahlungstermin (Kupontermin) bis zum Verkaufstag aufgelaufen sind. Beim nächsten Kupontermin kriegt der Käufer des Papiers die Zinsen zurück, die er quasi vorgestreckt hatte.

führen zu fallenden Renditen und sinkende Kurse zu steigenden Renditen. Anleihekurse steigen und fallen, weil der Zinskupon fix ist und sich nicht anpassen kann, wenn sich die Zinsen auf einem Markt ändern. Die einzig mögliche Stellschraube ist der Kurs der Anleihe.

**Bei vorzeitigem Verkauf sind Kursgewinne und -verluste möglich**
Beispiel: Angenommen der Kurs unserer Anleihe steigt innerhalb eines Jahres von 110 auf 114 Prozent. Dann sinkt ihre Rendite. Ihr Zinskupon beträgt zwar immer noch 5,5 Prozent, aber ein Käufer muss dann
- einen Kaufkurs von 114 Prozent bezahlen,
- der Rückzahlungskurs beträgt immer noch 100 Prozent,
- die Restlaufzeit aber nur noch 4 Jahre.

Folge: Unter dem Strich beträgt die Rendite für den neuen Käufer nur noch 1,81 Prozent.

Der ursprüngliche Besitzer der Anleihe hat hingegen einen zwischenzeitlichen Kursgewinn von 3,6 Prozent gemacht und den Zinskupon von 5,5 Prozent (auf den Nennwert) eingestrichen. Er realisiert seinen Gewinn, wenn er die Anleihe schon nach einem Jahr wieder verkauft. Dann hätte er eine Rendite von 8,6 Prozent erwirtschaftet.

Andersherum könnte der Kurs der Anleihe in zwölf Monaten von 110 auf 105 Prozent fallen, während die Rendite der Anleihe für einen neuen Käufer auf 3,86 Prozent steigt. Der Anleihebesitzer erleidet einen zwischenzeitlichen Kursverlust von 4,5 Prozent. Das hat keine Auswirkungen auf seine zu Anfang berechnete Durchschnittsrendite, wenn er das Papier bis zur Fälligkeit hält. Falls er aber – aus welchem Grund auch immer – schon nach einem Jahr verkaufen muss, beträgt seine Rendite nur 0,45 Prozent.

**Hohe Kreditwürdigkeit – niedrige Renditen**
Doch was beeinflusst die Kurse von Anleihen und deren Renditen? Letztlich werden sie natürlich von Angebot und Nachfrage gesteuert. Dabei ist ein maßgeblicher Faktor die Zahlungsfähigkeit des Unternehmens oder Staates, der sie herausgibt. Sie hängt im Wesentlichen davon ab, ob dessen Gesamtverschuldung und Wirtschaftskraft in einem gesunden Verhältnis stehen. Einem Land mit solidem Wirtschaftswachstum, geringer Arbeitslosigkeit, einem leistungsfähigen Steuersystem und einer moderaten Schuldenquote wie der Bundesrepublik Deutschland wird die beste Bonität bescheinigt. Anleihekäufer können in solchen Fällen ziemlich sicher sein, dass der Staat dauerhaft genügend Einnahmen erzielt, um Zinsen und Tilgung pünktlich zu bezahlen. Anleihen von erstklassigen Herausgebern werden deshalb gerne gekauft. Die Renditen sind wegen der geringen Risiken und der hohen Nachfrage niedrig.

Steigen aber plötzlich die Schulden eines Landes stark an, ohne dass Wirtschaft und Steueraufkommen entsprechend wachsen wie etwa im Fall von Griechenland, wird dessen Zahlungsfähigkeit mehr und mehr in Zweifel gezogen. Für das steigende Verlustrisiko wollen Anleger entschädigt werden. Sie kaufen diese Anleihen nur noch, wenn sie eine höhere Rendite bekommen. In der Folge sinken deren Kurse, weil sie sonst keinen Käufer mehr finden. Umgekehrt kann sich die Bonität des Herausgebers natürlich auch verbessern. Dann steigt der Kurs seiner Anleihen meistens (und die Renditen sinken). Grundsätzlich gilt: Je geringer das Zahlungsausfallrisiko einer Anleihe, desto niedriger ist die Rendite.

Die Bonität von Staaten und Unternehmen bewerten sogenannte Ratingagenturen. Sie benoten die Emittenten und teilen sie in verschiedene Risikogruppen ein (siehe Tabelle). Für Anleger sind die Noten der Ratingagenturen ein Anhaltspunkt bei der Auswahl von Anleihen. Allerdings lagen auch diese von der Finanzindustrie

## DIE NOTENSKALA DER BONITÄTSPRÜFER

| | Moody's | Standard & Poor's, Fitch | Was steckt hinter der Note? |
|---|---|---|---|
| **Investment Grade** | Aaa | AAA | Hochqualitative Anleihen. Die Rückzahlung von Zinsen und des eingesetzten Kapitals gilt als sehr sicher. |
| | Aa1; Aa2; Aa3 | AA+; AA; AA− | Anleihen mit sehr hoher Sicherheit, geringes Ausfallrisiko. Zins und Tilgung werden mit sehr hoher Wahrscheinlichkeit geleistet. |
| | A1; A2; A3 | A+; A; A− | Gute Bonität. Viele Kriterien deuten darauf hin, dass Zins und Tilgung geleistet werden. Es gibt aber ein Restrisiko. |
| | Baa1; Baa2; Baa3 | BBB+; BBB; BBB− | Durchschnittliche Bonität. Anleger, die nicht spekulieren wollen, sollten keine schlechter bewerteten Anleihen kaufen. |
| **Non-Investment Grade** | Ba1; Ba2; Ba3 | BB+; BB; BB− | Hohes Risiko. Zurzeit werden Zins und Tilgung zwar noch gezahlt, doch langfristig ist das Risiko eines Zahlungsausfalls hoch. |
| | B1; B2; B3 | B+; B; B− | Spekulative Anlage. Rückzahlung der Anleihen ist stark gefährdet. |
| | Caa; Ca; C | CCC; CC; C | Hoch spekulativ. Zahlungsverzug ist eingetreten (Moody's) oder es besteht eine direkte Gefahr für einen Zahlungsverzug (S&P). |

nicht vollkommen unabhängigen Bonitätswächter schon total daneben. Beispielsweise hatten die Ratingagenturen massenweise Schrottpapiere als sicher eingestuft – und damit der Finanzkrise den Boden bereitet.

**Längere Laufzeit – höhere Renditen**
Nicht nur die Kreditwürdigkeit des Herausgebers hat Einfluss auf die Rendite einer Anleihe, sondern auch ihre Laufzeit. Je länger sie ist, desto höher ist meistens der Ertrag. Das liegt daran, dass Anleger einen Ausgleich dafür verlangen, wenn sie länger auf ihr Geld verzichten – sie kaufen eine länger laufende Anleihe also meist nur, wenn sie eine höhere Rendite bietet. Hinzu kommt eine größere Unsicherheit. Über einen größeren Zeitraum ist zum Beispiel die Gefahr höher, dass sich die Bonität verschlechtert. Es gab zwar in der Vergangenheit auch Marktphasen, in denen die Renditen von kurzfristigen Papieren höher waren als die von langfristigen. Doch das kommt recht selten vor.

## Wie das Zinsniveau am Markt entsteht

Den größten Einfluss auf Anleiherenditen und deren kurzfristige Schwankungen hat das allgemeine Marktzinsniveau in einzelnen Währungsräumen wie etwa der Eurozone. Steigt es an, sinken meistens die Kaufpreise der umlaufenden Anleihen und die Renditen steigen – und umgekehrt. Das Marktzinsniveau, das sich quasi aus dem Durchschnitt einer kaum überschaubaren Anzahl von einzelnen Zinssätzen für jedes Kreditrisiko zusammensetzt, wird von den wichtigsten Referenzzinssätzen maßgeblich beeinflusst. Dazu gehört der Leitzins, den die Europäische Zentralbank (EZB) festlegt. Senkt oder erhöht sie ihn, wirkt sich das meistens auch auf einige Marktzinssätze aus. Weitere maßgebliche Referenzgrößen sind der sogenannte Euribor (Euro Interbank Offered Rate), der die Zinssätze für kurzfristige Kredite zwischen Banken misst, und die Rendite für sichere Staatsanleihen mit zehnjähriger Laufzeit. Sie wird häufig als repräsentative Größe für das allgemeine Marktzinsniveau betrachtet und täglich in vielen Zeitungen veröffentlicht.

An den Referenzzinssätzen orientieren sich die Herausgeber von Anleihen und die Käufer. Ihre Angebots- und Nachfrageentscheidungen sorgen dafür, dass alle anderen Marktzinssätze zumindest in einem losen Verhältnis mit den Referenzgrößen mitschwanken.

Angenommen, die Rendite der zehnjährigen Bundesanleihe beträgt 2 Prozent und die für eine riskantere Unternehmensanleihe mit gleicher Laufzeit 3 Prozent. Nun steigt die Rendite der Bundesanleihe auf 3 Prozent. Die Unternehmensanleihe erscheint jetzt im Vergleich zu teuer, weil Anleger die gleiche Rendite bei einem geringeren Risiko erzielen können. Sie stoßen sie deswegen ab beziehungsweise kaufen sie nicht mehr, die Nachfrage geht zurück. Die Folge: Der Kurs sinkt und die Rendite steigt – bis sie wieder in einem

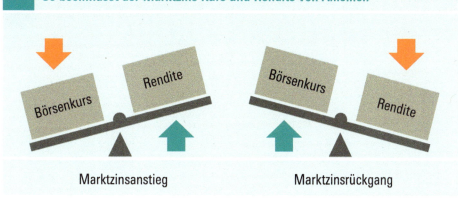

**So beeinflusst der Marktzins Kurs und Rendite von Anleihen**

Marktzinsanstieg — Marktzinsrückgang

Verhältnis zur Bundesanleihe steht, das den Anlegern als angemessen erscheint. Die Höhe solcher Renditedifferenzen, im Finanzmarktjargon auch „Spread" genannt, schwankt über die Zeit. Natürlich ist dieses Beispiel stark vereinfacht. Doch im Prinzip funktionieren die Anleihemärkte nach diesem Mechanismus.

**Steigende Inflation drückt Anleihekurse**
Die Referenzzinssätze werden von volkswirtschaftlichen Faktoren bestimmt. Im Mittelpunkt steht die Inflation. Die EZB hat die Aufgabe, für stabile Preise zu sorgen. Mit ihrer Zinspolitik soll sie die Inflation in Schach halten. Sieht sie Anzeichen für eine über die Maße steigende Teuerungsrate, erhöht sie die Leitzinsen. Bei schwachem Wirtschaftswachstum sind die Inflationsgefahren geringer. Das erlaubt ihr Zinssenkungen, die die Kreditvergabe und damit die Wirtschaft ankurbeln sollen.

Auch in den Renditen sicherer Staatsanleihen spiegeln sich die Inflationserwartungen der Anleger. Gehen sie zum Beispiel von steigenden Verbraucherpreisen aus, werden auch die Renditen als Ausgleich für eine höhere Inflation steigen. Tendenziell sinken die Kurse von Anleihen, wenn die Inflation steigt. Höhere Preise erwarten Anleger meistens, wenn die Konjunktur anzieht, Produktionskapazitäten und Arbeitskräfte knapp werden und schließlich mit steigenden Löhnen auch die Nachfrage nach Konsum- und Investitionsgütern zunimmt.

Auch Krisen, in denen das Sicherheitsbedürfnis der Investoren sprunghaft steigt wie während der Finanzkrise, können zu extremen Verschiebungen an den Anleihemärkten führen. Dann explodiert die Nachfrage nach sicheren Staatsanleihen. Demzufolge steigen deren Kurse, was wiederum die Renditen in den Keller drückt. Diejenigen, die die Papiere schon zuvor besessen haben, machen ein Bombengeschäft. Neueinsteiger müssen sich dagegen mit mageren Erträgen zufriedengeben.

## Kosten beim Anleihekauf

Wer Anleihen kaufen möchte, benötigt zunächst ein Wertpapierdepot. Sie können es bei Ihrer Filialbank eröffnen. Das kostet aber meistens Geld. Gratis-Depots, die Sie über das Internet eröffnen können, bieten viele Direktbanken an (siehe Seite 114). Beim Erwerb einer Anleihe fallen dann folgende Kosten an:

- **Bankprovision:** Bei jedem Kauf einer Anleihe verlangt das Kreditinstitut eine Provision. Am Filialschalter sind das im Schnitt 0,5 Prozent des Kurswertes. Preisgünstiger ist die Konkurrenz im Internet: Direktbanken berechnen etwa die Hälfte.

- **Börsenpauschale:** Für die Nutzung der Börse wird eine Pauschale berechnet. Sie ist unabhängig vom Transaktionsvolumen.

- **Spread:** Hinzu kommt die Differenz zwischen An- und Verkaufspreis, der sogenannte Spread. Der Verkaufspreis ist

### INFO  Langläufer reagieren auf Zinsänderungen am stärksten

Wenn sich auf einem Anleihemarkt die Zinsen ändern, verändern sich auch die Preise der umlaufenden Anleihen. Steigen die Zinsen, sinken ihre Kurse. Der Effekt ist umso stärker, je länger die Anleihe noch läuft (siehe Infografik). Steigt in unserem Beispiel der Marktzins von 5 auf 6,5 Prozent, dann sinkt der Kurs der zehnjährigen Anleihe um 11 Prozent. Die fünfjährige Anleihe verliert nur 6 Prozent. Sinkt der Zins, ist der Effekt genau umgekehrt.

Der Kursverlust der zehnjährigen Anleihe fällt höher aus, weil er den Zinsanstieg für mehr Laufzeitjahre kompensieren muss. Eine häufig angegebene Kennzahl, die einen Hinweis liefert, wie stark eine Anleihe auf Zinsänderungen reagiert, ist die modifizierte Duration. Sie gibt an, um wie viel Prozent sich der Kurs verändert, wenn der Marktzins um 1 Prozent steigt oder fällt. Die modifizierte Duration ist nur bei kleinen Zinsänderungen aussagekräftig.

**Fazit:** In einer Niedrigzinsphase, wenn über kurz oder lang wieder steigende Zinsen zu erwarten sind, sollten Anleger Anleihen mit kürzeren Laufzeiten kaufen. Mit Langläufern setzen sie sich einem höheren Kursverlustrisiko aus oder binden sich über viele Jahre an eine niedrige Rendite. Umgekehrt sind in Zeiten hoher Zinsen lang laufende Anleihen attraktiv. Sinken die Zinsen wieder, können Anleger hohe zusätzliche Kursgewinne realisieren. Da niemand mit Sicherheit Zinsänderungen vorhersagen kann, ist ein gemischtes Portfolio aus Anleihen mit verschiedenen Laufzeiten ein goldener Mittelweg, der immer funktioniert.

**Kurs** (Prozent vom Nennwert)

— Kurs 10-jährige Anleihe mit 5 % Kupon
— Kurs 5-jährige Anleihe mit 5 % Kupon

**Marktzins** (Prozent)

immer ein wenig höher als der Ankaufspreis, den Sie erhalten, wenn Sie die Anleihe wieder verkaufen. Je höher die Umsätze mit einer Anleihe sind, desto niedriger ist meistens der Spread. Bei sehr häufig gehandelten Bundesanleihen liegt er im Promillebereich, bei Unternehmensanleihen ist er höher. Beispielsweise betrug der Spread Ende Januar 2013 für eine zehnjährige Schuldverschreibung des Automobilherstellers BMW 0,18 Prozent an der Börse Frankfurt.

Wer Anleihen über ein Online-Depot bei seiner Direktbank kauft, kann zwischen mehreren Börsen wählen. Gerade bei Unternehmensanleihen lohnt ein Vergleich der Kurse, die an den verschiedenen Handelsplätzen angeboten werden. Sie weichen zum Teil recht deutlich voneinander ab.

Bei kleineren Anlagesummen kann sich auch ein Kostenvergleich zwischen Filial- und Direktbank lohnen. Anleger sollten immer bedenken, dass sie ihre Transaktionskosten noch von der angegebenen Rendite abziehen müssen, um ihren tatsächlichen Ertrag zu berechnen. Eine Ausnahme sind sogenannte Festpreisgeschäfte, die Filialbanken beim Kauf von Pfandbriefen anbieten. Bei ihnen sind sämtliche Transaktionskosten bereits im Kurs des Pfandbriefes enthalten.

**ACHTEN SIE AUF DIE KOSTEN**

In Phasen niedriger Zinsen ist es besonders wichtig, auf die Erwerbskosten zu achten. Sie können den Anlageertrag spürbar schmälern.

**Stückzinsen müssen vorgestreckt werden**

Neben dem Kaufkurs und den Nebenkosten werden beim Erwerb einer Anleihe nach ihrer Emission auch sogenannte Stückzinsen fällig. Sie zahlt der Käufer an den Verkäufer für die Zinsanteile der Anleihe, die zwischen dem jüngsten Zinszahlungstermin (Kupontermin) und dem Verkaufstag aufgelaufen sind. Der Käufer streckt die Stückzinsen also nur vor. Beim nächsten Zinszahlungstermin bekommt er den vollen Kupon ausgezahlt – und damit sein Geld zurück.

**Bequem investieren mit Fonds**

Anleger müssen Anleihen nicht direkt kaufen. Sie können in diese Anlageklasse auch über Fonds investieren. Auf diesem Weg ist es möglich, sich schon mit kleinen Beträgen an breit gestreuten Portfolios zu beteiligen, die Anleihen mit unterschiedlichen Bonitäten und Laufzeiten enthalten (siehe Seite 45). Besonders bei riskanteren Unternehmensanleihen sind Fonds zu empfehlen.

## EUROPÄISCHE STAATSANLEIHEN ALS LANGZEITANLAGE

Die Schuldenkrisen in den Euroländern Griechenland, Irland, Portugal, Spanien und Italien haben zu erheblichen Veränderungen an den europäischen Staatsanleihemärkten geführt. Während die Kurse von Anleihen der Problemstaaten abstürzten, stiegen die der stabilen Euroländer erheblich an. Auf der Suche nach Sicherheit rissen sich Anleger vor allem um Bundeswertpapiere. Denn Deutschland zählt weltweit zu den besten Schuldnern. Staatsanleihen von den Krisenländern wurden dagegen massenweise verkauft.

Zwar haben sich deren Kurse vor allem wegen der Interventionen der EZB wieder erholt. Doch für vorsichtige Anleger ist die Lage alles andere als komfortabel: Die Renditen sicherer Bundesanleihen sind wegen der hohen Nachfrage so stark gesunken, dass selbst Papiere mit zehn Jahren Laufzeit möglicherweise nicht einmal die Inflation ausgleichen. Und die Euro-Staatsanleihen der Krisenländer, die höhere Renditen bieten, sind mit Risiken behaftet, deren Ausmaß sich kaum beziffern lässt. Die Ankündigung der EZB, im Notfall unbegrenzt Anleihen von Krisenländern zu kaufen, um deren Kurse zu stützen, ist nicht mehr als ein Versprechen. Ob es im Ernstfall eingelöst wird und auch die gewünschte Wirkung entfaltet, ist ungewiss.

**Steigende Stimmung, sinkende Bundesanleihen**
Sollten sich vor allem Spanien und Italien, nach Deutschland und Frankreich die größten Euroländer, weiter erholen, droht Anleiheinvestoren eine andere Gefahr: Die Kurse von Bundeswertpapieren könnten sinken, weil Anleger Kapital aus Deutschland abziehen und in Anleihen mit höheren Renditen aus den Südländern investieren. Auch wenn die Weltwirtschaft wieder Fahrt aufnimmt, können deutsche Staatsanleihen unter Druck geraten: Wenn die Konjunktur rund läuft, steigen in der Regel die Marktzinsen. Gleichzeitig bessert sich die Stimmung an den internationalen Finanzmärkten und die Risikobereitschaft nimmt zu. Dann sind sichere Anleihen mit niedrigen Renditen weniger gefragt. Stattdessen bevorzugen Anleger riskantere Wertpapiere wie Aktien, die höhere Renditen versprechen. Manche Experten halten es aber auch für möglich, dass sich die Niedrigzinsphase in den Industrieländern noch lange fortsetzen wird. Für diese These spricht unter anderem deren schwaches Wirtschaftswachstum. Dramatische Kursrückgänge bei sicheren Staatsanleihen wären dann nicht zu erwarten.

**Langfristige, sichere Geldanlage**
Anleger, die Anleihen bis zu ihrer Fälligkeit halten, sind von Kursschwankungen ohnehin nicht betroffen. Auch deswegen bleiben Bundesanleihen für vorsichtige Geldanleger nach wie vor eine Option. Sie eignen sich als langfristige Investition für den sicheren Teil des Depots. Die Laufzeit von Bundesanleihen beträgt bei der Emission

10 oder 30 Jahre. Zurückgezahlt wird zum Nennwert. An der Börse werden täglich genügend deutsche Staatsanleihen mit unterschiedlichen Restlaufzeiten gehandelt, sodass die Papiere jederzeit ge- und verkauft werden können.

Um auch an steigenden Zinsen zu partizipieren, empfiehlt sich ein Depot aus Anleihen mit unterschiedlichen Laufzeiten. Fällig werdende Papiere werden regelmäßig durch neue mit längeren Laufzeiten und möglicherweise höheren Renditen

## INFO  Neue Klausel im Krisenfall

Für europäische Anleihen mit einer Laufzeit von mehr als einem Jahr wurde 2013 nach einem Beschluss der Eurostaaten eine sogenannte Umschuldungsklausel eingeführt. Die neue Regelung, englisch Collective Action Clause (CAC), gilt für Anleihen aller Euroländer, die seit 2013 neu aufgelegt wurden. Dadurch wollen die Euroländer den Umgang mit Staatsschuldenkrisen vereinfachen.

Nach den neuen Regeln kann sich eine Mehrheit der Gläubiger im Krisenfall mit dem Herausgeber der Anleihe auf eine Umschuldung verständigen. Die Minderheit muss sich dann dem Beschluss fügen. Die Gläubiger können beispielsweise eine Verlängerung der Anleihelaufzeit beschließen, sie können sich auf einen niedrigeren Zinssatz einigen oder den Nennwert der Anleihe beschneiden.

Klagen einzelner Anleihebesitzer, die versuchen, die Umschuldung zu blockieren und ihr Geld vollständig zurückzubekommen, werden nun nicht mehr von Erfolg gekrönt sein.

Die neue Klausel ist von Vorteil für die Herausgeber der Anleihen. Sollten sie in Zahlungsschwierigkeiten geraten, können sie im Unterschied zu früher ihre Probleme vergleichsweise rasch lösen – anders, als wenn sie auf sämtliche Einzelinteressen Rücksicht nehmen müssen. Dass Umschuldungen schneller abgewickelt werden können, kann aber auch für private Anleger ein Vorteil sein. Wenn ein Staat seine Verpflichtungen nicht erfüllen kann, helfen langwierige Verhandlungen in der Regel auch nicht weiter.

Wer Geld in europäische Staatsanleihen investiert, muss wegen der neuen Bedingungen keine anderen Überlegungen anstellen als früher. Sichere Anleihen wie Bundeswertpapiere werden durch die Umschuldungsklausel nicht weniger sicher. Weil sie die Abwicklung von Umschuldungen für Emittenten vereinfacht, dürften Investoren für die Anleihen wohl geringfügig höhere Zinsen verlangen. Das gilt insbesondere für riskantere Anleihen von Staaten mit schlechterer Bonität.

ersetzt (siehe Seite 138). Wegen der im Vergleich zur Rendite hohen Erwerbskosten von kurz laufenden Papieren sollten Sie in Zeiten sehr niedriger Zinsen nur Anleihen mit einer Restlaufzeit von vier Jahren und mehr kaufen. Bei kürzeren Laufzeiten sind Festgelder oder Sparbriefe lukrativer.

Der Kauf lohnt sich erst bei größeren Beträgen: Pro Anleihe sollten Anleger rund 5 000 Euro investieren können, andernfalls schlagen die Bankspesen über Gebühr zu Buche. Wer Kunde einer Direktbank ist, kann mit 2 500 Euro pro Order planen. Beim Kauf von wenigstens vier Anleihen mit gestaffelten Laufzeiten brauchen Sie also mindestens 10 000 Euro. Mit deutlich weniger Geld können Sie über Fonds in ein gemischtes Portfolio aus Bundesanleihen investieren.

Neben Bundeswertpapieren kommen auch sichere Anleihen von anderen Euroländern mit sehr guter Bonität in Betracht. Dazu zählen Frankreich, Finnland und die Niederlande. Allerdings sind die Transaktionskosten beim Kauf ausländischer Anleihen in der Regel so hoch, dass sich der Erwerb einzelner Papiere kaum lohnt. Hier bieten sich Fonds als kostengünstige Alternative an (siehe Seite 45).

Liegen die Renditen sicherer Staatsanleihen unter der Inflationsrate, kommen auch vorsichtige Anleger nicht umhin, riskantere Papiere wie Unternehmensanleihen beizumischen. Andernfalls ist vor allem eines sicher: der stetige Kaufkraftverlust des Ersparten.

## Inflationsgeschützte Anleihen

Klassische Anleihen bieten keinen Schutz vor unerwarteter Inflation. Zwar ist in ihren Renditen normalerweise ein Ausgleich für die Teuerung enthalten. Doch dabei handelt es sich gewissermaßen um eine kollektive Schätzung der Anleihekäufer, die sich am Markt herausbildet. Letztlich weiß aber niemand, wie hoch die Inflation in ein oder zwei Jahren sein wird. Die Daten, die für Deutschland und andere Länder veröffentlicht werden, beziehen sich immer auf die Vergangenheit. Wenn „der Markt" danebenliegt und die Inflationsrate sogar über die Rendite einer Anleihe steigt, erleiden Anleger einen realen Wertverlust. Zwar bleibt der Anlagebetrag nominell derselbe. Doch dessen Kaufkraft sinkt (siehe Seiten 7 und 50).

Wer plötzliche Inflationsschübe fürchtet und von ihnen nicht überrascht werden will, kann sich mit inflationsindexierten Bundesanleihen absichern. Zins und Rückzahlung sind an die Inflationsrate gekoppelt. Der reale Wert des angelegten Geldes – die Kaufkraft – bleibt erhalten, egal wie stark die Preise steigen, solange die realen Renditen zum Kaufzeitpunkt positiv sind.

### Ausgleichszahlung in Höhe der Inflation

Ein Beispiel zeigt, wie der Inflationsschutz funktioniert: Ein Anleger, der 10 000 Euro investiert, bekommt bei Fälligkeit nach einem Jahr nicht wie üblich seine 10 000 Euro zurück, sondern zusätzlich einen Inflationsausgleich. Bei 5 Prozent Inflation erhält er 10 500 Euro. Auch die Zinsen sind geschützt. Aus 1 Prozent Zinsen – das wären 100 Euro für die 10 000 Euro – werden 105 Euro. Wegen des Inflationsausgleichs ist der Zinskupon von indexierten Bundesanleihen deutlich niedriger als der von klassischen Bundespapieren.

Als Referenzindex für den Inflationsausgleich dient der harmonisierte Verbraucherpreisindex „HVPI ohne Tabak in der Eurozone". Dieser Index entspricht nicht ganz der deutschen Inflationsrate. Aber das ist kein Beinbruch, solange die Teuerung in Deutschland niedriger bleibt als im Euroraum, wie dies etwa 2012 der Fall war. Der Bund zahlt den Inflationsausgleich erst bei Fälligkeit einer indexierten Anleihe. Die Ausgleichszahlungen werden quasi über die Zeit angesammelt. Sie sind zusammen mit den Stückzinsen (siehe Seite 35) im sogenannten Abrechnungspreis enthalten. Diesen Preis muss ein Käufer dem Verkäufer bezahlen, wenn eine indexierte Anleihe vor ihrer Fälligkeit den Besitzer wechselt. Der Käufer streckt den Inflationsausgleich, der dem Vorbesitzer zusteht, für den Bund vor. Er bekommt das Geld am Ende der Laufzeit wieder zurück, wenn der Bund den gesamten Inflationsausgleich bezahlt.

### Finanzagentur stellt täglich Preise

Die Abrechnungspreise werden täglich aktuell von der Finanzagentur der Bundesrepublik Deutschland (www.deutsche-finanzagentur.de) berechnet. Sie finden sie in der Spalte „Kurs plus Stückzinsen". Bei den daneben ausgewiesenen Renditen handelt es sich um die realen Erträge, das heißt, sie sind inflationsbereinigt. Die Renditen der klassischen, nicht indexierten Bundeswertpapiere sind dagegen nominal – bei ihnen ist die Inflation nicht berücksichtigt. Wer eine inflationsgeschützte Anleihe kauft, weiß also sicher, welche reale Rendite er jährlich erzielt, wenn er das Papier bis zur Fälligkeit hält. Das ist besonders dann beruhigend, wenn Anleger große Inflationsängste plagen. Bei normalen Anleihen ist die reale Rendite dagegen unsicher. Sie hängt davon ab, wie hoch die Geldentwertung in der Zukunft ausfallen wird.

Liegt die Inflationsrate über den Erwartungen, schneiden Anleger mit indexierten Anleihen besser ab. Umgekehrt ist es, wenn die Teuerung geringer ausfällt als an den Märkten geschätzt. Die erwartete Inflation lässt sich übrigens leicht berechnen, indem man die reale Rendite einer indexierten Bundesanleihe von der nominalen einer normalen Bundesanleihe mit gleicher Laufzeit abzieht.

Beispiel: Im Mai 2013 betrug die Rendite einer Bundesanleihe mit zehn Jahren Restlaufzeit 1,3 Prozent. Eine indexierte Anleihe mit fast gleicher Laufzeit brachte eine negative reale Rendite von minus 0,34 Prozent. Damit lagen die Inflationserwartungen bei 1,64 Prozent (1,3 Prozent abzüglich –0,34 Prozent = 1,64 Prozent).

### Geringe Auswahl an indexierten Bundespapieren

Die Auswahl bei inflationsgeschützten Bundesanleihen ist nicht sonderlich groß.

**INFO** **Fremdwährungsanleihen: Trügerische Sicherheit**

Als die Krise in Europa hochkochte und manche Schwarzmaler einen Zusammenbruch der Eurozone für möglich hielten, flohen viele Anleger ins Ausland. Sie investierten ihr Geld in sicheren Ländern mit anderen Währungen – aus Angst vor einem Wertverlust ihres Vermögens. Ganz oben auf der Beliebtheitsskala standen die Schweiz, Norwegen, Schweden und Dänemark. Viel Anlagekapital floss aber auch nach Australien, Kanada, Hongkong, Singapur und in den japanischen Yen, der wie Schweizer Franken als sogenannter sicherer Hafen gilt.

Doch wer als Bundesbürger eine Anleihe eines stabilen Staates außerhalb der Eurozone in dessen Währung kauft, legt sich alles andere als eine sichere Geldanlage ins Depot – auch wenn deren Rating erstklassig ist. Zwar ist die Ausfallwahrscheinlichkeit ähnlich niedrig wie die einer Bundesanleihe. Aber das Wechselkursrisiko ist beträchtlich. Denn bei Fremdwährungsanleihen werden Tilgung und Zinsen in der jeweiligen Auslandswährung bezahlt und dann von der Bank in Euro umgetauscht. Wenn die Auslandswährung gegenüber dem Euro gestiegen ist, macht der Anleger einen zusätzlichen Wechselkursgewinn, der den Ertrag aus den festen Zinsen der Anleihe deutlich übersteigen kann. Umgekehrt sind aber auch hohe Verluste möglich.

Von Anfang 2009 bis Mitte 2012 waren Wetten gegen den Euro ein Selbstläufer. Das nährte unter Anlegern aus dem Euroraum die Illusion von Sicherheit. Die Währungen, in die ihr Geld floss, werteten zum Teil kräftig auf. Doch seit die Europäische Zentralbank (EZB) versprach, den Euro um jeden Preis zu retten (siehe Seite 8), ist dieser Trend gestoppt. Gegenüber dem kanadischen, dem australischen und dem Singapur-Dollar gewann die europäische Gemeinschaftswährung beispielsweise wieder an Wert.

Weil sich Wechselkurse nicht zuverlässig vorhersagen lassen und von einer Vielzahl von Marktfaktoren und politischen Eingriffen beeinflusst werden, haben Fremdwährungsanleihen eher den Charakter von riskanten Devisenmarktspekulationen als von festverzinsten Wertpapieren. Berechnungen zufolge sind bis zu 95 Prozent ihrer Wertschwankungen auf Veränderungen der Wechselkurse zurückzuführen.

Für vorsichtige Anleger, die nicht spekulieren wollen, sind Fremdwährungsanleihen demnach nicht geeignet – es sei denn, sie sind von einem Untergang der Eurozone überzeugt. Doch der ist alles andere als wahrscheinlich.

Anfang 2013 wurden nur vier mit unterschiedlichen Laufzeiten gehandelt. Die reale Rendite dieser Wertpapiere war durchweg negativ so wie die von normalen Bundesanleihen mit einer Restlaufzeit bis zu 15 Jahren – vorausgesetzt die Inflationsrate bewegt sich weiterhin auf einem Niveau nahe 2 Prozent.

Bei negativen realen Renditen ist auch mit indexierten Bundesanleihen kein vollständiger Erhalt der Kaufkraft möglich – und ein Vermögenszuwachs ist schon gar nicht zu erzielen. Sie sind eine Wette auf eine ansteigende Inflationsrate, die beruhigend auf die Nerven mancher Anleger wirkt.

## PFANDBRIEFE – FAST SO SICHER WIE BUNDESWERTPAPIERE

Auch Pfandbriefe sind eine solide Geldanlage. Sie bieten tendenziell etwas höhere Renditen als Bundeswertpapiere und sind fast genauso sicher. Seit der Vorläufer des Pfandbriefgesetzes vor 100 Jahren in Kraft getreten ist, gab es keinen Ausfall in dieser Anlageklasse.

Pfandbriefe sind Schuldverschreibungen von Banken. Aber anders als normale Bankanleihen (siehe Unternehmensanleihen Seite 43) sind sie mit Sicherheiten hinterlegt. Das sorgt für einen besonderen Schutz, falls die Bank pleitegeht. Mit Pfandbriefen besorgen sich Banken am Kapitalmarkt Geld für Kredite, die sie vergeben. Die Kreditforderungen dienen als Sicherheit für den Pfandbrief. Zulässig sind nur Immobilienkredite, Darlehen an Staaten, Länder und Gemeinden sowie Schiffsfinanzierungen. Neuerdings sind nach dem deutschen Pfandbriefgesetz auch Flugzeugpfandbriefe erlaubt.

### Auch die Bonität der Bank ist wichtig

In der Bankenkrise hat sich allerdings gezeigt, dass Pfandbriefe nicht nur nach ihren Sicherheiten beurteilt werden sollten. Es ist ebenso wichtig, wie gut die Bank arbeitet, die sie herausgibt. Seit der Verstaatlichung der Hypo Real Estate ist eine Pleite, anders als früher, nicht mehr undenkbar. Inzwischen gehen die Ratingagenturen daher dazu über, nicht mehr nur den Pfandbrief, sondern auch die Bonität der Herausgeber-Bank in ihre Bewertung einzubeziehen.

Für jede Pfandbriefart – Hypothekenpfandbriefe, öffentliche Pfandbriefe und Schiffspfandbriefe – bildet die Bank eine eigene Deckungsmasse, in der sie die entsprechenden Kredite verwaltet. Wenn ein Kreditnehmer seine Raten nicht mehr zahlt und sein Darlehen als Sicherheit wertlos wird, kann die Bank es gegen einen neuen Kredit austauschen.

### Pfandbriefe sind viel besser als ihr Ruf

In der Finanzkrise wurden Pfandbriefe teilweise mit anderen Wertpapieren in einen Topf geworfen, nur weil sie wie diese mit Immobilienkrediten abgesichert waren. Das aber war pure Panik. Der Pfandbriefkäufer, das ist der entscheidende Unterschied zu den anderen kreditbesicherten Papieren, bekommt sein Geld von der Bank. Nicht er, sondern die Bank muss sich darum kümmern, ob der Schuldner zahlt. Und weil die Bank selbst in der Pflicht steht, den Pfandbrief zurückzuzahlen, vergibt sie auch nicht so leichtfertig Kredite wie die Banken in den USA, die die Krise verursacht haben. Denen war es egal, ob Hauskäufer ihre Kredite bedienen konnten. Denn sie verkauften die Darlehen einfach weiter. Der Käufer hatte in diesen Fällen keine Forderung gegen die Bank, sondern direkt gegen den Kreditnehmer. Konnte dieser nicht mehr zahlen, schauten die Investoren in die Röhre.

Als sich die Bankenkrise zu einer Staatsschuldenkrise in Europa auswuchs, wurden erneut Sorgen um die Sicherheit von Pfandbriefen laut. Dieses Mal standen die öffentlichen Pfandbriefe im Mittelpunkt, die mit Staatskrediten abgesichert sind – auch mit solchen an hoch verschuldete EU-Staaten. Doch der Verband deutscher Pfandbriefbanken (vdp) gab Entwarnung. Im Schnitt würden die Staatsanleihen der angeschlagenen Länder (Portugal, Irland, Italien, Griechenland und Spanien) nur einen Anteil von gut 8 Prozent an der Deckungsmasse ausmachen, hieß es. Zudem seien öffentliche Pfandbriefe alle übersichert. Die Sicherheiten überschreiten den Betrag der ausstehenden Pfandbriefe. Selbst wenn alle Anleihen der europäischen Problemländer ausfielen, läge die Deckungsmasse immer noch deutlich über 100 Prozent.

### Risiken bei Auswahl und Verfügbarkeit

Für private Anleger ist es nicht leicht, einzelne Pfandbriefe auszuwählen. Wie gut Sicherheiten im Einzelnen sind, können sie nicht beurteilen. Zudem besteht die Gefahr, dass sie manche Pfandbriefe nicht jederzeit loswerden, sondern sie bis zur Fälligkeit behalten müssen oder nur mit einem hohen Abschlag verkaufen können. Insbesondere Pfandbriefe mit einem geringen Emissionsvolumen werden nicht ständig gehandelt und sind daher unflexibel. Flexibler sind dagegen sogenannte Jumbo-Pfandbriefe. Ihr Emissionsvolumen beträgt mindestens eine Milliarde Euro. Sie können normalerweise jederzeit zu marktgerechten Kursen ge- und verkauft werden. Ihre Rendite ist deswegen allerdings geringer als die von weniger häufig gehandelten Papieren.

> **TIPP** **Aktuelle Konditionen**
> Die aktuellen Renditen von ausgewählten Jumbo-Pfandbriefen veröffentlicht Finanztest wöchentlich unter www.test.de/anleihen, Tabelle „Jumbo-Pfandbriefe".

## UNTERNEHMENSANLEIHEN – MEHR RENDITE, MEHR RISIKO

Eine gute Ergänzung zu Staatsanleihen und Pfandbriefen sind Unternehmensanleihen. Meistens bringen sie mehr Rendite als Staatspapiere. Sie entwickeln sich aber stark abhängig von der Konjunktur. Droht eine Wirtschaftskrise, wie nach dem Crash der US-Bank Lehman Brothers im Herbst 2008, haben sie gegen Staatsanleihen keine Chance. Nur wenige Unternehmen kommen wegen ihres Pleiterisikos an die Kreditwürdigkeit von Staaten überhaupt heran. Und selbst mit einem dreifachen A, der besten Bonitätsnote, müssen sie mehr Zinsen bezahlen als ein Land wie Deutschland.

Doch spätestens seit Besitzer griechischer Staatsanleihen nach dem Schuldenschnitt auf einem beträchtlichen Teil ihrer Forderungen sitzen blieben, haben sich die Gewichte verschoben. Viele Staaten kämpfen mit hohen Schulden, während eine Vielzahl von Unternehmen auf riesigen Gewinnen sitzt. Im Verhältnis zu Staatsanleihen erscheinen Firmenbonds heute sicherer als früher und ihre Renditen attraktiver.

Auch wegen der sehr niedrigen Zinsen für sichere Staatsanleihen sind in den vergangenen Jahren immer mehr Anleger auf Unternehmensanleihen ausgewichen. In der Folge stiegen die Kurse und die Renditen fielen – der Abstand zu sicheren Staatsanleihen verringerte sich immer weiter. Inzwischen ist der Renditevorsprung nur noch gering.

### DARAUF SOLLTEN SIE ACHTEN

✓ **Kreditwürdigkeit:** Für vorsichtige Anleger kommen nur Anleihen von Unternehmen mit einer guten Bonität in Frage. Was für Staaten gilt, sollte erst recht für Unternehmen gelten. Ein Investment-Grade-Rating ist deshalb Pflicht. Papiere mit Noten unterhalb von Baa3 (Moody's) oder BBB– (S&P, Fitch) gelten als sogenannte Hochzinsanleihen, die salopp auch als Schrott- oder Ramschanleihen (Junk-Bonds) bezeichnet werden. Solche Schuldverschreibungen bieten zwar hohe Renditen, aber entsprechend groß ist auch ihr Ausfallrisiko. Die Unternehmen, die sie ausgeben, sind in der Regel bereits hoch verschuldet. Auch deshalb reagieren ihre Anleihen besonders sensibel bei einer Verschlechterung des wirtschaftlichen Umfeldes. Denn dann steigt die Gefahr, dass Umsätze und Gewinne sinken und die Unternehmen den Schuldendienst nicht mehr leisten können.

✓ **Risikostreuung:** Anleger sollten nicht nur auf die Kreditwürdigkeit des Anleiheherausgebers achten, sondern auch darauf, dass sie ihr Risiko ausreichend streuen. Investieren Sie nie in nur ein Unternehmen, sondern verteilen Sie Ihr Kapital über mehrere Anleihen. Das senkt das Ausfallrisiko.

✓ **Liquidität:** Wichtig ist auch, dass die Unternehmensanleihen regelmäßig an einer Börse gehandelt werden. Nur dann ist gewährleistet, dass Sie die Papiere jederzeit wieder verkaufen können. Fachleute sprechen von einer ausreichenden Liquidität. Die täglichen Umsätze mit einzelnen Anleihen werden von den jeweiligen Börsen ausgewiesen. Ein Hinweis auf die Liquidität ist auch das Emissionsvolumen. Je höher es ist, desto besser ist in der Regel auch die Handelbarkeit der Papiere. Bei wenig liquiden Papieren liegen zudem An- und Verkaufspreis (Spread) meistens weiter auseinander, die Transaktionskosten sind höher. Meist gilt: Je enger der Spread, desto höher die Liquidität der Anleihe.

## Mittelmäßiger Mittelstand

Seit die Marktzinsen in Deutschland auf historische Tiefstände gefallen sind, erfreut sich ein junges Anleihesegment bei Privatanlegern wachsender Beliebtheit: sogenannte Mittelstandsanleihen, die an den Börsen in Stuttgart, Frankfurt, Düsseldorf und Hamburg angeboten werden. Dabei handelt es sich um Anleihen von mittelständischen Unternehmen, die mit einer Stückelung von 1 000 Euro auf Kleinanleger zugeschnitten sind und häufig mit Zinskupons in Höhe von 7 bis 9 Prozent locken.

Ende 2012 wurden 87 deutsche Mittelstandsanleihen gehandelt. Das durchschnittliche Emissionsvolumen betrug 50 Millionen Euro. Zum Vergleich: Große Konzerne wie die Deutsche Telekom geben Anleihen in Milliardenhöhe heraus.

Unter den Emittenten befinden sich bekannte Marken wie der Bierbrauer Carlsberg, der Safthersteller Valensina, die Fluggesellschaft Air Berlin, der Fußballverein Schalke 04 und die Modekette René Lezard. Doch Anleger sollten sich von prominenten Namen nicht blenden lassen. Das Pleiterisiko im Mittelstandssegment ist auch unter Markenherstellern erheblich. Viele Unternehmen sind hoch verschuldet und manche sind Sanierungsfälle wie etwa Air Berlin. Bereits vier Unternehmen aus dem Bereich alternative Energien konnten ihre Anleihen nicht mehr bedienen.

Die Mittelstandsmärkte sind nicht so streng reglementiert wie die für Großunternehmen. Marktbeobachter monieren eine mangelnde Transparenz, weil einige Unternehmen nicht ausreichend über ihre Ertragslage berichten. Auch die Ratings, mit denen sich manche Firmen schmücken, sind in der Finanzbranche umstritten. Sie gelten als weniger aussagekräftig, weil sie nicht von den drei international führenden Ratingagenturen, sondern von preisgünstigeren regionalen Nischenanbietern vergeben werden. Deren Urteile kritisieren manche als zu kulant.

### FAZIT: UNSICHERE EMITTENTEN

Mittelstandsanleihen sind riskant. Vorsichtige Anleger erliegen nicht der Versuchung hoher Zinskupons und machen einen großen Bogen um dieses Segment.

# RENTENFONDS – BEQUEM IN ANLEIHEN INVESTIEREN

Einen einfachen Zugang zu den Anleihemärkten bieten Rentenfonds. Anleger, die Anteile an einem solchen Fonds kaufen, beteiligen sich an einem Portfolio, das aus einer Vielzahl von Anleihen besteht. Die Auswahl an Rentenfonds ist beträchtlich und fast jeder verfolgt eine andere Strategie. Zur groben Orientierung kategorisiert sie die Finanzindustrie nach folgenden Anlagekriterien:

- **Laufzeit:** Es gibt Fonds, die nur in kurz- oder langlaufende Anleihen investieren. Andere mischen Papiere mit unterschiedlichen Laufzeiten.
- **Region:** Viele Rentenfonds legen nur in bestimmten Ländern oder Regionen an. Etwa in Deutschland, dem Euroraum, den USA oder den Schwellenländern.
- **Rating:** Viele Rentenfonds konzentrieren sich auf Emittenten, die mindestens über ein Investment-Grade-Rating verfügen. Andere sind auf hochverzinste Risikoanleihen mit schlechterer Bonität spezialisiert.
- **Emittent:** Es wird vor allem zwischen Staats- und Unternehmensanleihen unterschieden. Eine Sonderrolle spielen Pfandbriefe als besicherte Bankanleihen.

Für vorsichtige Anleger kommen nur Rentenfonds in Frage, die ausschließlich Euro-Anleihen kaufen und Fremdwährungsrisiken absichern. Die Anleihen sollten darüber hinaus von Emittenten stammen, denen die Ratingagenturen eine gute Bonität bescheinigen. Das gilt sowohl für Staats- als auch Unternehmensanleihen. In die engere Wahl gehören auch Fonds, deren Schwerpunkt auf deutschen Pfandbriefen und deren europäischen Pendants (Covered Bonds) liegt.

Die Kurse von Rentenfonds, die sich auf Anleihen mit kurzen Laufzeiten konzentrieren, schwanken am wenigsten. Dafür sind ihre Renditen in der Regel aber auch geringer. Wer den goldenen Mittelweg beschreitet und sich für Fonds entscheidet, die in ein breites Laufzeitenspektrum investieren, ist gut positioniert.

**Rentenfonds mit und ohne Manager**

Anleger können zwischen aktiv und passiv gemanagten Fonds wählen. Passive Fonds bilden einen Index nach, der Anleihen enthält. Sie sind besser bekannt als börsengehandelte Indexfonds, kurz ETF (exchange traded funds). Ein ETF entwickelt sich so wie der Index, auf den er sich bezieht, also in etwa wie der Marktdurchschnitt, den der Index repräsentiert. Das macht diese Geldanlage so einfach nachvollziehbar und transparent. Steigt der Index, steigt der Fonds.

Es gibt eine Vielzahl von Rentenindizes mit unterschiedlichen Anlageschwerpunkten, auf die spezialisierte Fondsgesellschaften Indexfonds anbieten. Eine Übersicht finden Sie auf Seite 170. Haben Anleger einmal die richtige Indexauswahl getroffen, können sie die entsprechenden Fonds auf

Jahre hinaus in ihren Depots behalten, ohne sie ständig überwachen zu müssen. Deshalb sind Indexfonds vergleichsweise pflegeleichte Produkte, die sich für langfristig ausgerichtete Depots eignen. Allerdings ist ihre Konstruktion bisweilen kompliziert und nicht vollkommen ohne Risiken. Denn viele Indexfonds enthalten überraschenderweise nicht die Wertpapiere, deren Entwicklung sie nachzeichnen. Wie Indexfonds im Detail funktionieren, lesen Sie ab Seite 71.

Bei aktiv gemanagten Fonds suchen Fachleute die Anleihen aus. Sie mischen meist verschiedene Arten von Papieren. Aktive Fonds bieten die Chance besser abzuschneiden als der Marktdurchschnitt. Sehr häufig bleiben sie jedoch hinter dem Markt zurück. Deshalb müssen Anleger diese Fonds regelmäßig beobachten und austauschen, wenn sie sich unterdurchschnittlich entwickeln. Mehr Informationen über die Chancen und Risiken von aktiven Fonds finden Sie ab Seite 141.

**TIPP** Die besten Rentenfonds

Finanztest ermittelt monatlich die besten aktiven Rentenfonds. Viele haben ein geringeres Risiko und höhere Ertragschancen als der Marktdurchschnitt. Eine Auswahl finden Sie auf Seite 160 und in jeder aktuellen Finanztest-Ausgabe. Die vollständige Empfehlungsliste ist im Internet unter www.test.de/fonds abrufbar.

**Böse Überraschungen mit Mogelpackungen**

Aktive Rentenfonds haben aber noch einen anderen Haken: Manche, die jahrelang als sicher galten, entpuppten sich 2008 nach dem Ausbruch der Finanzkrise als Mogelpackung. Sie hatten nicht nur in solide Anleihen, sondern auch in riskantere Papiere investiert, die in der Krise erheblich an Wert verloren. Einige Rentenfonds fielen um mehr als 20 Prozent. Zwar herrschte 2008 und 2009 eine seltene Ausnahmesituation an den Märkten, doch wer vor bösen Überraschungen sicher sein will, muss sich vor dem Kauf eines aktiven Rentenfonds genau informieren, wie weit die Freiheit des Managers reicht. Darf er auch risikoreichere Wetten eingehen, sollten vorsichtige Anleger genau überlegen, ob sie das auch wollen. Allerdings: Je stärker der Handlungsspielraum eines Fondsmanagers beschnitten wird, desto schlechter sind die Aussichten, dass er ein besseres Ergebnis als der Marktdurchschnitt erwirtschaftet. Das kann gerade in Zeiten sehr niedriger Zinsen ein erheblicher Nachteil sein.

**Fondskosten im Vergleich**

Indexfonds haben noch einen weiteren Vorteil: Sie sind günstig. Das macht sich besonders bemerkbar, wenn die Anleihe-Renditen sehr niedrig sind. Ihre jährlichen Verwaltungskosten betragen nicht selten weniger als 0,2 Prozent pro Jahr. Aktiv gemanagte Fonds verlangen dagegen zwischen 0,5 und 1 Prozent, die dem Anleger vom Ertrag abgezogen werden.

Auch die einmaligen Kaufkosten aktiver Fonds sind deutlich höher. Der sogenannte Ausgabeaufschlag, den die Fondsgesellschaften erheben, kann 2,5 bis 3 Prozent des Kaufpreises betragen. Deswegen fahren manche Fonds in einer Niedrigzinsphase im ersten Jahr automatisch einen Verlust ein, weil Kauf- und Verwaltungskosten die Rendite übersteigen. Bei Indexfonds, die über eine Bank oder einen Broker an einer Börse gekauft werden, ist das sehr unwahrscheinlich. Anleger bezahlen nur den Spread, der bei vielen Rentenindexfonds im Schnitt zwischen 0,04 und 0,3 Prozent rangiert. Hinzu kommen noch die Kosten für die Nutzung des Börsenplatzes und für den Broker, die sich zusammen auf etwa 0,3 Prozent summieren, wenn die Order gut 5 000 Euro beträgt. Bei kleineren Anlagebeträgen steigen die Transaktionskosten im Verhältnis an.

# KRISENSCHUTZ – WAS SACHWERTE TAUGEN

Seit Ausbruch der Finanzkrise empfehlen Banken und Vermögensverwalter, vor allem auf Sachwerte zu setzen. Aktien, Gold, Immobilien und andere reale Werte wie Wald, Ackerland und Rohstoffe sollen das Vermögen vor Inflation und schweren Erschütterungen an den Kapitalmärkten schützen. Doch Sachwerte sind keine Heilsbringer. Sie bergen zum Teil hohe Risiken, die vorsichtige Anleger kennen sollten.

## WAS SACHWERTE VON ANDEREN ANLAGEN UNTERSCHEIDET

Wenn es um Sachwerte geht, denken die meisten Anleger zunächst an Gold und Immobilien. Aber auch Aktien sind Sachwerte. Sie verbriefen einen Anteil an einem Unternehmen und damit an dessen Produktionskapital, also beispielsweise an Maschinen, Gebäuden, Markenrechten und Patenten. Seit sich die Bankenkrise um den Globus fraß und eine Reihe von Euroländern an den Rand des Staatsbankrotts drängte, erfreuen sich besonders Gold und Immobilien einer wachsenden Popularität. Banken und Fondsgesellschaften propagieren aber auch eine Vielzahl weiterer Sachanlagen. Dazu zählen Investitionen in Windparks, Wald, Ackerland, Milchfarmen, Infrastrukturanlagen wie Häfen, Krankenhäuser, Seniorenwohnheime und Kindertagesstätten, Diamanten, Kunst, Antiquitäten und natürlich in Rohstoffe wie Öl und Kupfer.

### Schutz vor Totalverlust

An solche realen Werte ist die berechtigte Hoffnung geknüpft, dass sie während einer Wirtschaftskatastrophe nicht vollkommen wertlos werden. Sie sollen in schwierigen Zeiten zum Erhalt des Vermögens beitragen. Vor allem sollen sie vor Inflation, aber auch vor den Folgen von Staatspleiten und Währungskrisen schützen. Dass Sachwertanlagen eine wirksame Versicherung gegen steigende Preise sind, ist in den meisten Fällen allerdings sehr fraglich. Doch bei extremen Marktverwerfungen erlitten Anleger zumindest in der Vergangenheit wenigstens keinen Totalverlust. Während der Hyperinflation 1923 in Deutschland konnten Aktienspekulanten sogar ihr Vermögen vermehren. Die Inflationsrate lag damals bei unglaublichen 22,22 Milliarden Prozent. Der Index, der die Wertentwicklung deutscher Aktien abbildete, stieg aber noch schneller. Wer im Januar 1923 eingestiegen war, hatte den Wert seines Einsatzes nach Abzug der Inflation bis zum Jahresende mehr als verdoppelt.

Legt man einen anderen Zeitraum zugrunde, sieht die Rechnung allerdings ganz anders aus: Von 1913 bis 1923, während des Ersten Weltkrieges und der nachfolgenden Hochinflationsphase (Inflationsrate 1920: 66,5 Prozent), büßten deutsche Aktien zeitweise 94,4 Prozent ihres realen Wertes ein. Am Ende des Jahres 1923 betrug der Verlust knapp 79 Prozent. Auch der reale Wert von Immobilien sank drastisch, aber eben auch nicht auf null.

## Inflation frisst nominale Werte

Wesentlich schlechter erging es den Besitzern von Geldvermögen und Staatsanleihen. Ihr Erspartes löste sich quasi über Nacht in Luft auf. Bargeld, Bankguthaben und Schuldverschreibungen wie Anleihen sind sogenannte Nominalwerte. Ihr Geldwert ist festgeschrieben. Der Preis, zu dem etwa eine Anleihe am Ende ihrer Laufzeit

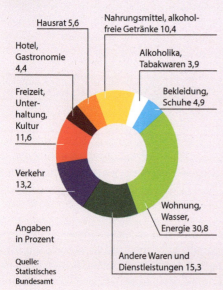

**INFO Verbraucherpreisindex: Mit diesem Warenkorb rechnen die Statistiker**

Hausrat 5,6
Hotel, Gastronomie 4,4
Freizeit, Unterhaltung, Kultur 11,6
Verkehr 13,2
Angaben in Prozent
Quelle: Statistisches Bundesamt
Nahrungsmittel, alkoholfreie Getränke 10,4
Alkoholika, Tabakwaren 3,9
Bekleidung, Schuhe 4,9
Wohnung, Wasser, Energie 30,8
Andere Waren und Dienstleistungen 15,3

Zur Messung der Inflation wird häufig der Verbraucherpreisindex herangezogen. Seine prozentuale Veränderung über die Zeit ist die Inflationsrate. Sie dient als Maßstab für den Anstieg der Lebenshaltungskosten.

Der Index wird anhand des Warenkorbs eines durchschnittlichen Haushalts berechnet. Der Korb besteht aus 700 Gütern und Dienstleistungen, deren Preisentwicklungen unterschiedlich gewichtet sind, „Wohnung, Wasser und Energie" beispielsweise mit 30,8 Prozent. Preiserhöhungen bei einem Posten, zum Beispiel Gastronomie, können durch gesunkene Preise etwa bei Kleidung und Schuhen ganz oder teilweise ausgeglichen werden.

zurückbezahlt werden muss, wird bei ihrer Ausgabe festgelegt, ebenso die Höhe der jährlichen Verzinsung. An diesen beiden Größen lässt sich nicht rütteln. Zwar kann der Marktwert einer Anleihe während der Laufzeit schwanken, doch am Ende entspricht auch er dem Rückzahlungsbetrag, der auf der Urkunde steht – vorausgesetzt der Herausgeber bleibt zahlungsfähig (siehe Seite 17).

Bei hoher Inflation, bei der die Teuerungsraten über der Verzinsung liegen, sinkt der reale Geldwert der Anleihe, gemessen an der Kaufkraft. Das kann so weit gehen, dass Anleger für den Rückzahlungsbetrag gar nichts mehr kaufen können wie etwa während der Hyperinflation in der Weimarer Republik. In solchen Phasen wird Vermögen von den Anleihekäufern zu den Anleiheherausgebern umverteilt. Wegen der exorbitanten Inflationsraten sanken die Inlandsschulden des deutschen Staates gemessen an der Wirtschaftsleistung zwischen 1920 und 1923 auf fast null (siehe Seite 50).

**Bargeld ist besonders anfällig**
Noch inflationsanfälliger als Anleihen ist unverzinstes Bargeld. Der nominale Geldwert von Münzen und Banknoten wird von den Zentralbanken gesetzlich festgelegt. Die Kaufkraft dieser Zahlungsmittel sinkt im Gleichschritt mit der Inflation. Während Anleihen häufig von Vermögenswerten gedeckt sind und die Wirtschaftskraft des Herausgebers für ihre Rückzahlung bürgt, sind Bargeld und Bankgut-

haben Forderungen gegen die Zentralbank. Nach dem Zweiten Weltkrieg waren sie bis 1971 im Bretton-Woods-System fester Wechselkurse mit Gold gedeckt. Wer wollte, konnte sein Geld in einem festgelegten Verhältnis in das gelbe Edelmetall umtauschen. Heute bürgen in den Industrieländern unabhängige Notenbanken für die Geldwertstabilität. Das Geld, das sie ausgeben, ist unter anderem von Devisenreserven, also von Forderungen gegen andere Länder, gedeckt. Die Menschen vertrauen darauf, dass die Notenbanken nicht zu viel Geld drucken und es dadurch entwerten. Doch dieses Vertrauen ist nach dem Platzen der Internetblase zu Beginn des neuen Jahrtausends und im Zuge der Banken- und Staatsschuldenkrise offenbar immer weiter gesunken. Ein unübersehbarer Beleg dafür ist der Goldpreis, der an den Finanzmärkten als eine Art Angstbarometer gilt. Er stieg seit 2001 in ungeahnte Höhen. 2013 gaben die Preise allerdings wieder deutlich nach (siehe Seite 77).

## Die Nachteile von Sachwerten

Im Vergleich zu nominalen Anlagen scheinen Sachwerte etwas Handfestes zu sein. Doch wer genauer hinschaut, wird auch Nachteile und Gefahren entdecken, die eine Investition nicht selten wenig aussichtsreich erscheinen lassen.

Viele Sachwerte sind nicht liquide. Das bedeutet, sie werden nicht an gesetzlich regulierten Börsen gehandelt. Anleger können sie also nicht jederzeit problemlos verkaufen. Das gilt für Immobilien, Wald, Acker, Flugzeuge, Schiffe und viele andere Sachwerte.

Hinzu kommt: Nur die wenigsten Anleger sind so reich, dass sie sich einen eigenen Wald oder ein Einkaufszentrum kaufen können. Private Anleger müssen in solche Objekte in der Regel über Fonds investieren. Dabei handelt es sich meistens um sogenannte geschlossene Beteiligungen, die mit hohen Mindestanlagesummen, Kosten und Risiken verbunden

### INFO  Geschlossene Fonds: Für Vorsichtige ungeeignet

Geschlossene Fonds sind Gesellschaften von Anlegern, die sich an einem größeren Investitionsvorhaben beteiligen. Die Initiatoren werben so viel Kapital ein, wie sie für das jeweilige Projekt brauchen. Dann wird der Fonds geschlossen. Es können keine neuen Anleger mehr einsteigen. Aussteigen kann man auch nicht, es sei denn, man ist bereit, seine Anteile mit möglicherweise erheblichem Verlust an einer Börse zu verkaufen. Eine Ursache für die hohen Abschläge ist die schwierige Bewertung von Vermögenswerten, die nicht wie Aktien im Sekundentakt gehandelt werden.

Die Laufzeit von geschlossenen Fonds beträgt zehn Jahre und länger, die Mindestinvestitionssumme liegt meistens bei 10 000 Euro, die einmaligen Erwerbskosten rangieren zwischen schwindelerregenden 10 und 17 Prozent der Investitionssumme. Dafür versprechen die Emissionshäuser hohe Renditen. Doch ob die tatsächlich erwirtschaftet werden, ist mehr als unsicher. Denn oftmals investieren die Fonds nur in ein einziges oder in wenige Objekte – das Risiko ist schlecht verteilt. Gerät der Fonds in Schwierigkeiten wie derzeit beispielsweise viele Schiffsfonds, haftet der Anleger mit seiner Einlage bis zum Totalverlust.

Viele geschlossene Fonds sind zudem „Blindpools". Das bedeutet, der Fonds wirbt das Anlagekapital ein, bevor das Investitionsobjekt feststeht. Festgelegt ist häufig nur, in welche Art von Objekten und in welchen Ländern investiert wird. In solchen Fällen ist das Risiko noch weniger überschaubar.

Wie es insgesamt um die Qualität solcher Beteiligungsmodelle bestellt sein kann, zeigte unlängst eine Untersuchung geschlossener Immobilienfonds. Finanztest stellte 58 auf den Prüfstand: 40 fielen ganz durch, nur 8 erhielten die mittelprächtige Note befriedigend. Kein Fonds war gut oder sehr gut. Anleger sollten sich also besser dreimal überlegen, ob sie in einen geschlossenen Fonds einsteigen. Wer auf der sicheren Seite sein will, macht einen großen Bogen um solche Anlageangebote.

sind (siehe Kasten). Kleinanleger sollten sie deswegen meiden.

**Rohstoffanlagen sind komplex**
Für Kleinanleger bieten sich daher eher börsengehandelte Sachwerte an: Aktien, Gold und Rohstoffe. Letztere sind allerdings eine komplexe Vermögensklasse, mit der sich Anleger intensiv beschäftigen sollten, bevor sie investieren. Theoretisch könnten Sie sich natürlich ein paar Fässer Rohöl kaufen und einige Tonnen Kupfer, die Sie in Ihrer Garage einlagern. Dann warten Sie bis die Preise steigen – und verkaufen wieder. Vermutlich wollen Sie aber lieber Ihren Wagen in der Garage parken. Zudem wären die Transport- und Abwicklungskosten für Ihr kleines Rohstoffgeschäft so hoch, dass Sie mit Sicherheit einen riesigen Verlust machen würden.

Transaktions- und Lagerkosten sind auch professionellen Finanzinvestoren ein Dorn im Auge, denn sie haben kein Interesse an dem Rohstoff selbst, sondern nur an dessen Preisentwicklung. Deshalb kaufen sie nicht den physischen Rohstoff, sondern sogenannte Futures. Dabei handelt es sich um Warenterminkontrakte, standardisierte Verträge, die den Käufer zur Abnahme und den Verkäufer zur Lieferung einer bestimmten Rohstoffmenge zu einem festgelegten Zeitpunkt, Ort und Preis in der Zukunft verpflichten. Finanzinvestoren verkaufen ihre Kontrakte vor dem Fälligkeitstermin und kaufen neue mit einer längeren Laufzeit. Auf diese Weise können sie in Rohstoffe investieren, ohne die gehandelten Waren jemals zu Gesicht zu bekommen. Das macht Rohstoffanlagen vergleichsweise kompliziert. Denn die meisten Finanzprodukte auf Rohstoffe, die Banken und Zertifikateanbieter Anlegern verkaufen, basieren auf solchen Futures, die an der Börse gehandelt werden.

Wer solche Rohstoff-Produkte kauft, braucht sich um den Warenterminhandel zwar nicht zu kümmern. Das macht der Produktanbieter. Doch ohne verstanden zu haben, wie diese Geschäfte funktionieren, ist die Wertentwicklung von Rohstoff-Produkten kaum nachvollziehbar.

Ohnehin ist von Anlagen in einzelne Rohstoffe dringend abzuraten. Ihre Preise unterliegen zum Teil extremen Schwankungen, die je nach Rohstoff von einer Vielzahl unterschiedlicher Faktoren abhängen. Investitionen in breit gestreute Indizes, die eine Vielzahl von Rohstoffen enthalten, senken das Risiko erheblich. Diese Indizes, die sich im Detail deutlich voneinander unterscheiden, sind in etwa so riskant wie Aktienindexanlagen (siehe Seite 130). Dennoch: Wer die Funktionsweise von Rohstoffindizes nicht verstanden hat, sollte auch von ihnen die Finger lassen.

**Reale Werte sind riskant**
Grundsätzlich sind alle Sachwertinvestitionen mit zum Teil sehr viel höheren Risiken verbunden als Anleihen solider Herausgeber oder verzinste Bankguthaben, die über die Einlagensicherung geschützt sind. Umschichtungen sollten deshalb sehr gut

überlegt sein. Wenn Sie beispielsweise fällig gewordene Festgelder nicht wieder sicher verzinst anlegen und stattdessen Gold kaufen, haben Sie vielleicht eine gute Versicherung gegen Finanzmarkt-Katastrophen erworben. Gleichzeitig setzen Sie sich aber erheblichen Preisschwankungen und einem Verlustrisiko aus, das umso größer wird, je unwahrscheinlicher ein Crash an den Börsen erscheint. Unter dem Strich haben Sie möglicherweise ein vergleichsweise geringes Risiko gegen ein deutlich höheres ausgetauscht. Das sollten Sie immer im Hinterkopf behalten, wenn Sie planen, von sicheren Anlagen in Sachwerte umzuschichten.

## INFLATIONSSCHUTZ – MEHR WUNSCH ALS WIRKLICHKEIT

Was halten Sie von einem Regenschirm, der sich nicht immer öffnen lässt? Mal kann man ihn aufklappen, wenn es zu regnen beginnt, mal klemmt er – und Sie werden nass. Einen solchen Schirm würden Sie vermutlich umgehend reklamieren, wenn Sie ihn erst kürzlich erworben haben. Auch einen Schirm mit Löchern werden die meisten ausrangieren. Zwar wird man nicht nass bis auf die Haut, aber richtig geschützt ist man auch nicht.

So ähnlich wie mit einem defekten Regenschirm verhält es sich auch mit dem Inflationsschutz von Sachwerten. Manchmal funktioniert er, manchmal nicht und manchmal eben nur ein bisschen. Anlageprodukte, die nach Abzug der Inflationsrate mit Sicherheit eine gute Rendite bringen, existieren leider nicht. Das liegt unter anderem daran, dass es verschiedene Ursachen für eine steigende Geldentwertung gibt.

Zudem kann die Inflation unter unterschiedlichen wirtschaftlichen Rahmenbedingungen entstehen, die einen entscheidenden Einfluss auf die reale Wertentwicklung von Sachwerten haben. Steigt die Inflation beispielsweise, während die Wirtschaft kräftig wächst, dürften sich Sachwerte besser behaupten als in einer Phase, in der die Konjunktur stagniert und die Konsumentenpreise dennoch steigen. Eine wichtige Rolle spielt auch, ob eine höhere Inflation an den Märkten erwartet worden ist, oder ob sie überraschend kam. Ebenso beeinflusst die Höhe der Inflationsrate die Preisentwicklung von Sachwerten.

Grundsätzlich können Geldanlagen auf drei verschiedene Arten vor Inflation schützen:

**1 Unabhängigkeit:** Ihre reale Wertentwicklung ist statistisch unabhängig von der Inflation, kann aber schwanken. Mal funktioniert der Inflationsschutz über kurze Zeiträume und mal nicht.

**2 Antizipation:** Ihre reale Wertentwicklung ist meistens positiv, auch kurzfristig, Verlustphasen halten nicht lange an. Bei Anlagen dieser Kategorie sind die Inflationserwartungen der Anleger in der Verzinsung berücksichtigt. Rechnen sie in den nächsten Jahren mit einer Inflationsrate von 2 Prozent, verlangen sie beispielsweise bei einer Anleihe eine Verzinsung von 4 Prozent. Steigt die Teuerung nicht über den erwarteten Wert, ist die reale Rendite größer null. Dieser Mechanismus funktioniert aber nur, solange die Nachfrage nach festverzinslichen Anlagen nicht zu hoch ist. Bei einer sehr hohen Nachfrage wie derzeit in Deutschland müssen Herausgeber sicherer Anleihen nur niedrige Zinsen bieten, die unter der Inflationsrate liegen können.

3 Gleichlauf: Ihre reale Rendite steigt mit der Inflationsrate. Mit solchen Anlagen ließe sich in Zeiten steigender Inflation gut Geld verdienen – vorausgesetzt, man steigt nicht zu spät ein und rechtzeitig wieder aus.

Finanztest hat statistisch untersucht, welchen Inflationsschutz einzelne Anlageklassen in der Vergangenheit geboten haben. Ausgewertet wurden Daten zur Inflation und zur realen Wertentwicklung von Geldanlagen von 1970 bis Sommer 2010.

## Aktien – langfristig eine gute Absicherung

Aktien gehören nach Berechnungen von Finanztest zur ersten Gruppe. In der Analyse zeigte sich kein erkennbarer Zusammenhang zwischen Inflation und Renditen von Aktien. Mal lagen sie im Plus, mal im Minus – beides unabhängig davon, ob die Inflation gerade stieg oder fiel. Anfang der 1970er Jahre zur Zeit der ersten Ölkrise zum Beispiel, als die Inflationsrate im Schnitt 5,9 Prozent pro Jahr betrug, fiel der reale Wert deutscher Aktien um 3,1 Prozent pro Jahr. In den beiden folgenden Phasen hoher Inflation in Deutschland während der zweiten Ölkrise (1979 bis 1982) und nach der Wiedervereinigung (1990 bis 1993) lagen sie dagegen im Plus. Über die gesamte Zeit betrachtet, konnte man mit deutschen Aktien nach Abzug der Inflation am meisten verdienen: im Durchschnitt 7,5 Prozent pro Jahr. Mit internationalen Aktien waren es 7 Prozent. Gemessen wurde die Wertentwicklung an den Börsenindizes der US-Bank Morgan Stanley (MSCI).

Die hohen Renditen bedeuteten selbstverständlich auch hohe Risiken. Wer Aktien besaß, musste große Kursschwankungen in Kauf nehmen. Deutsche Aktien hatten beispielsweise während der vergangenen vierzig Jahre eine Schwankungsbreite, auch Volatilität genannt, von rund 20 Prozent. Je höher die Volatilität, desto stärker weichen die tatsächlichen Ergebnisse vom errechneten Durchschnitt ab – sowohl nach oben als auch nach unten.

### FAZIT: ANLAGEDAUER IST ENTSCHEIDEND

Ob Aktien einen zuverlässigen Inflationsschutz bieten, hängt entscheidend von der Dauer der Anlage ab. Kurzfristig sind diese Wertpapiere keine sichere Bank. Bei einer Inflationsrate von mehr als 5 Prozent liegt die Wahrscheinlichkeit lediglich bei gut 60 Prozent, dass die reale Rendite auf Jahressicht positiv ist. Langfristig schützen Aktien jedoch sehr gut vor Geldentwertung. Zu diesem Ergebnis kommen auch andere Untersuchungen. Anleger, die Aktien aus Angst vor Geldentwertung kaufen, sollten also einen Anlagehorizont von wenigstens 15 bis 20 Jahren haben und in der Lage sein, mögliche Kursverluste zu verkraften.

## Gold – vom Glanz geblendet

Gold lässt sich in die dritte Kategorie einordnen. Denn tatsächlich kam es bei dem Edelmetall in Zeiten höherer Inflationsraten zu starken Preisausschlägen. Wer einen guten Einstieg erwischte, konnte enorme Renditen erzielen. Möglich waren aber auch erhebliche Verluste. Als die Inflation Anfang der 1970er Jahre und Anfang der 1980er Jahre stark angestiegen war, schwankte der Goldpreis heftig. Das zeigt, dass Gold keineswegs eine sichere Anlage ist. Anfang der siebziger Jahre stiegen die Goldpreise noch gemeinsam mit den Inflationsraten. Die höheren Notierungen waren eine Reaktion auf den Zusammenbruch des Bretton-Woods-Systems: Die USA hatten die Bindung des Dollar an Gold aufgegeben.

Anfang der achtziger Jahre verteuerte sich Gold vor allem zu Beginn der Hochinflationsphase. Als die Inflationsraten ihren Gipfel erreicht hatten, fiel der Goldpreis erneut. In der dritten Phase hoher Inflationsraten Anfang der 1990er Jahre reagierte der Goldpreis deutlich schwächer. Das zeigt, dass ein Anstieg der deutschen Inflation auf den Goldpreis keine Wirkung haben muss. Offenbar sind größere Krisen beziehungsweise die Angst davor nötig, um ihn in die Höhe zu treiben.

Die Wahrscheinlichkeit, mit Gold innerhalb eines Jahres einen Verlust zu erzielen, ist beträchtlich, wie die Finanztest-Analyse belegt: In über 40 Prozent der untersuchten Einjahreszeiträume lagen Anleger mit Gold im Minus. Bei Aktien waren es nur 30 Prozent. Der Glanz des Goldes trübt sich noch weiter ein, wenn man sich die längsten Phasen realer Verluste anschaut. Wer sich Anfang der 1980er Jahre von der Panik um die zweite Ölkrise und den Einmarsch der Russen in Afghanistan anstecken ließ und Gold auf dem Höchststand kaufte, musste 27 Jahre warten, bis er zumindest seinen Einsatz wieder heraushatte.

In Krisenzeiten, wenn viele Leute Gold kaufen, kann es sein, dass sich eine Spekulationsblase bildet. Wenn die Stimmung umschlägt und die Preise plötzlich als überhöht angesehen werden, verkaufen die Investoren in Scharen – die Blase platzt. Der Inflationsschutz ist dann dahin und Anleger haben sogar noch weniger Geld, als wenn sie es nicht vor der Geldentwertung in vermeintliche Sicherheit gebracht hätten. In der jüngsten Krise hat Gold schon mehrere neue Höchststände erreicht. Es kann daher gefährlich sein, jetzt noch einzusteigen.

### ⚠ FAZIT: TRÜGERISCHE SICHERHEIT

Gold ist eher ein Katastrophen- als ein Inflationsschutz. Wer aus Furcht vor Inflation viel Geld in Gold umschichtet, bringt sein Vermögen nicht in Sicherheit, sondern erhöht sein Risiko. Gold sollte deswegen höchstens 10 Prozent des Depots ausmachen.

## Immobilien – vorsichtige Anleger müssen differenzieren

Den Zusammenhang zwischen Inflation und realen Immobilienrenditen hat Finanztest nicht selbst untersucht. Es gibt eine Reihe von Studien – mit widersprüchlichen Ergebnissen. Mal weisen sie nach, dass Wohnimmobilien eine wirksame Absicherung gegen Geldentwertung sind, mal nicht. Das mag auf den ersten Blick überraschen, hat aber plausible Ursachen:

1  Für Immobilien gibt es keine transparenten, allgemeingültigen Preise wie für Aktien, die an Börsen gehandelt werden. Jede Immobilie ist ein Unikat, das individuell bewertet werden muss. Konkurrierende Datenanbieter versuchen die Preisentwicklung näherungsweise mit unterschiedlichen Methoden zu berechnen. Ihre Ergebnisse weichen voneinander ab. Deshalb hängt das Ergebnis einer Untersuchung entscheidend davon ab, welche Preisdaten verwendet wurden.

2  Maßgeblichen Einfluss haben auch die Zeiträume, die zugrunde gelegt werden. Je länger die Datenreihe, desto aussagekräftiger sind in der Regel die Ergebnisse.

3  Zwischen den einzelnen Nutzungsarten von Immobilien wird nicht immer unterschieden. Wohn-, Büro-, Handels- und Spezialobjekte wie Krankenhäuser und Altersheime reagieren aber unterschiedlich auf veränderte Konjunkturaussichten und Inflationserwartungen.

4  Nicht selten wird nur ein lokaler Markt untersucht, bevorzugt diejenigen, für die die besten und am einfachsten zugänglichen Datenreihen existieren. Die Ergebnisse lassen sich aber nicht beliebig auf andere Immobilienmärkte übertragen. Sie führen häufig ein lokales Eigenleben und haben ihre länderspezifischen Gepflogenheiten und Vorschriften, etwa bei der Gestaltung von Mietverträgen und bei der Erhöhung von Mieten.

5  Unabhängige Forschung ist rar. Beispielsweise sind zwei Forschungsinstitute in Deutschland von der Immobilienwirtschaft finanziert. Sie bezahlt die meisten Studien zu den Immobilienmärkten – direkt oder indirekt. Zu den „Sponsoren" gehören auch private Beratungsunternehmen. Die finanzierten Untersuchungen werden auch zur Verkaufsförderung eingesetzt. Und zur Imagepflege der Immobilienbranche als Ganzes oder einzelner Interessengruppen. Es besteht deshalb die Gefahr, dass manche Untersuchungsergebnisse mehr den Wünschen der Auftraggeber als der objektiven wissenschaftlichen Erkenntnis geschuldet sind. Eine Einflussnahme auf die Ergebnisse ist schon aus den oben genannten Gründen nicht sonderlich schwierig.

**Fonds schützen besser als Einzelobjekte**
Grundsätzlich ist die Wahrscheinlichkeit höher, dass ein Portfolio aus einer Vielzahl von Immobilien eine positive reale Rendite erzielt als ein einzelnes Objekt. Das spricht für offene Immobilienfonds (siehe Seite 100), die international in verschiedene Gewerbeimmobilien investieren. Dazu zählen Büro- und Handelsflächen. Die Mieten sind in der Regel inflationsindexiert. Das heißt, sie steigen laut Vertrag wenigstens in Höhe der Teuerungsrate. Doch in der Praxis sind solche Vereinbarungen nicht unbedingt durchsetzbar. Wenn die Konjunktur einbricht und die Nachfrage nach Gewerbeimmobilien zurückgeht, können auch langfristige Verträge nachverhandelt werden und die Mieten sinken – besonders im Einzelhandel.

**Wohnimmobilien – Angebot und Nachfrage bestimmen den Preis**
Gemessen daran erscheinen vermietete Wohnimmobilien stabiler. Gewohnt wird immer, könnte man argumentieren, unabhängig davon, wie die Wirtschaft läuft. Doch Anleger, die direkt in Wohnimmobilien investieren, können wegen der hohen Kaufsummen meistens nur eine einzelne Eigentumswohnung oder bestenfalls ein Mietshaus erwerben. Entsprechend groß sind die Risiken. Wird plötzlich die Straße für den Durchgangsverkehr ausgebaut, in der Nähe eine übel riechende Keksfabrik eröffnet oder fällt der Mieter aus, ist die Rendite und damit auch der Inflationsschutz unversehens dahin.

Anderseits ist die Preisentwicklung für Wohnungsmieten selbst Bestandteil der Inflation. Im Verbraucherpreisindex, der die Teuerungsrate in Deutschland misst, machen die Kosten für Miete, Wasser und Energie mit Abstand den Löwenanteil aus: 30,8 Prozent. Das entspricht im Durchschnitt in etwa dem Anteil am Einkommen, den Haushalte für diese Posten ausgeben müssen. Statistisch treibt demnach die Mietentwicklung die Inflation nach oben oder unten – und nicht umgekehrt. Das impliziert einen gewissen Inflationsschutz, dessen Wirksamkeit aber immer davon abhängt, ob die Mietpreissteigerung über oder unter dem Gesamtindex liegt.

Ein anderes Argument, das gerne für den Inflationsschutz von Wohnimmobilien angeführt wird, ist, dass Käufer dafür meist einen Kredit aufnehmen. Und der reale Wert dieser Kredite würde ja schließlich mit steigender Geldentwertung sinken, argumentieren manche Immobilienmakler. Das ist zwar nicht grundsätzlich falsch. Doch im Einzelfall profitiert der Immobilieninvestor nur, wenn seine Mieteinnahmen mit der Teuerung steigen und sich die Kreditzinsen nicht erhöhen. Durch die höheren Einnahmen sinkt die Last des Kredits. Die Inflation hilft dabei, das Darlehen schneller zurückzubezahlen, ohne dass dafür zusätzliches Kapital aufgewendet werden muss.

Gegen eine inflationsschützende Wirkung von Wohnimmobilien spricht eine Studie des arbeitgebernahen Instituts der deutschen Wirtschaft Köln, finanziert von

Unternehmen der Immobilienbranche. Danach hat die Inflationsrate in Deutschland so gut wie keinen Einfluss auf die Preisentwicklung von Wohnimmobilien. Auch die Konjunktur und die Höhe der Realzinsen spielen nur eine kleine Nebenrolle. Entscheidend sind letztlich Angebot und Nachfrage am jeweiligen Standort. Das Angebot hängt unter anderem von der Leerstandsquote, den zur Verfügung stehenden Bauflächen und der Menge der Neubauten ab. Die Nachfrage nach Wohnraum wiederum steigt, wenn die Anzahl der Haushalte wächst, etwa aufgrund von Zuwanderung oder weil immer mehr Menschen alleine leben.

 **FAZIT: DER EINZELFALL IST ENTSCHEIDEND**
Gute offene Immobilienfonds bieten im Durchschnitt einen besseren Inflationsschutz als eine einzelne Wohnimmobilie. Bei Letzteren hängt die reale Rendite entscheidend von Angebot und Nachfrage am jeweiligen Standort ab. Entsprechend hoch sind das Risiko und auch die Chancen. Wer eine Wohnimmobilie in attraktiver Lage zu einem angemessenen Preis erwirbt, hat gute Aussichten, eine positive Rendite nach Abzug der Inflation zu erwirtschaften (siehe auch Seite 86). Worauf Sie bei offenen Immobilienfonds achten müssen, lesen Sie ab Seite 100.

## Die richtige Mischung schützt

Die beste Absicherung gegen Geldentwertung sind nicht einzelne Sachwerte, sondern ein gut gemischtes Anlageportfolio. Es enthält auch einen Anteil sichere Bankeinlagen und Anleihen, deren Verzinsung möglichst über der Inflationsrate liegt. Solche Staatsanleihen zu finden, ist wegen der Eurokrise allerdings ziemlich schwierig. Auch die Zinsen für Tages- und Festgeld befanden sich zuletzt im Sinkflug. Wie Sie dennoch ein Inflationsschutz-Depot im Detail strukturieren können, erklären wir ab Seite 135.

# AKTIEN – KLUG INVESTIEREN

Aktien sind Anteilsscheine an Unternehmen, dem Motor jeder Volkswirtschaft. Aber die Papiere gelten bei vielen als Teufelszeug – zu Unrecht. Zwar können die Kurse von Aktien zeitweise kräftig schwanken. Doch langfristig haben sie in der Vergangenheit eine ansehnliche Rendite abgeworfen. Vorsichtige Anleger kommen heute kaum an ihnen vorbei, wenn sie die Kaufkraft ihres Vermögens erhalten wollen. Für sie sind vor allem Aktienfonds geeignet.

## AKTIENGESELLSCHAFTEN – DIE WICHTIGSTEN FAKTEN

Trotz der durchschnittlich hohen Renditen, die sich in der Vergangenheit langfristig mit Aktien erzielen ließen, stehen diese Wertpapiere bei deutschen Anlegern nicht hoch im Kurs. Folgt man der Statistik des Deutschen Aktieninstituts, dann ist die Zahl der Aktionäre und Aktienfondsbesitzer im ersten Jahrzehnt des neuen Jahrtausends erheblich zurückgegangen. Ein Blick auf die Börsenentwicklung zeigt, warum: Ende der 1990er-Jahre, als die Aktienkurse während des Internetbooms in den Himmel schossen, lockte die Aussicht auf märchenhafte Gewinne immer mehr Menschen an den Aktienmarkt. Doch als deutlich wurde, dass die meisten der jungen Unternehmen der sogenannten New Economy nur vage Ideen und keine Profite zu bieten hatten, brach der Aktienmarkt zusammen. Die Anschläge auf das World Trade Center in New York und Bilanzfälschungsskandale in Großkonzernen, die als durch und durch solide galten, verstärkten den Abwärtssog.

Millionen von Anlegern, die hierzulande auf dem Höhepunkt der Aktieneuphorie auf den fast schon entgleisten Zug aufgesprungen waren, verloren viel Geld – und wollen nun von Aktien nichts mehr wissen. Das ist verständlich, aber nicht die beste Entscheidung. Natürlich stehen den hohen Renditechancen auf Aktienmärkten auch hohe Risiken gegenüber. An den Börsen ist immer unsicher, was die Zukunft bringt. Aktienkurse schwanken zum Teil heftig, besonders bei Ausbruch von Krisen, und Anleger müssen sich darauf einstellen, zwischenzeitlich in die Verlustzone zu rutschen. Dennoch: Nach Berechnungen von Finanztest sind Aktien auf lange Sicht und in der richtigen Dosierung auch für vorsichtige Anleger eine empfehlenswerte Investition. In einem gemischten Portfolio mit festverzinslichen Anlagen heben sie die Gesamtrendite und senken in der richtigen Dosierung sogar das Risiko (siehe auch Seite 133).

## Aktiengesellschaften und Börsenhandel

Mit dem Kauf einer Aktie werden Sie Miteigentümer einer Aktiengesellschaft (AG). Entsprechend der Anzahl der insgesamt ausgegebenen Aktien gehört Ihnen ein winziger Teil des Unternehmens. Eine AG ist eine eigenständige juristische Person, die von einem Vorstand geleitet wird. Der Vorstand wird vom Aufsichtsrat ernannt und kontrolliert. Und ein Teil der Aufsichtsratsmitglieder wird von den Aktionären gewählt. Alle handelnden Personen können beliebig ausgetauscht werden, ohne dass sich an der Existenz und an den Verpflichtungen und Rechten der AG etwas ändert. Das ist ein wesentlicher Vorteil dieser Gesellschaftsform.

Die Eigentümer haften in der Höhe ihrer Einlagen für die Verbindlichkeiten der Gesellschaft. Das bedeutet: Im Fall einer Insolvenz können die Aktien der Gesellschaft wertlos werden. Umgekehrt sind die Aktionäre an den Gewinnen des Unternehmens beteiligt. Ein Teil davon wird an sie ausgeschüttet. Diese Zahlung, über deren Höhe die Aktionäre auf der jährlichen Hauptversammlung abstimmen, heißt Dividende. Aus solchen Ausschüttungen und Kursgewinnen oder -verlusten setzt sich die Aktienrendite zusammen. Allerdings gibt es auch viele Unternehmen, die ihre Gewinne vollständig einbehalten, um damit ihre Expansion zu finanzieren. Das ist besonders bei jungen Firmen häufig der Fall. Hier profitieren die Anleger dann nicht von Dividenden, sie setzen allein auf Kursgewinne.

Aktiengesellschaften sind in Deutschland und in den meisten anderen Ländern gesetzlich verpflichtet, ihre Aktionäre regelmäßig über die Entwicklung der Geschäftsaktivitäten zu informieren. Für börsennotierte Unternehmen sind die Berichtspflichten besonders umfangreich. Beispielsweise müssen die Konzerne, die im Deutschen Aktienindex Dax notiert sind, jedes Quartal über Umsatz und Gewinn Rechenschaft ablegen.

## Aktiensegmente und Indizes

An den Börsen gelistete Unternehmen werden abhängig von ihrer Größe, den im freien Handel befindlichen Aktien und ihrem Geschäftsfeld in verschiedene Kategorien eingeteilt. Die Unternehmensgröße wird am Börsenwert der jeweiligen Gesellschaft, der sogenannten Marktkapitalisierung, gemessen. Sie errechnet sich aus der Anzahl der ausgegebenen Aktien multipliziert mit dem jeweiligen Kurs. Im Dax sind die 30 deutschen börsennotierten Unternehmen mit der höchsten Marktkapitalisierung zusammengefasst, der M-Dax enthält die 70 nächstgrößeren Konzerne, der sogenannte Tec-Dax Firmen aus dem Technologiesektor.

Weltweit wird für alle Länder mit entwickelten Börsen eine Vielzahl solcher Marktindizes zusammengestellt und berechnet. Der Index mit den größten oder besonders wichtigen Unternehmen gilt jeweils als der sogenannte Leitindex. Dessen Entwicklung wird meistens repräsentativ für den Aktienmarkt eines Landes in Zeitungen und im Internet veröffentlicht.

## WAS DIE KURSE AN DER BÖRSE TREIBT

Der Preis für eine Aktie richtet sich nach Angebot und Nachfrage – wie auf jedem anderen Markt. Der Kurs hängt davon ab, wie viele Aktionäre sich gerade von ihren Papieren trennen wollen und wie viele Käufer dafür bereitstehen. Gibt es mehr Käufer als Verkäufer, steigen die Kurse – und umgekehrt. Doch unter welchen Umständen geraten Anleger in Kauflaune und treiben die Aktienpreise nach oben? Auf diese Frage gibt es keine einfache Antwort. Sehr viele Faktoren beeinflussen das Kaufverhalten und damit die Kurse. Selbst im Nachhinein lässt sich kaum zweifelsfrei nachvollziehen, was genau die Preise bewegte. Die Erklärungen von Experten, die Sie regelmäßig in Zeitungen und Zeitschriften lesen können, sind immer nur Mutmaßungen.

**Erwartungen bestimmen die Preise**
Grundsätzlich werden an den Aktienbörsen Erwartungen gehandelt. Investoren interessieren sich wenig für Gegenwart und Vergangenheit. Sie gehen meistens davon aus, dass alle bekannten Informationen über ein Unternehmen bereits in dessen Aktienkurs berücksichtigt sind. Gleiches gilt für die wirtschaftlichen Rahmenbedingungen und das konjunkturelle Umfeld. Es geht demnach nicht darum, wie gut oder schlecht ein Unternehmen in der Gegenwart dasteht, sondern wie es sich in Zukunft entwickeln wird. Wie etwa künftige Gewinne ausfallen, ob die Rentabilität steigt und eine verbesserte Marktposition im Vergleich zu Wettbewerbern wahrscheinlich ist. Schätzen viele Investoren die Aussichten eines Konzerns positiv ein, wird der Aktienkurs des Unternehmens steigen. Zeichnet sich aber ab, dass die Erwartungen nicht eintreffen, geben die Notierungen nach.

Diese Mechanismen führen regelmäßig zu Irritationen. Beispielsweise wenn in den Nachrichten über die glänzenden Gewinne eines Unternehmens berichtet wird und gleichzeitig der Aktienkurs fällt. Oder ein Konzern meldet einen Verlust, was an der Börse mit steigenden Aktienpreisen gefeiert wird. Der Grund für solche vermeintlichen Perversionen sind meistens enttäuschte oder übertroffene Erwartungen. Ist der Gewinn hoch, aber kleiner als erhofft, wenden sich manche Aktionäre ab. Fällt ein Verlust geringer aus als befürchtet, werten Anleger das als Indiz für künftig schwarze Zahlen – und kaufen die Aktie.

Es ist demnach nicht ungewöhnlich, dass die Börse boomt, wenn Wirtschaft und Unternehmen gar nicht so gut dastehen. Das hat sich erneut während der Finanzkrise bestätigt. Ein guter Einstiegszeitpunkt ist also nicht während einer Hochkonjunktur, sondern in der Rezession. Die Börse feiert den nächsten Aufschwung häufig schon, bevor er begonnen hat. Denn dann gilt für die Unternehmen und ihre Profite das Credo des amerikanischen Präsidenten Barack Obama: „Das Beste kommt erst noch."

### Zinsen, Herdenverhalten und Politik

Die Erwartungen an den wirtschaftlichen Erfolg der Aktiengesellschaften sind aber nur eine Seite der Medaille. Häufig dominiert das politische und ökonomische Umfeld die Börsenentwicklung:

- **Zinsen:** Den größten Einfluss haben die Zinsen. Sinken sie, beflügelt das tendenziell die Kurse. Aktien werden im Vergleich zu festverzinsten Anlagen attraktiver. Zudem sinken die Finanzierungskosten. Das macht Investitionen profitabler. Steigende Zinsen bewirken das Gegenteil. Sie können für erhebliche Verunsicherung an den Aktienbörsen sorgen, besonders wenn die Konjunktur als fragil gilt. Einen maßgeblichen Einfluss auf die Zinsentwicklung üben die Zentralbanken mit ihrer Geldpolitik aus (siehe Seite 22).

- **Herdenverhalten:** Eine große Rolle spielt auch das Herdenverhalten. Was für die Mode gilt, trifft auch an der Börse zu: Hat sich erst einmal ein Trend etabliert, machen immer mehr Menschen mit – und verstärken ihn. Das Problem ist nur: Jeder Trend endet irgendwann. Die Letzten, die noch auf der Welle reiten wollen, beißen die Hunde. Es kann sehr lukrativ sein, mit der Herde zu laufen, wenn man es schafft,

---

**TIPP** **Indizien für einen günstigen Kaufzeitpunkt**

1. Aktienindizes liegen ein Drittel oder mehr unterhalb ihrer früheren Höchststände.
2. Anleger fliehen aus Aktienfonds und setzen lieber massenhaft auf sichere Zinsanlagen.
3. Die Stimmung an den Aktienmärkten ist extrem pessimistisch.
4. Geplante Börsengänge werden verschoben, es gibt so gut wie keine Neuemissionen.
5. Banken werben vorwiegend mit Garantieprodukten.
6. Die wirtschaftliche Lage ist desolat, Experten sehen keine Anzeichen für Besserung.

rechtzeitig auszuscheren. Ein Musterbeispiel für Herdenverhalten ist die oben beschriebene Börseneuphorie Ende der 1990er-Jahre, die erst zu hoffnungslos überbewerteten Aktienmärkten führte und schließlich mit einem Crash endete.
- Risikobereitschaft: Die Neigung von Anlegern, Risiken einzugehen, schwankt. Besonders zu Beginn von Finanzkrisen geht die Risikobereitschaft schlagartig zurück. Investoren verkaufen dann riskante Anlagen wie Aktien und setzen lieber auf sichere Wertpapiere. Es kann Jahre dauern, bis die Stimmung wieder umschlägt.
- Politik: Auch Regierungen mischen an den Märkten kräftig mit. Sie bestimmen

## INFO  Wirtschaftswachstum und Aktienrenditen

Banken und Anlageberater empfehlen gerne Aktien aus Ländern mit hohem Wirtschaftswachstum. Hohes Wachstum führe auch zu hohen Renditen, so ihr Argument. Das klingt zunächst einmal plausibel. Läuft die Konjunktur, steigen die Unternehmensgewinne und langfristig auch die Aktienkurse. Doch für die weitverbreitete These, dass ein positiver Zusammenhang zwischen Wachstum und Aktienrenditen besteht, existieren keine wissenschaftlichen Belege. Verschiedene Untersuchungen deuten in die entgegengesetzte Richtung. Danach brachten Aktien in wachstumsschwachen Ländern tendenziell höhere Erträge als in Ländern, in denen die Wirtschaftsleistung von Jahr zu Jahr stark anstieg.

Für dieses Muster gibt es verschiedene Erklärungsansätze:

1. Anleger legen ihr Geld lieber in Ländern mit hohem Wachstum als in schwächelnden Volkswirtschaften an. In den Wachstumsländern sind die Aktienpreise wegen der großen Nachfrage überhöht. In der Folge fallen die Renditen magerer aus.

2. Viele börsennotierte Unternehmen operieren weltweit. Lokales Wachstum spielt für sie lediglich eine untergeordnete Rolle.

3. Hohes Wachstum muss auch finanziert werden. Konzerne sammeln über die Ausgabe neuer Aktien frisches Kapital ein. Die Gewinne im Unternehmenssektor mögen zwar mit der Konjunktur steigen. Aber sie verteilen sich auf immer mehr Aktien. Ökonomen sprechen von einem Verwässerungseffekt, der die Rendite schrumpfen lässt.

Anleger sollten sich demnach nicht von hohen Wachstumszahlen und -prognosen blenden lassen. Sie sind kein Anhaltspunkt für überdurchschnittliche Aktienrenditen und deshalb auch kein stichhaltiges Argument für Investitionen in bestimmten Ländern oder Regionen.

die wirtschaftlichen Rahmenbedingungen. Per Gesetz können sie die Wirtschaft als Ganzes oder einzelne Branchen beeinflussen. Ein Beispiel in Deutschland ist der beschlossene Ausstieg aus der Atomkraft. Die sogenannte Energiewende belastet die großen Energieversorger RWE und E.ON wirtschaftlich und drückte deren Aktienkurse in den Keller – trotz guter Stimmung an den Börsen.

Die genannten Faktoren sind Chance und Risiko zugleich. Sie können die Aktienkurse positiv und negativ beeinflussen. Das sollte Anlegern immer bewusst sein. Wer sich klare Ziele setzt und langfristig in Aktien investiert, kann das Auf und Ab der Kurse aber relativ gelassen verfolgen. Die Wahrscheinlichkeit ist hoch, am Ende mit einer ordentlichen Rendite nach Hause zu gehen.

## WIE MAN PREISWERTE AKTIEN ERKENNT

Wer etwas kauft, achtet meistens auf den Preis. Vor allem dann, wenn es sich um größere Anschaffungen handelt. Zu teuer erscheinende Waren werden gemieden, günstige gekauft. Diesem Grundsatz sollten Anleger auch an der Börse treu bleiben. Zwar ist der Kaufzeitpunkt nicht mehr so entscheidend, wenn man langfristig in Aktien investiert. Doch wenn Sie gerade dann in Aktien oder Aktienfonds einsteigen, wenn die Märkte besonders teuer sind, ist die Gefahr von Rückschlägen höher und Ihre Rendite kann auch auf lange Sicht schmaler ausfallen.

Für vorsichtige Anleger ist vor dem Aktienkauf ein Blick auf deren Bewertung deshalb Pflicht. Nur wie erkennt man, ob eine Aktie gerade teuer oder billig ist? Denn der absolute Preis oder der Zählerstand eines Aktienindex sagen nichts über die Bewertung aus. Um dennoch zu einer Bewertung zu gelangen, werden Preise und Zählerstände immer ins Verhältnis zu anderen Größen gesetzt. Aus diesen Relationen lässt sich dann im Vergleich zu historischen Durchschnitten eine Tendenz ablesen. Anlageprofis stellen zum Teil komplexe Analysen an, um die Bewertung zu ermitteln. Es gibt aber auch ein paar einfache Kennzahlen, die Anlegern bei der Preisfrage weiterhelfen:

■ **Kurs-Gewinn-Verhältnis (KGV):** Diese Kennzahl wird in unterschiedlichen Varianten berechnet. In der einfachsten Version wird der Kurs einer Aktie durch den Gewinn pro Aktie der vergangenen zwölf Monate oder den prognostizierten Gewinn geteilt. Kostet eine Aktie 100 Euro und der prognostizierte Gewinn für die nächsten zwölf Monate liegt bei 10 Euro pro Aktie, beträgt das KGV 10. Das KGV ist das Vielfache des Gewinns, das für die Aktie bezahlt werden muss. Je größer das Vielfache, desto teurer die Aktie.

Allerdings sollte man das aktuelle KGV einer Aktie oder eines Index immer im Verhältnis zum historischen Durchschnitt der jeweiligen Aktie oder des Index betrachten. Erst dann erschließt sich die Bewertung. Für die Unternehmen, die im amerikanischen Aktienindex S&P 500 zusammengefasst sind, errechnet sich beispielsweise seit 1929 ein durchschnittliches KGV von rund 15. Werte, die weit darüber liegen, sind ein Hinweis auf eine Überbewertung des Index. So weit, so einfach. Das Problem ist nur, dass niemand genau weiß, ob das auf Prognosen basierende KGV tatsächlich stimmt. Verlässlich kann es nur auf Basis der vergangenen Gewinne kalkuliert werden. Anleger wollen aber nicht wissen, ob eine Aktie teuer war, sondern ob sie zum Kaufzeitpunkt teuer ist. Entscheidend ist dafür der Gewinn, den das Unternehmen in den kommenden zwölf Monaten erwirtschaften wird. Weil diese Daten unbekannt sind, schätzen Analysten sie. Der Durchschnitt ihrer Prognosen wird häufig für die KGV-Berechnung verwendet. Nur leider können diese Vorhersagen weit daneben liegen. Deshalb ist das KGV nicht mehr als ein Indiz für die Marktbewertung.

- **Dividendenrendite:** Sie ergibt sich, indem man die Dividende, die ein Unternehmen bezahlt, durch den Kurs seiner Aktie teilt (und mit 100 multipliziert). Nehmen wir an, eine Aktie der Deutschen Telekom kostet 10 Euro und das Unternehmen schüttet nach der nächsten Hauptversammlung 0,70 Euro pro Aktie an die Anleger aus. Dann beträgt die Dividendenrendite 7 Prozent (0,7 durch 10 mal 100) Eine hohe Dividendenrendite gilt als Hinweis darauf, dass eine Aktie billig ist. Fachleute sprechen dann von einer günstigen oder niedrigen Bewertung.

Wie beim KGV gibt es hier aber dasselbe Daten-Problem: Man kann die zuletzt bezahlte Dividende oder die prognostizierte verwenden. Wichtig für Anleger ist, welche Dividende das Unternehmen zukünftig bezahlen wird. Auf Basis prognostizierter Ausschüttungen ist aber auch diese Kennzahl alles andere als verlässlich. Hinzu kommt: Die Dividendenrendite steigt bei gleichbleibender Dividende, wenn der Kurs einer Aktie sinkt. Für solche Preisabschläge gibt es aber oft handfeste ökonomische Gründe wie etwa bei der Deutschen Telekom AG. Sie zahlte jahrelang hohe Dividenden, während der Aktienkurs wegen mangelnder Wachstumsperspektiven immer weiter absackte. Die Aktien waren also keineswegs wegen einer Laune des Marktes fälschlicherweise auf dem Grabbeltisch gelandet. Sondern weil von ihnen nichts mehr zu erwarten war. Im Fall der Telekom folgten Anleger, die sich von der hohen Dividendenrendite ködern ließen, dem falschen Signal.

- **Kurs-Buchwert-Verhältnis (KBV):** Der Buchwert ist quasi der Sachwert eines Unternehmens. Er ergibt sich aus der Summe aller Vermögensgegenstände in der Bilanz eines Unternehmens abzüglich aller Schulden und immaterieller Werte wie beispielsweise Patente. Dieser Wert entspricht in etwa dem Eigenkapital beziehungsweise der Summe, die man erhalten würde, wenn man die Firma auflöst und alle Vermögensgestände wie Maschinen und Gebäude verkauft. Teilt man den Buchwert pro Aktie durch den aktuellen Kurs, erhält man das KBV. Es zeigt, mit welchem Vielfachen die Unternehmenssubstanz an der Börse bewertet wird. Ein niedriges KBV gilt als Zeichen, dass eine Aktie billig ist. Während der Finanzkrise sackte das KBV mancher Dax-Konzerne unter 1. Das heißt, die Aktien dieser Unternehmen wurden unter ihrem Buchwert gehandelt. Das klingt nach Schnäppchen. Doch auch ein sehr niedriges KBV ist mit Vorsicht zu genießen: Es kann nämlich auch bedeuten, dass hohe Verluste erwartet werden, die das Eigenkapital des Unternehmens aufzehren.

### FAZIT: VERLASSEN SIE SICH NICHT AUF EINZELNE KENNZAHLEN

Alle Kennzahlen haben ihre Schwächen. Deshalb ist es ratsam, immer mehrere Kennzahlen zu betrachten, um einen Eindruck von der Bewertung eines Marktes, einer Branche oder einer einzelnen Aktie zu bekommen. Zwar sind preisgünstig erscheinende Aktienmärkte keine Garantie für steigende Kurse. Ebenso wenig müssen teure Aktien bald wieder fallen. Sie können noch viel teurer werden. Bewertungs-Kennzahlen liefern keine verlässlichen Prognosen. Sie können Anleger aber davor schützen, sich in einem völlig überteuerten Markt hohen Verlustgefahren auszusetzen. Sicher, im Nachhinein ist man immer schlauer. Doch wenn sich Millionen Anleger Ende der 1990er-Jahre an den traditionellen Bewertungsmaß-

### TIPP  Verteilen Sie Ihre Käufe

Wenn Sie eine größere Summe in Aktien oder Aktienfonds anlegen möchten, kann es sich lohnen, die Käufe über mehrere Monate zu verteilen. Das ist insbesondere dann sinnvoll, wenn Sie eine Schwächephase an der Börse für den Einstieg nutzen wollen. Da niemand weiß, wann genau der Tiefpunkt erreicht ist und die Kurse noch weiter fallen können, tasten Sie sich mit einer Streuung der Kaufzeitpunkte nach und nach in den Markt. Lassen Sie sich nicht davon irritieren, dass Sie zunächst ins Minus geraten, falls der Markt weiter fällt. Unter dem Strich ergibt sich im Durchschnitt ein günstiger Einstiegskurs. Die Anfangsverluste holen Sie schnell wieder auf, sobald der Markt dreht. Diese Strategie funktioniert am besten, wenn Sie die Kaufzeitpunkte zu Beginn festlegen und einhalten. Andernfalls besteht die Gefahr, dass Sie nach den ersten Käufen so lange zögern, bis der Markt wieder deutlich angestiegen ist und Sie Ihre Chancen verpasst haben.

stäben orientiert hätten, wären sie vermutlich nicht in die Verlustfalle getappt. Informieren Sie sich also möglichst umfassend: Die aktuellen Bewertungs-Kennzahlen sollten Sie von Ihrer Bank erhalten. In unregelmäßigen Abständen berichten auch Wirtschaftszeitungen und Anlegermagazine über Marktbewertungen.

### Aktien auswählen

Um die Risiken von Aktieninvestitionen möglichst klein zu halten, sollten Anleger ihr Geld auf viele Unternehmen verteilen. Schreibt ein Unternehmen, dessen Aktien Sie besitzen, Verluste, weil sein Management Fehler gemacht hat, oder wird es sogar insolvent, trifft es Sie weit weniger hart, wenn dieses Unternehmen nur einen kleinen Teil Ihres Wertpapierdepots ausmacht. Kursschwankungen einzelner Aktien können sich so ausgleichen. Manchen Experten zufolge ist mit einem Portfolio aus 15 bis 20 Werten bereits eine gute Risikostreuung erreicht.

Theoretisch kann sich jeder Anleger mit Hilfe einfacher Anlagestrategien sein persönliches Portfolio zusammenstellen. Aber das ist mit einem vergleichsweise hohen Zeitaufwand verbunden. Ist die Auswahl getroffen, sollten sie regelmäßig überprüfen, ob die einzelnen Aktien noch den Anlagekriterien entsprechen. Titel, die durch das Raster fallen, müssen ausgetauscht werden. Das erfordert eine gewisse Hingabe und Muße. Natürlich können Sie sich von Ihrer Bank helfen lassen. Doch das entbindet Sie nicht davon, Ihre Aktien im Auge zu behalten.

Die Mehrheit der Anleger bevorzugt eine bequemere Lösung. Sie entscheidet sich für Aktienfonds. Die Auswahl der einzelnen Titel und deren Überwachung überlassen sie einem professionellen Manager. Das kostet Geld, macht sich aber bei guten Fonds bezahlt. Eine preisgünstige Alternative sind Indexfonds, sogenannte ETF. Sie bilden die Kursentwicklung von ganzen Märkten ab, beispielsweise dem Dax.

## AKTIENFONDS – BREIT GESTREUT INVESTIEREN

Das Prinzip, materielle Ziele in einer Gemeinschaft zu verfolgen, ist vermutlich so alt wie ökonomisches Handeln selbst. In einer Gruppe lassen sich Risiken besser verteilen. Aufwand und Kosten für den Einzelnen können auf ein Minimum reduziert werden. Wegen solcher Vorteile investieren Millionen Anleger über Fonds in Aktien. Fondsgesellschaften sammeln Geld bei Investoren ein, das dann auf eine Vielzahl von Unternehmen, Branchen und Länder verteilt werden kann. Das ermöglicht Privatanlegern, sich schon mit kleinen Beträgen zu relativ geringen Kosten an großen, internationalen Aktienportfolios zu beteiligen.

## Aktive Aktienfonds

In der Fondsbranche konkurrieren zwei übergeordnete Anlagekonzepte miteinander: Es gibt sogenannte passive und aktive Fonds. Letztere werden von Managern verwaltet. Sie legen das Kapital der Fondskäufer an und versuchen es zu vermehren. Jeder Fonds folgt dabei Strategien und Grundsätzen, die die Fondsgesellschaft selbst festgelegt hat und die im Fondsprospekt beschrieben sind. Diese Leitlinien setzen die Grenzen, die die Fondsmanager nicht überschreiten dürfen. Die Regeln sollen sicherstellen, dass sich einzelne Anlageentscheidungen nicht zu weit von der Strategie des Fonds entfernen. Beispielsweise kann ein Fonds, dessen Konzept vorsieht, in kleine amerikanische Aktiengesellschaften zu investieren, nicht plötzlich Papiere europäischer Unternehmen kaufen, weil der Manager sie für aussichtsreicher hält.

Im Rahmen der Fondsstrategie haben die Anlagespezialisten aber freie Hand. Sie wählen bisweilen aus tausenden Unternehmen nur 50 bis 100 für ihre Fonds aus. Die Portfolios werden ständig überwacht und umgeschichtet, wenn sich einzelne Titel nicht so entwickeln wie erhofft. Das alles passiert ohne die Mitsprache der Kunden. Anlegern, die Anteile an einem aktiven Fonds kaufen, sollte bewusst sein, dass sie in erster Linie in die Fähigkeit des Managers investieren, erfolgreiche Aktien herauszupicken und schlechte zu meiden. In welche Unternehmen das Fondskapital in der Zukunft fließt, ist den Anlegern nicht bekannt. Sie werden nur rückblickend zweimal im Jahr über die Zusammensetzung des Fonds informiert.

### Wettlauf gegen den Vergleichsindex

Wie gut oder schlecht Fondsmanager mit ihren Entscheidungen abschneiden, wird an einem Vergleichsindex gemessen, der sogenannten Benchmark. Sie bildet die Wertentwicklung des Gesamtmarktes ab, auf dem sich ein Fondsmanager bewegt. Beispielsweise wird sich ein international anlegender Aktienfonds mit dem MSCI World vergleichen, der die Wertentwicklung von mehr als 1600 Aktiengesellschaften aus 23 sogenannten entwickelten Ländern misst (siehe Seite 149). Das Ziel der Fondsmanager ist, besser abzuschneiden als ihr Vergleichsindex. Dazu müssen sie Trends und Unternehmen identifizieren, die überdurchschnittliche Renditen erzielen. Fondsmanager gelten in der Finanzbranche als erfolgreich, wenn sie ihre Benchmark schlagen. Das gilt kurioserweise auch dann, wenn sie Geld verlieren, aber eben nicht so viel wie der jeweilige Vergleichsmarkt. Anleger sollten sich also nicht wundern, wenn Fondsgesellschaften bisweilen mit stolzgeschwellter Brust mitteilen, dass ein Fonds sich ausgezeichnet geschlagen hat, obwohl er 10 Prozent an Wert eingebüßt hat.

Umgekehrt können aktive Fonds auch deutlich schlechter abschneiden als die Benchmark. Einer Vielzahl von Studien zufolge schafft es nur eine geringe Zahl von Managern, über lange Zeiträume eine höhere Rendite zu erzielen als ihr Vergleichsindex. Liegen sie mit ihren Entscheidungen häufig daneben, machen die Anleger schlimmstenfalls Verluste, obwohl der Vergleichsindex steigt.

## Passive Aktienfonds (Indexfonds)

Bei sogenannten passiven Fonds kann das nicht passieren. Denn sie kopieren Marktindizes und entwickeln sich deswegen fast genauso wie sie. Diese Fonds werden deshalb Indexfonds genannt. Die meisten von ihnen firmieren auch unter dem Begriff Exchange Traded Funds (ETF), börsengehandelte Fonds, weil man sie jederzeit an Börsen kaufen und verkaufen kann. In Deutschland gehören Indexfonds auf den Dax zu den beliebtesten Produkten. Sie vollziehen die Kursentwicklung des deutschen Leitindex nach. Davon zieht die jeweilige Fondsgesellschaft allerdings noch Verwaltungskosten ab. Ein Indexfonds hinkt deswegen meistens ein wenig hinter seinem Index her.

Weil sie einen Index nachbilden, brauchen Indexfonds keinen aktiven Manager, der Anlageentscheidungen trifft. Deswegen werden sie als passive Fonds kategorisiert. Für Anleger bietet dieses Konzept einige Vorteile: Böse Überraschungen wegen Fehlentscheidungen eines Fondsmanagers bleiben ihnen erspart. Indexfonds schneiden nicht signifikant schlechter ab als der Index – aber eben nicht besser. Auch die Transparenz ist vergleichsweise hoch: Zwar werden auch in Indizes regelmäßig Unternehmen ausgetauscht, etwa weil sie die Aufnahmekriterien nicht mehr erfüllen oder wegen einer Übernahme ganz vom Markt verschwinden. Doch diese Änderungen sind marginal im Vergleich zu den Umschichtungen in einem aktiv gemanagten Aktienfonds. Bei den meisten Aktienindexfonds wissen Anleger also, auf welche Firmen sie langfristig setzen.

### Physische Indexfonds

Aber auch Indexfonds haben Haken. Sie bergen versteckte Risiken, die für Anleger schwer erkennbar und noch weniger kalkulierbar sind. Das hat verschiedene Ursachen. Eine ist ihre häufig komplizierte Konstruktion.

Grundsätzlich wird zwischen „künstlichen" und „physischen" Indexfonds unterschieden. Ihr Vergleich ähnelt dem zwischen echtem Käse und Käseimitat, sogenanntem Analogkäse. Echter Käse wird immer aus dem Originalgrundstoff Milch hergestellt so wie physische Indexfonds aus Original-Wertpapieren bestehen. Kauft der Fonds alle Werte in der Gewichtung, wie sie im Index enthalten sind, nennt man das „Vollreplikation". Hält er nur eine repräsentative Auswahl der Indexwerte, wird das als „teilreplizierend" bezeichnet. Diese Methode nutzen ETF-Anbieter bei Indizes mit sehr vielen oder schlecht handelbaren Werten, um den Aufwand und die Kosten niedrig zu halten.

So weit, so gut. Doch auch physisch replizierende Fonds können einen Nachteil haben: Häufig verleihen sie ihre Wertpapiere gegen Sicherheiten und kassieren dafür eine Prämie. Damit verbessern sie die Wertentwicklung des Fonds und verdienen selbst etwas Geld. Die Sicherheiten sind für den Fall, dass der Leihpartner pleitegeht und die ausgeliehenen Papiere nicht zurückgeben kann. Diese Sicherheiten bestehen aus Bargeld oder aus Wertpapieren. Die Gefahr ist, dass sie im Krisenfall nicht schnell genug oder nur mit Abschlag verkauft werden können und der ETF Verlust macht. Aber wer sind eigentlich die Leihpartner? Dazu zählen zum Beispiel Hedgefonds. Sie borgen sich Aktien, verkaufen sie weiter und hoffen, dass sie sie später billiger wieder kaufen und dann zurückgeben können. Mit diesen Geschäften setzen die Fonds auf fallende Aktienkurse, was besonders riskant ist.

Die Indexfonds dürfen bis zu 100 Prozent ihrer Wertpapiere verleihen. Der Anbieter iShares verleiht beispielsweise durchschnittlich 20 Prozent des Portfolios. Meist erhält der Fonds um die 50 Prozent der Leiherträge, die andere Hälfte behält der Anbieter. Je mehr der Anbieter behält, desto größer ist die Versuchung, dass er immer einen möglichst großen Teil der Wertpapiere verleiht – und dabei womöglich die Risiken vernachlässigt.

**Künstliche Indexfonds**
Bei der Produktion von Kunstkäse wird Milch teilweise oder ganz durch andere Fette und Eiweiße ersetzt. Ähnlich geht auch die Finanzindustrie bei der Konstruktion von künstlichen ETF vor. An die Stelle der Original-Indexwertpapiere treten andere Wertpapiere und Finanzwetten. Das Motiv für dieses Vorgehen ist dasselbe wie bei Käseimitat: Synthetische ETF lassen sich billiger herstellen als physische. Möglich machen das vor allem sogenannte Swaps. Das sind finanzielle Tauschgeschäfte zwischen zwei Handelspartnern.

Beispiel: Ein ETF auf den Dax kauft mit dem Geld der Anleger ein beliebiges Aktien-Portfolio. Die Wertentwicklung dieses Portfolios tauscht der ETF-Anbieter bei einer Bank gegen die Wertentwicklung des Dax ein. Nehmen wir an, das ETF-Portfolio hat ein Volumen von 100 Millionen Euro. In nächster Zeit steigt der Dax um 5 Prozent, während das ETF-Portfolio nur 3 Prozent zulegt. Die Differenz beträgt 2 Prozent. Der Swap entspricht damit 2 Millionen Euro, die die Bank dem Fonds schuldet. Wie sie dieses Geld erwirtschaftet, weiß man nicht. Umgekehrt schuldet der Fonds der Bank Geld, wenn die Rendite des ETF-Portfolios in einem bestimmten Zeitraum höher ist als die des Dax.

Tauschpartner sind übrigens meistens die Mutterkonzerne der ETF-Anbieter. Das bringt gleich mehrere Vorteile: Sie verdienen an den Swaps und könnten Wertpapiere, die wegen der Krise gerade nur schwer oder gar nicht verkäuflich sind, in ETF zwischenparken. Experten befürchten, dass sich die Mutterhäuser auf diesem Weg flüssige Mittel beschaffen.

Die größte Gefahr für Anleger ist aber das Ausfallrisiko des Swap-Partners. Laut Gesetz dürfen deshalb maximal 10 Prozent des Fondsvermögens aus einem unge-

### Der Fonds kauft Wertpapiere und einen Swap

sicherten Swap mit einem einzelnen Partner bestehen. Demnach könnte ein Fonds theoretisch zehn Swaps mit zehn verschiedenen Banken eingehen, ohne diese abzusichern. In der Praxis kommt das nach dem Kenntnisstand von Finanztest allerdings nicht vor. Die meisten Anbieter vereinbaren Swaps nur mit einem Partner und bleiben dann entweder unter der vorgeschriebenen 10-Prozent-Grenze oder sie sichern den Swap ab. Die Größe der Swaps wird gesteuert, indem die Bank ihre Schuld regelmäßig mit Geld oder Wertpapieren ausgleicht. Der französische Anbieter Lyxor etwa, Tochter der Société Générale, stellt die Swaps seiner ETF täglich glatt. Das heißt, bis am nächsten Tag die Börsen wieder öffnen, ist der Fonds immer genauso viel wert wie der Index, obwohl er andere Werte enthält.

Der Anbieter Comstage lässt sich für die Swap-Geschäfte Sicherheiten geben – auch dann, wenn der Swap-Anteil unter 10 Prozent liegt. Er sichert sich damit quasi gegen eine Pleite seiner Mutter, der Commerzbank, ab. Noch gewissenhafter geht iShares vor. Für die wenigen synthetischen Fonds im Angebot schließt iShares Swaps mit jeweils drei Banken ab, bleibt damit auch insgesamt unter der 10-Prozent-Marke – und sichert darüber hinaus noch ab.

**Indexfonds ohne Wertpapier-Portfolio**
Die Herstellung von Indexfonds funktioniert sogar ganz ohne Wertpapiere. Die Fonds bestehen dann nur aus einem Swap. Anleger erkennen sie an der Bezeichnung „Fully Funded Swap Fund". Die Fondsgesellschaft db x-trackers bietet zum Beispiel solche ETF an. Diese Fonds übertragen ihr ganzes Kapital an den Swap-Partner, meist die Mutterbank, quasi als Kredit. Die Bank verspricht, das Geld zurückzuzahlen. Zusätzlich verpflichtet sie sich, die Höhe der Schulden an die Indexwertentwicklung anzupassen – wie ein flexibler Schuldschein, für den der Swap-Partner Sicherheiten, meist Wertpapiere, stellen muss, die nicht verliehen werden dürfen.

Oftmals sichern Anbieter die Swaps nicht nur mit den vorgeschriebenen 90 Prozent, sondern mit mehr als 100 Prozent ab. Wie wirkungsvoll dieser Schutz im Ernstfall ist, hängt von der Qualität der hinterlegten Wertpapiere ab und davon, wie schnell der Fonds sie verwerten darf. Da sie nicht im Fonds liegen, kann das unter Umständen etwas dauern – etwa wenn der Insolvenzverwalter sie erst freigeben muss. Der Anbieter db x-trackers verwendet ein Sicherheitenportfolio aus Aktien und Anleihen und hat direkten Zugriff darauf vereinbart.

## Passende Aktienfonds auswählen

Welche Aktienfonds sind nun die richtigen für vorsichtige Anleger? Auf diese Frage gibt es keine allgemeingültige Antwort. Bevor die Vor- und Nachteile einzelner Fondskonstruktionen abgewogen werden, muss zunächst Klarheit darüber bestehen, welche Art von Aktienanlage überhaupt gesucht wird. Als sogenannte Basisinvestition eignen sich nur breit streuende international oder europaweit anlegende Fonds. Sind solche Produkte bereits in Ihrem Portfolio enthalten, können Sie sie in kleinen Mengen mit spezialisierten Fonds ergänzen. Dazu zählen etwa Fonds, die ausschließlich in Schwellenländern anlegen oder nur in kleine Aktiengesellschaften investieren. Wie geeignete Wertpapier-Portfolios für vorsichtige Anleger im Einzelnen zusammengesetzt sein können, lesen Sie ab Seite 129.

### WAS IST BESSER: AKTIVER FONDS ODER ETF?

Haben Sie ein Anlagesegment ausgewählt, müssen Sie sich zwischen aktiven Fonds und Indexfonds (ETF) entscheiden. Beide Managementansätze haben ihre Berechtigung. Mit ETF entwickelt sich Ihre Geldanlage immer so wie der breite Markt – aber eben auch nicht besser. Mit aktiven Fonds können Anleger höhere Renditen erzielen, gehen aber gleichzeitig das Risiko ein, schlechter als der Markt abzuschneiden. Finanztest versucht mit Fonds-Dauertests, herausragende Manager zu identifizieren, die langfristig überdurchschnittliche Ergebnisse erzielen. Eine Auswahl finden Sie ab Seite 160.

Wer mit dem Durchschnitt zufrieden ist und großen Wert auf Transparenz und Bequemlichkeit legt, sollte sich für börsengehandelte Indexfonds entscheiden. Die ETF, deren Fondsvermögen nur zu einem kleinen Teil aus Swaps besteht, sind nach allen Informationen, die Finanztest vorliegen, nicht risikoreicher als physisch replizierende ETF, die Originalaktien exakt in der Indexgewichtung kaufen. Mit Swap-ETF verhält es sich letztlich auch in diesem Punkt so ähnlich wie mit künstlichem Käse: Der ist vielen Verbrauchern suspekt, aber laut Experten weder schädlich noch ungesünder als echter Käse.

## Was Vermittler und Fondsgesellschaften kassieren

Fondsgesellschaften und deren Vertriebe lassen sich ihre Dienste bezahlen. Bei aktiven Aktienfonds kassieren sie sogenannte Ausgabeaufschläge, die bis zu 5 Prozent der Anlagesumme betragen können. Bei Direktbanken oder wenn Sie geschickt verhandeln sind Fonds aber auch billiger zu haben (siehe Seite 115). Die Ausgabeaufschläge behält in der Regel der Vermittler, etwa die Bank, bei der Anleger einen Fonds kaufen. Hinzu kommen jährliche Verwaltungskosten, die zwischen 1 und 2 Prozent betragen. Auch hiervon erhalten die Vermittler einen Anteil als sogenannte Bestandsprovision. Manche Fonds verlangen darüber hinaus noch eine

Erfolgsprovision. Die wird fällig, wenn die Manager Renditen erwirtschaften, die festgelegte Marken überschreiten. Das gilt bei manchen Fonds selbst dann, wenn sie Verluste machen, aber besser als der Vergleichsindex sind. Solchen ärgerlichen Vergütungsstrukturen sollten Anleger aus dem Weg gehen.

### Niedrige Kosten bei Indexfonds

Indexfonds sind deutlich günstiger. Ihre Verwaltungskosten liegen bei gefragten Produkten unter einem halben Prozent. Zudem entfällt der Ausgabeaufschlag, weil ETF an Börsen ge- und verkauft werden. Dafür zahlen Anleger einen sogenannten Spread. Das ist die Differenz zwischen An- und Verkaufspreis (Geld- und Briefkurs). Ihre Höhe hängt auch davon ab, wie häufig Fondsanteile beziehungsweise die Wertpapiere, die der ETF enthält, gehandelt werden. Je größer die Umsätze, desto niedriger ist der Spread. Beispielsweise ist er bei einem exotischen Indexfonds auf den vietnamesischen Leitindex deutlich höher als auf den deutschen Dax.

Zusätzlich zum Spread fallen beim Kauf eines ETF noch Kosten für die Wertpapierorder und die Nutzung der Börse an. Privatanleger und auch die meisten institutionellen Investoren wie Versicherungen und Stiftungen können nicht selbst an der Börse handeln. Sie müssen ihre Kauf- und Verkaufaufträge über Banken oder sogenannte Broker platzieren, die zum Handel zugelassen sind und sich für ihre Dienstleistungen bezahlen lassen.

### Fondsverwahrung kostet Geld

Auch die Verwahrung von Fondsanteilen in Wertpapierdepots ist häufig nicht umsonst. Die gekauften Wertpapiere werden einem speziell dafür eingerichteten Konto, dem sogenannten Depot, gutgeschrieben. Wie viel das Depot kostet, hängt vom Anbieter ab. Die Preise differieren zum Teil erheblich, wie Untersuchungen von Finanztest zeigen (siehe Seite 114). Die Fonds und Wertpapiere in den Depots werden meistens täglich auf Basis der Börsenschlusskurse neu bewertet. So können Anleger verfolgen, ob Ihre Anlagen steigen oder fallen.

# GOLD – EDEL, ABER SPEKULATIV

Über kaum eine andere Geldanlage wurde in den vergangenen zehn Jahren so viel geredet wie über Gold. Die Angst vor Inflation und Finanzmarkt-Katastrophen lockte immer mehr Käufer an, die den Preis in ungeahnte Höhen trieben. Doch der Goldpreis ist nicht so stabil wie das Edelmetall selbst. Er kann stark schwanken. Für vorsichtige Anleger kommt Gold daher nur in kleinen Mengen als eine Art Risikoversicherung in Frage. Erste Wahl sind zertifizierte Barren.

## DER HEILIGE GRAL DER PESSIMISTEN

Gold ist weltweit einer der gefragtesten Sachwerte. Es wird seit Jahrtausenden gefördert, diente über Jahrhunderte als Zahlungsmittel und ist bis heute der bevorzugte Rohstoff für Schmuck. Die Gemeinde der Kapitalanleger hat Gold zu ihrem Schutzheiligen erhoben, dem sie bei wachsenden Ängsten vor Inflation, Deflation, Währungskrisen und anderen Katastrophen mit massenhaften Käufen huldigt. Dieses Phänomen war seit der Jahrtausendwende erneut zu beobachten. Während die Welt von einer Krise in die andere taumelte, stieg der Goldpreis von Jahr zu Jahr weiter an. Im Frühjahr 2001 war eine Feinunze Gold (31,1 Gramm) noch für 255 US-Dollar zu haben. Gut zehn Jahre später, im August 2011, verlangten Goldhändler 1912 US-Dollar.

### Wann ist Gold zu teuer?

Seitdem schwächten sich die Kurse allerdings wieder merklich ab und 2013 brachen sie regelrecht ein. Ende Mai war die Feinunze Gold nur noch knapp 1 400 US-Dollar wert. Trotz dieses Rückschlags hoffen viele Anleger darauf, dass sich die goldenen Zeiten weiter fortsetzen und die Preise neue Gipfel erklimmen. Doch das ist reine Spekulation. In der Vergangenheit fand der Goldkult immer wieder ein jähes Ende, wenn die Krisenangst wich. Dann sackten die Notierungen, die zuvor in den Himmel geschossen waren, wieder kraftlos in sich zusammen.

Das kann auch heute passieren. Einen ersten Vorgeschmack lieferte der jüngste Preisverfall. Und wie sich der Markt weiterentwickelt, weiß leider niemand. Die Goldpreise lassen sich ebenso wenig wie die von Wertpapieren voraussagen (siehe Seite 112). Man kann nicht einmal vernünftig bestimmen, ob Gold gerade teuer oder billig ist. Denn der absolute Preis gibt darüber keine Auskunft. Wie einzelne Vermögenswerte bewertet sind, wird gemessen, indem man Preis und Ertragspotenzial ins Verhältnis setzt (siehe Seite 66 und 85). Gold entzieht sich solchen Verfahren, weil es keine laufenden Erträge wie Zinsen, Dividenden und Mieten abwirft. Ein Manko, das die Investitionsentscheidung zusätzlich erschwert.

Anleger verdienen mit Gold lediglich dann Geld, wenn dessen Preis steigt – ein Nachteil im Vergleich zu anderen Anlagen. Preise steigen, wenn die Nachfrage größer ist als das Angebot. Dieses Gesetz gilt natürlich auch auf dem Goldmarkt. Das Angebot des Edelmetalls ist begrenzt. Es kann nicht beliebig erhöht werden wie die Papiergeldmenge. Gold muss erst der Erde abgerungen werden und die Kosten dafür sind in den vergangenen Jahren erheblich gestiegen.

Kräftig zugenommen hat auch die Nachfrage. Allerdings ausschließlich die von Kapitalanlegern. Das Gewicht der Schmuckindustrie, die früher den Goldmarkt dominierte, geht immer weiter zurück. Das kann unangenehme Folgen haben: Finanzinvestoren sind bekanntlich launisch. Verlieren sie das Interesse, weil sie auf anderen Märkten höhere Gewinne wittern, können sie ihr Geld in kurzer Zeit wieder abziehen. Je höher beispielsweise die Zinsen für alternative Anlagen wie etwa Staatsanleihen sind, desto unattraktiver finden Investoren Gold.

Zu regelrechten Preisstürzen kann es kommen, wenn Großanleger plötzlich verkaufen müssen. Das war zu Beginn der Finanzkrise 2008 der Fall. Damals gerieten viele Hedgefonds in Bedrängnis. Um Finanzierungslücken zu füllen, waren sie gezwungen, Gold abzustoßen. Der Preis fiel von seinem Hoch im März bis Oktober 2008 um 34 Prozent. Dennoch endete das dramatische Krisenjahr unter dem Strich mit einem kleinen Plus für Goldanleger.

Auch den Schwächeanfall des Goldpreises im April und Mai 2013 führen Marktbeobachter auf massenhafte Verkäufe von Anlegern zurück. Goldman Sachs, die weltweit einflussreichste Investmentbank, hatte dazu geraten, Gold abzustoßen. Auch prominente Großinvestoren steigen aus. Zwischen Januar und Mitte Mai verkauften Anleger 412 Tonnen Gold.

## Gold als Katastrophenschutz

Wegen der vielen Unwägbarkeiten sollten vorsichtige Geldanleger besser nicht auf weiter steigende Goldpreise spekulieren. Diejenigen, die beispielsweise eine Zuspitzung der Eurokrise erwarten, können sich aber ein paar Barren als Schutz vor Finanzkatastrophen ins Depot legen. Das vermeintliche Währungsrisiko (Gold wird in US-Dollar gehandelt), das damit verbunden ist, kann erheblich dazu beitragen, dass diese Absicherung auch funktioniert (siehe Kasten).

**INFO** **Währungsrisiko? Die Beziehung von Gold und US-Dollar**

Wären Gold und US-Dollar ein Celebrity-Pärchen, würde ihre unharmonische Beziehung die Klatschspalten füllen. Denn meistens liegen sie im Clinch und driften auseinander. Steigt der Goldpreis an, fällt der US-Dollar – und umgekehrt. Eine negative Beziehung. Das kann für Anleger aus dem Euroraum bisweilen anstrengend sein, weil Gold weltweit in US-Dollar gehandelt wird. Deswegen besteht ein Währungsrisiko, das die Rendite schmälern kann. Darauf wird regelmäßig in Medien und von Banken hingewiesen. Letztere wollen dem Anleger gerne noch eine Absicherung gegen dieses Risiko verkaufen, so wie eine Fluggesellschaft ihren Kunden am Ende der Buchung noch eine Reiserücktrittversicherung aufschwatzen will.

Die Banken argumentieren mit der negativen Beziehung zwischen US-Dollar und Gold. In Phasen steigender Goldkurse senkt ein fallender US-Dollar den Gewinn der Euro-Anleger. Das ist zwar richtig, aber nur die halbe Wahrheit. Denn eine Währungsabsicherung kann zu höheren Risiken und vielfach zu niedrigeren Renditen führen. Das mag auf den ersten Blick nicht einleuchten, ist aber nicht von der Hand zu weisen: Sinkt der Goldpreis und der US-Dollar steigt, werden die Verluste für Goldanleger aus dem Euroraum gedämpft. Das Edelmetall profitiert von einer quasi natürlichen Risikostreuung, die die Verlustgefahr reduziert. Dieser vorteilhafte Effekt ist ausgeschaltet, wenn der Wechselkurs abgesichert wird. Das kann gerade in Krisen fatale Folgen haben. Denn wenn es an den Finanzmärkten kracht, fliehen viele Investoren in den US-Dollar als sicheren Hafen und die Währung wertet kräftig auf. So wie beispielsweise 2008. Wer damals den Wechselkurs abgesichert hatte, profitierte nicht von den Währungsgewinnen des US-Dollar gegenüber dem Euro.

Auf der anderen Seite ist der negative Zusammenhang von Gold und US-Dollar über die Zeit nicht stabil. Manchmal steigen und fallen sie auch in schöner Eintracht gemeinsam. Nur in solchen selteneren Phasen wäre eine Wechselkursabsicherung für vorsichtige Geldanleger von Vorteil.

Ein weiteres Argument gegen eine Währungsabsicherung sind deren Kosten. Sie dürfen nicht höher sein als die Währungsverluste, die ohne Absicherung entstünden, damit es sich lohnt. Über längere Perioden sind die Wechselkursschwankungen aber nicht sonderlich hoch. Seit der Erstnotiz des Euro an der Frankfurter Börse im Jahr 1999 ist die europäische Gemeinschaftswährung von 1,1789 auf rund 1,30 US-Dollar (Stand Mai 2013) pro Euro gestiegen. Das sind rund 10 Prozent. Eine Währungsabsicherung über 13 Jahre, so viel ist klar, wäre zu diesem Preis nicht zu haben gewesen. Eine währungsgesicherte Goldanlage hätte demnach weniger eingebracht und dazu noch stärker geschwankt als ungesichertes Gold.

**Fazit: Risikostreuung nutzen**
Die Grundlage für eine gute Rendite, das sollten vorsichtige Anleger immer beherzigen, ist das Vermeiden von Verlusten. Das vermeintliche Währungsrisiko bei Gold senkt in Wirklichkeit tendenziell die Verlustgefahr. Der implizite Besitz von US-Dollar ist zudem eine zusätzliche Absicherung gegen die Schuldenkrise in Europa.

Betrachten Sie Ihren Edelmetallvorrat, der maximal 10 Prozent Ihres Portfolios ausmachen sollte, als Risikoversicherung, für die Sie eine Prämie bezahlen müssen. Erwarten Sie also keine Rendite, solange der Schadensfall nicht eintritt. Rechnen Sie vielmehr damit, dass das beruhigende Sicherheitsgefühl, das der Goldbesitz vielen Menschen vermittelt, nicht umsonst zu haben ist. Der Preis dafür sind mögliche Kursverluste, wenn die globale Wirtschaft wieder Tritt fasst und das Banken- und Staatsschuldendesaster in den Hintergrund rückt.

## BARREN UND MÜNZEN: GOLD RICHTIG KAUFEN

Die Produkte, mit denen Anleger auf Gold setzen können, sind fast so vielfältig wie Flora und Fauna im brasilianischen Regenwald – und manchmal auch ebenso exotisch. Es gibt nichts, was es nicht gibt: Barren, Münzen, Exchange Traded Commodities (ETC), Zertifikate, Optionsscheine, Futures, Mini-Futures und Hebelprodukte.

Für sicherheitsorientierte Anleger, die dem internationalen Banken- und Währungssystem misstrauen und für alle Entgleisungen gerüstet sein wollen, kommt nur der Kauf von Goldbarren in Frage. Auch international anerkannte Münzen, für die täglich An- und Verkaufskurse ermittelt werden, sind eine Option. Zu den beliebtesten zählen Krügerrand, Eagle, Maple Leaf, Britannia, Wiener Philharmoniker und Känguruh. Sie sind allerdings wegen der höheren Transaktionskosten im Vergleich zur Goldbarren weniger empfehlenswert.

### Keine Garantien bei Gold-ETC

Keine Alternative zu Barren und Münzen sind Zertifikate und sogenannte ETC, die ähnlich einem Indexfonds die Entwicklung des Goldpreises abbilden. Bei diesen Wertpapieren handelt es sich immer um Schuldverschreibungen: Der Käufer gibt dem Emittenten einen Kredit. Das bedeutet, dass ein Emittentenrisiko besteht (siehe Seite 17). Geht der Herausgeber des Wertpapiers pleite, kann das zu einem Totalverlust führen. Es liegt in der Natur der Sache, dass die Gefahr einer Emittenten-Insolvenz drastisch steigt, wenn es zu heftigen Einbrüchen an den Finanzmärkten kommt. Deshalb ist Papiergold kein sicherer Katastrophenschutz.

> **TIPP** **Steuerfreie Kursgewinne**
>
> Die mit physischem Gold erzielten Kursgewinne sind nach einem Jahr Haltedauer steuerfrei. Für Gewinne mit „Papiergold" müssen Anleger dagegen Abgeltungsteuer bezahlen.

Das gilt auch, wenn ETC physisch besichert sind. Bei dieser ETC-Variante kaufen die Herausgeber Goldbarren im Wert der ausgegebenen Wertpapiere. Das Edelmetall wird von Tochtergesellschaften gehalten, die rechtlich von den anderen Geschäftsfeldern des Unternehmens getrennt sind. Das soll das Anlegergold vor einer Insolvenz der Muttergesellschaft schützen. Doch auch bei dieser Konstruktion gibt es Fallstricke. Dass im Ernstfall tatsächlich genügend Gold zur Verfügung steht, um die Ansprüche der Investoren zu decken, ist ungewiss.

Dieses Problem ließe sich einfach lösen, wenn ein Investmentfonds das Gold kaufen und Anteile ausgeben würde. Denn die Anlegergelder sind bei Fonds geschütztes Sondervermögen (siehe Seite 17) und ähnlich sicher wie Ihr persönlicher Barren in einem Bankschließfach. Doch solche Fonds sind in Deutschland gesetzlich nicht zulässig. Fonds dürfen hierzulande nicht ausschließlich in eine einzige Position, in diesem Falle Gold, investieren, sondern müssen die Anlegergelder immer streuen.

## Zertifizierte Barren sind erste Wahl

Der direkte Erwerb von Goldbarren ist etwas aufwendiger und – abhängig von der Menge – häufig teurer als der Kauf von physisch gedeckten ETC, die Anleger bequem an der Börse kaufen und verkaufen können. Wer in Barren investiert, muss beim Kauf auf Goldgehalt, Gewicht und Kosten achten. Kaufen Sie nur welche mit einem Feingoldgehalt von 999,9, also von 99,99 Prozent. Gold geringerer Qualität lässt sich schwerer wieder verkaufen. Denn es muss eingeschmolzen werden, ehe es weiterverkauft werden kann. Manche Banken und Händler verlangen zudem eine Zertifizierung: Degussa, Commerzbank und Deutsche Bank kaufen Anlegern nur Barren von Herstellern ab, die von der London Bullion Market Association (LBMA) zertifiziert wurden. Dazu gehören etwa Heraeus, Umicore, Valcambi oder Perth Mint.

Über den Handel mit Goldbarren und Münzen wacht keine Finanzaufsicht. Es gibt zudem keine gesetzlichen Anforderungen an die Verkäufer und deren Beratungsqualität. Wer Gold kaufen will, sollte sich daher entweder an einen Goldhändler oder eine Bank wenden und vorher im Internet einen Blick auf den Goldpreis-Richtwert werfen, den die LBMA zweimal täglich im sogenannten Goldfixing ermittelt. Gold an jedermann verkaufen die Degussa Bank und die Reisebank sowie Edelmetallhändler wie etwa Pro Aurum. Die Commerzbank, Deutsche Bank und Postbank handeln nur mit ihren Kunden. Andere Banken betreiben gar keinen Goldhandel. Dazu zählen beispielsweise die Targobank und die Santander Consumer Bank.

# IMMOBILIEN – GENAU RECHNEN

Spätestens seit dem Platzen der Immobilienblase in den USA haben die meisten mitbekommen, dass die Preise für Häuser und Wohnungen auch fallen können. Dennoch bleiben Wohnimmobilien hierzulande eine solide Investition – vorausgesetzt sie werden zu vernünftigen Preisen gekauft. Wie Sie als Selbstnutzer und als Vermieter richtig kalkulieren, lesen Sie auf den folgenden Seiten. Für alle, die ihr Kapital breiter streuen möchten, gibt es offene Immobilienfonds.

## NICHT IMMER EIN FELS IN DER BRANDUNG

Seit mehreren Jahren boomt der deutsche Immobilienmarkt – auch das ist eine Folge der Staatsschuldenkrisen in Europa. In Großstädten wie München, Berlin und Hamburg explodieren die Preise für Eigentumswohnungen und Häuser. Das Angebot hält mit der Nachfrage nicht mehr Schritt.

Die Krise schürte die Angst vor Inflation und einem Zerfall der Eurozone. Vielen Menschen erschienen Wohnimmobilien als rettendes Ufer. Sie gelten als sichere Anlage und besonders wertstabil, denn im Vergleich zu Gewerbeimmobilien sind sie weniger konjunkturanfällig. Wohnungen in guter Lage lassen sich auch dann vermieten, wenn die Wirtschaft schlecht läuft. Für Büroimmobilien gilt das nur eingeschränkt.

Viele überlegen, ob sie sich nicht den Traum von den eigenen vier Wänden erfüllen. Gerade junge Familien mit Kindern können gut beraten sein, ihr Geld angesichts niedriger Zinsen und steigender Mieten in ein Eigenheim oder die eigene Wohnung zu stecken. Aber sie sollten dabei nicht planlos vorgehen und genau überlegen, ob sie sich das auf Dauer leisten können (siehe Seite 89).

Wer in seine Immobilie nicht selbst einziehen möchte und sie ausschließlich als Geldanlage erwirbt, kann mit planbaren Mieteinnahmen rechnen. Die Renditen, die sich damit in der Vergangenheit erzielen ließen, lagen über denen von sicheren deutschen Staatsanleihen. Doch nicht nur diese auf den ersten Blick attraktiven Eigenschaften sorgten für den jüngsten Aufschwung auf den Wohnimmobilienmärkten zwischen München und Kiel. Auch die historisch niedrigen Hypothekenzinsen und die vergleichsweise solide Konjunkturentwicklung in Deutschland beflügelten die Nachfrage. Bei geringer Arbeitslosigkeit und steigenden Einkommen nimmt die Bereitschaft zu, langfristige Zahlungsverpflichtungen einzugehen und für große Investitionen Kredite aufzunehmen.

Zudem sehen viele ausländische Investoren den deutschen Markt für Wohnimmobilien als günstige und sichere Alternative zu ihren Heimatmärkten an. Im Verlauf der Eurokrise haben sich nicht wenige gutbetuchte Griechen, Italiener und Spanier eine Wohnung in einer deutschen Großstadt zugelegt.

## Günstige Wohnimmobilien sind rar

Eine wachsende Nachfrage bei einem begrenzten Angebot stellt Kaufwillige allerdings vor ein erhebliches Problem: Vor allem in Ballungsräumen mit einer prosperierenden Wirtschaft wird es immer schwerer, eine gute Immobilie zu einem fairen Preis zu finden. Grundsätzlich gilt: Je teurer das Objekt im Verhältnis zur erzielbaren Miete, desto größer die Gefahr, dass sich der Kauf am Ende nicht lohnt. Der Verband deutscher Pfandbriefbanken (vdp), auf dessen Datenbank die deutschlandweiten Immobilienpreisvergleiche in Finanztest basieren, verfolgt die Entwicklung mittlerweile mit wachsender Besorgnis. In Großstädten seien erste Anzeichen spekulativer Übertreibungen erkennbar, warnte vdp-Präsident Jan Bettink. Wenn das so weitergehe, befinde sich der Markt auf einem „strammen Weg" zu einer Blase.

Auch die Deutsche Bundesbank ist skeptisch. Sie fürchtet, dass die Immobilienpreise schneller steigen könnten als die Mieten. Daraus resultiere ein Rückschlagspotenzial. „Gerade bei Investitionen in Wohnimmobilien mit dem Ziel der Realwertsicherung ist dieses Risiko ins Auge zu fassen", konstatieren die Währungshüter.

## Häuser und Wohnungen bergen auch Risiken

Grundsätzlich sind die Risiken bei Immobilien deutlich höher als bei festverzinslichen Wertpapieren und Bankeinlagen, aber auch viel geringer als bei Aktien. Vorsichtige Geldanleger sollten allerdings im Auge behalten, dass der Markt nicht immer so solide ist wie das Fundament eines Hauses. Die wichtigsten Risikofaktoren im Überblick:

- Preisschwankungen: Immobilienpreise sind nicht in Beton gegossen. Sie können ebenso schnell fallen wie sie gestiegen sind. Das war beispielsweise Mitte der 1990er-Jahre in Ostdeutschland der Fall. Arglose Anleger, denen damals überteuerte Wohnungen angedreht wurden, verloren ein Vermögen. In den USA stürzten die Hauspreise ab, nachdem sich 2007 immer deutlicher abzeichnete, dass viele Käufer ihre Kredite langfristig nicht bedienen konnten. Zuvor waren die Preise jahrelang gestiegen. Immer mehr Ameri-

**INFO** **Der faire Preis: Wie Immobilienkäufer rechnen**

In den Medien erscheinen regelmäßig Ranglisten zu Immobilienpreisen – auch in Finanztest. Sie zeigen, wie hoch die Quadratmeterpreise in einzelnen Städten und Landkreisen sind.

Für eine gut ausgestattete Eigentumswohnung in guter Lage mussten Käufer Ende 2012 beispielsweise in München 4 530 Euro pro Quadratmeter bezahlen und in Halle an der Saale lediglich 1 515 Euro. Daraus nun den Schluss zu ziehen, München wäre hoffnungslos übertuert und die Immobilie in Halle ein Schnäppchen, wäre aber falsch. Denn der Vergleich der absoluten Preise liefert noch keinen eindeutigen Hinweis darauf, wie eine Immobilie bewertet wird. Entscheidend ist vielmehr das Verhältnis des Kaufpreises und der erzielbaren Jahresnettokaltmiete, also dem Ertrag, der sich mit der Vermietung der Fläche erzielen lässt (Heiz- und Nebenkosten sind darin nicht enthalten).

Wenn man den Kaufpreis durch die Jahresnettokaltmiete teilt, erhält man das Vielfache der Jahresnettokaltmiete. Diese Kennzahl wird auch Multiplikator oder Ertragsfaktor genannt. Je größer sie ist, desto teurer ist das Objekt – und umgekehrt. Als Faustregel gilt: Mehr als das 20-Fache der Jahresnettokaltmiete sollten Käufer nur in Ausnahmefällen bezahlen, beispielsweise wenn eine besonders gute Lage eine höhere Bewertung rechtfertigt.

**Beispiel:** Wenn eine 100-Quadratmeter-Wohnung in München 453 000 Euro kostet und die erzielbare Jahresnettokaltmiete 18 000 Euro beträgt, ergibt sich ein Ertragsfaktor von 25,2. Ein in Lage, Bauqualität und Ausstattung vergleichbares Objekt ist in Halle schon für 151 500 Euro zu haben. Die Jahresnettokaltmiete beträgt aber auch nur 7 600 Euro. Daraus errechnet sich ein Ertragsfaktor von rund 19,9. Halle ist also tatsächlich billiger. Das zeigt auch die höhere Rendite, die Immobilienkäufer dort erzielen können: Aus dem Kehrwert des Ertragsfaktors (1 : 19,9) erhält man die sogenannte anfängliche Bruttomietrendite. Das ist die Rendite vor Abzug von Kaufnebenkosten sowie Bewirtschaftungs- und Instandhaltungskosten. In unserem Hallenser Beispiel beträgt sie 5,0 Prozent, in München dagegen nur 4,0 Prozent.

Halle scheint also der günstigere und damit lukrativere Markt zu sein. Doch so einfach ist es nicht. In der höheren Rendite spiegelt sich auch das größere Risiko, das Immobilienkäufer in Halle eingehen. Denn dort ist die Leerstandsgefahr im Vergleich zum wirtschaftsstarken München deutlich höher. Für dieses größere Risiko wollen Käufer mit einer besseren Rendite entschädigt werden.

Ertragsfaktor und Bruttoanfangsrendite sind einfach zu berechnen. Der Objektpreis ist bekannt und die ortsübliche Nettokaltmiete können Käufer leicht mit Hilfe von Mietspiegeln und aktuellen Vermietungsangeboten aus Zeitungen und dem Internet ermitteln. Beide Kennzahlen liefern aber nur einen ersten Hinweis auf die Bewertung eines Objektes. Ob sich eine Wohnung oder ein Haus im Einzelfall für einen Käufer lohnt, hängt von einer Reihe weiterer Faktoren ab: Etwa davon, ob er die Immobilie selbst nutzt oder vermietet, wie seine Kreditkonditionen aussehen und von welchen Steuervorteilen er profitiert.

kaner hatten darauf spekuliert, dass sich dieser Trend weiter fortsetzt, und ihre Immobilie unsolide finanziert. Die Folge war eine globale Bankenkrise, die in einigen Ländern Europas zu Staatsschuldenkrisen und zwischenzeitlich zu einer Destabilisierung des Euro führte.

- **Lage:** Die Preise für Immobilien steigen also nicht immer. Was für den Markt im Allgemeinen gilt, trifft auf das einzelne Haus oder Grundstück noch viel stärker zu. Wenn beispielsweise junge Menschen aus einer Gegend mit schlechter Infrastruktur und hoher Arbeitslosigkeit abwandern, ist auf lange Sicht eher mit einem Preisverfall als mit einem Anstieg zu rechnen. Selbst in gefragten Landstrichen ist ein Haus, das an einer vielbefahrenen Straße oder in einer Einflugschneise liegt, kaum eine ideale Geldanlage.
- **Eingeschränkte Flexibilität:** Immobilien haben einen weiteren Nachteil, den sie mit anderen Sachwerten wie Kunstgegenständen, Liebhaberstücken oder Sammlungen aller Art gemeinsam haben: Sie sind nicht jederzeit schnell zu Geld zu machen. Viele Anleger interessiert das nur am Rande – zu Unrecht. Der Verkauf einer Eigentumswohnung kann sich selbst dann über Monate oder sogar Jahre hinziehen, wenn der Besitzer mit dem Preis heruntergeht. Auch ein boomender Immobilienmarkt nutzt dem Eigentümer herzlich wenig, wenn sich für sein Haus kein Käufer findet. Seine Anlage ist also nicht nur immobil, sondern auch unflexibel.

Anleger, die eine Immobilie nur aus Sicherheitsgründen kaufen, sollten sich dieser Probleme bewusst sein. Nur wer genügend Geld in der Hinterhand hat, könnte es wegstecken, wenn sein Haus oder seine Wohnung eine Zeit lang unverkäuflich ist. Alle anderen kommen in die Bredouille und müssen mit dem Preis immer weiter nachgeben. Wer in Immobilien investiert, sollte daher sicher sein, dass er sein Geld in den nächsten zehn bis zwanzig Jahren nicht benötigt.

## ERFOLGSFAKTOREN FÜR DEN IMMOBILIENKAUF

Beharrlichkeit und Ausdauer sind die wichtigsten Grundvoraussetzungen für den erfolgreichen Immobilienkauf. Anders als bei Aktien, die sich ohne viel Aufwand am heimischen Computer vergleichen lassen und dann mit wenigen Mausklicks über einen Onlinebroker gekauft werden können, ist der Erwerb einer Wohnung oder eines Hauses mit hohem Aufwand verbunden und erfordert persönlichen Einsatz. Die Suche nach einem geeigneten Objekt kann sehr viel Zeit in Anspruch nehmen. Komplex ist auch die Wertermittlung. Denn auf dem Immobilienmarkt gibt es keine transparenten Preise für gleichartige Objekte. Jede Immobilie ist individuell und muss genau unter die Lupe genommen werden. Das gilt auch für Bau-, Kauf- und Kreditverträge. Auch sie müssen sorgfältig geprüft werden. Nach dem Kauf können Sie sich nicht bequem zurücklehnen: Sie müssen sich um die laufende Bewirtschaftung und Instandhaltung kümmern. Natürlich kann man damit auch ein Hausverwaltungsunternehmen beauftragen. Doch das kostet Geld.

- Genügend Eigenkapital: Immobilien werden in der Regel mit Krediten finanziert. Je höher der Darlehensanteil an der Gesamtfinanzierung, desto größer sind die Risiken. Käufer sollten deswegen wenigstens 20 Prozent der Kaufsumme mitbringen und zusätzlich die Nebenkosten aus der eigenen Tasche bestreiten können. Die liegen zwischen 5 und 13,6 Prozent: Je nach Bundesland fallen 3,5 bis 5,5 Prozent für die Grunderwerbsteuer an. Hinzu kommen Notar- und Grundbuchgebühren in Höhe von rund 1,5 Prozent. Mischt noch ein Makler mit, wird auch noch eine Provision von 3,6 bis 7,1 Prozent fällig.

Wer vorsichtig ist, hält den Kreditanteil so gering wie möglich. Die monatlichen Zinskosten sind dann geringer und bei einer Anschlussfinanzierung nach Auslaufen des ersten Darlehens schlagen mögliche Zinserhöhungen weniger zu Buche. Ein hoher Eigenkapitalanteil schützt außerdem vor bösen Überraschungen, falls Sie Ihre Immobilie unvorhergesehen schon nach einigen Jahren verkaufen müssen. Beispielsweise können Arbeitslosigkeit, Krankheit oder eine Scheidung die Lebenspläne durchkreuzen. Ohne Eigenkapital besteht dann das Risiko, dass der Verkaufserlös die Restschulden nicht deckt. In einem solchen Fall hätten Sie keine Immobilie mehr und würden auf einem Schuldenberg sitzen bleiben.

Genügend Eigenkapital ist auch die Grundlage, um mögliche Marktphasen mit fallenden Preisen durchzustehen. Ist die Immobilie mit einem hohen Kreditanteil finanziert, verlangt die Bank eventuell weitere Sicherheiten, wenn der Wert des Objektes sinkt. Das kann Eigentümer mit nur geringem Eigenkapital in Bedrängnis bringen. Schlimmstenfalls müssen sie mit Verlust verkaufen. Hohe Schulden ohne einen Gegenwert und die Chance auf eine Markterholung wären die Folge.

- Ausreichendes Einkommen: Auch wer seine Kreditraten nicht mehr bedienen kann, verliert über kurz oder lang seine Immobilie. Ein ausreichendes und möglichst sicheres Einkommen ist deshalb eine weitere notwendige Voraussetzung für eine erfolgreiche Immobilienanlage. Käufer müssen langfristig in der Lage sein, Zinsen und Tilgung aufzubringen. Hüten Sie sich davor, in Ihrem Finanzierungsplan zu optimistische Annahmen zu treffen. Gehen Sie zum Beispiel nicht davon aus, dass die Zinsen für eine Anschlussfinanzierung so günstig sein werden wie 2012 und 2013. Rechnen Sie sich nichts schön, sondern handeln Sie nach den traditionellen Grundsätzen des vorsichtigen Kaufmanns, der immer von dem für ihn eher ungünstigen Fall ausgeht.

## WAS SIE BEI IHRER FINANZIERUNG BEACHTEN SOLLTEN

✓ **Eigenkapital.** Setzen Sie für Ihr Eigenheim so viel Eigenkapital ein wie möglich, mindestens 20 bis 30 Prozent des Kaufpreises sollten es sein. Für unvorhergesehene Ausgaben sollten Sie aber eine Reserve von beispielsweise drei Nettomonatsgehältern behalten.

✓ **Zinsbindung.** Sichern Sie sich niedrige Zinsen langfristig. Besonders attraktiv sind derzeit Kredite mit 15 oder 20 Jahren Zinsbindung. Sie sind nur wenig teurer als Kredite mit zehn Jahren Laufzeit, bieten aber deutlich mehr Zinssicherheit. Kredite mit so langer Zinsbindung können Sie nach zehn Jahren jederzeit mit einer Frist von sechs Monaten kündigen.

✓ **Tilgung.** Nutzen Sie das niedrige Zinsniveau zu einer höheren Tilgung als 1 Prozent. Je schneller Sie Ihre Schulden zurückzahlen, desto besser.

✓ **Flexibilität.** Sichern Sie sich im Kreditvertrag das Recht auf Sondertilgungen während der Zinsbindung. Jährliche Sondertilgungen bis zu 5 oder 10 Prozent der Kreditsumme sind meist auch ohne Zinsaufschlag möglich. Achten Sie auch auf Kreditangebote, bei denen Sie das Recht haben, während der Zinsbindung die Rate zu ändern.

✓ **Finanzierungsplan.** Lassen Sie sich immer einen langfristigen Finanzierungsplan erstellen. Bestehen Sie darauf, dass die Bank für die Zeit nach Ablauf der Zinsbindung eine Zinserhöhung auf 7 Prozent einkalkuliert. So erkennen Sie mögliche Zinsrisiken.

✓ **Kreditvergleich.** Vergleichen Sie Kreditangebote mit gleicher Zinsbindung anhand des Effektivzinses. Achten Sie zusätzlich auf mögliche Schätzkosten und auf Bereitstellungszinsen, die nicht im Effektivzins enthalten sind. Achtung: Einige Institute geben irreführende Effektivzinsen an. Überprüfen Sie die Bankangaben deshalb mit unserem Kreditrechner. Sie finden ihn im Internet unter www.test.de/rechner-baufinanzierung.

✓ **Bausparfinanzierung.** Wenn Sie sofort finanzieren wollen, lohnt es sich meist nicht, dafür noch einen Bausparvertrag abzuschließen. Die Kombination mit einem Kredit zur Vorfinanzierung der Bausparsumme ist in der Regel zu teuer. Wenn Sie sich trotzdem Bausparangebote einholen: Bestehen Sie darauf, dass die Bausparkasse schriftlich den Gesamteffektivzins inklusive der Sparbeiträge und Abschlussgebühren nennt.

# DIE SELBSTGENUTZTE IMMOBILIE

Häuser und Wohnungen sind nicht selten eine Herzensangelegenheit. Menschen „verlieben" sich in Immobilien, in denen sie ihre individuellen Vorstellungen vom Wohnen ausleben wollen. Wer aus solchen Gründen ein Objekt kauft und darin dauerhaft leben will, für den stehen Preis und Wirtschaftlichkeit in der Regel nicht an erster Stelle. Wichtiger sind die besonderen Merkmale, der Blick aufs Wasser oder über eine Stadt etwa, für die Käufer bereit sind, sehr hohe Preise zu bezahlen.

Anders sieht es aus, wenn eine selbstgenutzte Immobilie ein Baustein der Altersvorsorge sein soll. Dann muss mit spitzem Stift gerechnet werden. Denn rein finanziell betrachtet, ist der Bau oder Kauf einer Immobilie nur eine Geldanlage unter vielen. Statt das Ersparte ins eigene Haus zu stecken, könnte man weiter zur Miete wohnen und das Eigenkapital bei einer Bank oder in Investmentfonds anlegen.

## Der Vergleich: Kaufen oder mieten?

Welche Variante langfristig zu einem größeren Vermögen führt, ist von mehr als einem Dutzend Faktoren abhängig: etwa vom Kaufpreis und der Miete für eine vergleichbare Wohnung, den Konditionen für den Kredit, der Höhe des Eigenkapitals und der Rendite für alternative Geldanlagen.

Außerdem ist entscheidend, wie sich Mieten und Immobilienpreise am Standort in der Zukunft entwickeln. Gerade darüber lassen sich nur unsichere Annahmen treffen. Doch wenn sie ihre Immobilie zu einem angemessenen Preis kaufen, haben Eigentümer gute Chancen, dass sie damit langfristig besser fahren als mit einer Mietwohnung.

Der Ertrag, den Selbstnutzer mit einer Immobilie erzielen, ergibt sich aus mehreren Komponenten:

- Mietersparnis: Eigentümer zahlen keine Miete. Die Ersparnis fließt über den Schuldendienst in die eigene Immobilie – das Vermögen nimmt mit sinkender Restschuld stetig zu. In den vergangenen 15 Jahren sind die Mieten bundesweit durchschnittlich um knapp 1 Prozent pro Jahr gestiegen. In den alten Bundesländern haben sie sich in den zurückliegenden 30 Jahren sogar verdoppelt. Setzt sich der Trend steigender Mieten fort, profitieren Käufer bei der Mietersparnis von einem wachsenden Ertrag. Nimmt man einen Mietpreisanstieg von jährlich 1,5 Prozent an, klettert etwa eine ersparte Monatsmiete von anfänglich 800 Euro nach 25 Jahren auf 1161 Euro.
- Wertsteigerung: Wer ein Objekt zu einem fairen Preis in guter Lage kauft, kann damit rechnen, dass der Wert der Immobilie langfristig zunimmt. Finanztest geht bei Modellrechnungen von 1 Prozent pro Jahr aus.
- Steuervorteil: Die eigenen vier Wände bieten einen oft unterschätzen Vorzug: Die Mietersparnis und eine mögliche Wertsteigerung sind steuerfrei. Zinsen, Dividenden

und Kursgewinne aus alternativen Geldanlagen müssen dagegen versteuert werden, wenn der Sparerpauschbetrag ausgeschöpft ist. Um mit einer steuerfreien Mietersparnis in Höhe von 4 Prozent des Immobilienwertes gleichzuziehen, muss eine alternative Anlage einen stolzen Vorsteuerertrag von 5,41 Prozent erwirtschaf-

> **INFO** **Zuschüsse und günstige Kredite vom Staat**
>
> Bauherren und Wohnungskäufer können häufig mehrere Förderquellen anzapfen. Die Zuschüsse und Darlehen machen den Bau oder Kauf der eigenen vier Wände mitunter überhaupt erst möglich.
>
> **Wohn-Riester:** Käufer und Bauherren von selbstgenutztem Wohneigentum, die ein spezielles Riester-Darlehen abschließen, bekommen für die Tilgung die gleichen Zulagen und Steuervorteile wie für einen Riester-Sparvertrag. Zwar müssen sie die geförderten Beträge im Alter versteuern, doch die Förderung ermöglicht eine schnellere Tilgung des Darlehens und damit eine hohe Zinsersparnis. Riester-Darlehen lohnen sich deshalb noch mehr als andere Riester-Verträge.
>
> **KfW-Kredite:** Günstige Darlehen und Zuschüsse für die Finanzierung von Eigenheimen und Modernisierungen vergibt die staatliche KfW-Bank. Besonders günstig sind die Konditionen für eine energiesparende Sanierung von Altbauten und für den Bau energieeffizienter Häuser. Die Kredite müssen Sie bei Ihrer Hausbank beantragen. Detaillierte Informationen zu den KfW-Programmen gibt es im Internet unter www.kfw.de oder am KfW-Infotelefon unter 0800/53 9 90 02.
>
> **Länderförderung:** Viele Bundesländer unterstützen zukünftige Wohneigentümer mit Zuschüssen oder zinsvergünstigten Darlehen. Allerdings ist der Kreis der Förderberechtigten oft eingeschränkt. Zielgruppen sind meist Familien mit Kindern. Häufig gelten Einkommensgrenzen. Die Förderprogramme der Bundesländer, Kontaktadressen und einen Förderrechner finden Sie im Internet unter www.baufoerderer.de.
>
> **Kommunen:** Städte und kleinere Gemeinden locken Bauwillige oft mit günstigen Baugrundstücken oder Baukostenzuschüssen. Informationen gibt die Gemeindeverwaltung.
>
> **Erneuerbare Energien:** Hausbesitzer, die sich für eine Solaranlage, einen Holzpelletkessel oder eine Wärmepumpe entscheiden, bekommen Zuschüsse vom Bundesamt für Wirtschaft und Ausfuhrkontrolle. Möglich sind Zuschüsse in Höhe von 5 000 Euro und mehr. Weitere Informationen gibt es im Internet unter www.bafa.de oder Tel. 0 61 96/90 86 25.

ten – wenn der Abgeltungsteuersatz wie derzeit 26,375 Prozent inklusive Solidaritätszuschlag beträgt.

- **Fördermittel:** Der Staat fördert den Bau, den Kauf und die Modernisierung von Eigenheimen mit Zulagen, günstigen Krediten und Zuschüssen (siehe Kasten links). Die Förderung fällt je nach Projekt und persönlichen Verhältnissen sehr unterschiedlich aus. Sie kann sich aber auf mehrere zehntausend Euro summieren. Vor allem die neue Wohn-Riester-Förderung macht die Finanzierung um viele tausend Euro billiger.

**Ein langer Atem zahlt sich aus**

Bis sich ein Immobilienkauf im Vergleich zur Mietwohnung in Kombination mit einer alternativen Geldanlage bezahlt macht, kann allerdings einige Zeit ins Land gehen. Denn anfangs verschlingen die eigenen vier Wände viel Geld. Die hohen Nebenkosten für Grunderwerbsteuer, Notar, Grundbuchamt und Makler schlagen zu Buche. Und die monatliche Belastung aus Kreditraten und Bewirtschaftungskosten ist zunächst oft ein gutes Stück höher als die Miete für eine vergleichbare Wohnung. Hinzu kommen Kosten für die Instandhaltung, rund 6 bis 12 Euro pro Quadratmeter Wohnfläche, abhängig vom Zustand des Objektes.

Beim Kauf einer Eigentumswohnung kommen noch 200 bis 270 Euro jährlich für die Hausverwaltung hinzu. Außerdem entgehen dem Eigentümer Zinsen, weil er sein Eigenkapital in die Immobilie steckt und nicht mehr anlegen kann. Mit der Zeit wendet sich in vielen Fällen jedoch das Blatt zugunsten des Immobilieneigentümers. Wie ein solcher Vergleich im Detail aussehen kann, zeigt unser Beispiel auf der folgenden Seite.

**Eine Rechnung mit Tücken**

Die Mieterersparnis und die Wertentwicklung beeinflussen die Vergleichsrechnung am stärksten – zwei Faktoren, die sich langfristig kaum prognostizieren lassen. Was eine Immobilie in 20 Jahren wert und wie hoch dann die Miete ist, steht in den Sternen. Entsprechend unsicher ist die Kalkulation.

Auch die grundsätzlichen Annahmen zur Mieterersparnis können die Rechnung aus Ihrer persönlichen Perspektive verzerren. Für einen ökonomisch korrekten Vergleich wird bei einem Kaufobjekt die aktuelle Marktmiete für eine vergleichbare Immobilie als Ersparnis angesetzt. Wer aber schon lange in einer Großstadt in derselben Wohnung zur Miete wohnt, wird in der Regel deutlich weniger bezahlen als derzeit bei neuen Vertragsabschlüssen verlangt wird. Das liegt daran, dass die sogenannten Mietspiegel und zusätzliche gesetzliche Regelungen Preiserhöhungen für Bestandsmieter bremsen. Bei Neuabschlüssen darf aber das verlangt werden, was der Markt hergibt.

In Ballungsräumen mit einer hohen Nachfrage nach Wohnraum klafft deshalb bisweilen eine gewaltige Lücke zwischen Mietspiegel- und Marktmiete. Wenn Sie in

## TIPP  Kaufen oder Mieten im Vergleich

Für viele ist ein Eigenheim ein lang gehegter Traum. Aber lohnt sich der Kauf einer selbstgenutzten Immobilie auch finanziell? Ein Vermögensvergleich zwischen Käufern von Wohneigentum und Mietern zeigt, ab wann der Käufer gegenüber dem Mieter im Vorteil ist. In unserer Rechnung unten entspricht das Vermögen des Käufers dem Wert der Immobilie abzüglich der Restschuld aus dem Kredit. Der Mieter erzielt sein Vermögen aus der Geldanlage auf dem Kapitalmarkt.

Folgende Annahmen haben wir in unserem Beispiel für den Kauf einer Eigentumswohnung getroffen:
**Größe:** 100 Quadratmeter
**Preis:** 200 000 Euro
**Nebenkosten:** 20 000 Euro (für Notar, Grunderwerbsteuer und mehr)
**Wertsteigerung:** 1 Prozent pro Jahr
**Mietersparnis:** 7 500 Euro jährlich (750 Euro Vergleichsmiete im Monat, mal 12, abzüglich 1 500 Euro Instandhaltungs- und Verwaltungskosten pro Jahr), Miete und Kosten steigen jährlich um 1 Prozent.
**Eigenkapital:** 60 000 Euro
**Finanzierung:** Darlehen über 140 000 Euro, Zinssatz 4 Prozent für die gesamte Laufzeit, Tilgung 2 Prozent
**Geldanlage zum Vergleich:** Anlage des Eigenkapitals von 60 000 Euro und der Differenz zur Belastung des Käufers zu 3 Prozent vor Steuern
**Ergebnis:** Nach zehn Jahren steht der Käufer besser da als der Mieter, nach 20 Jahren ist sein Vermögen bereits um 40 000 Euro größer.

**Doch Vorsicht:** Das Ergebnis hängt von den getroffenen Annahmen ab. Ohne Wertsteigerung wäre der Eigentümer erst nach 22 Jahren im Vorteil. Und wenn dann noch die Vergleichsmiete statt 750 nur 650 Euro im Monat beträgt, würde sich der Kauf der Wohnung gar nicht mehr rechnen.

Unter www.test.de/thema/immobilienkauf finden Sie einen Eigenheimrechner, mit dem Sie selbst berechnen können, unter welchen Voraussetzungen sich der Bau oder Kauf der eigenen vier Wände für Sie finanziell lohnt.

| Jahr | Ersparte Miete | Kreditrate | Mehrbelastung[1] | Wert Immobilie | Restschuld | Vermögen Käufer | Vermögen Mieter | Vorteil/Nachteil Käufer |
|---|---|---|---|---|---|---|---|---|
| 0 | | | | 200 000 | 160 000 | 40 000 | 60 000 | −20 000 |
| 5 | 7 805 | 9 600 | 1 795 | 210 202 | 142 668 | 67 534 | 79 364 | −11 830 |
| 10 | 8 203 | 9 600 | 1 397 | 220 924 | 121 580 | 99 344 | 98 966 | 378 |
| 15 | 8 621 | 9 600 | 979 | 232 194 | 95 925 | 136 269 | 118 730 | 17 539 |
| 20 | 9 061 | 9 600 | 539 | 244 038 | 64 710 | 179 328 | 138 567 | 40 761 |
| 25 | 9 523 | 9 600 | 77 | 256 486 | 26 733 | 229 753 | 158 368 | 71 385 |
| 30 | 10 009 | 0 | −10 009 | 269 570 | 0 | 269 570 | 158 703 | 110 867 |

[1] Kreditrate abzüglich Mietersparnis.

der Stadt, in der Sie leben, kaufen wollen, sollten Sie in solchen Fällen mit Ihrer tatsächlich gezahlten Miete rechnen, wenn das Kaufobjekt bei Lage, Größe und Ausstattung vergleichbar ist. Sie sollten dann aber mit einer höheren Mietsteigerungsrate kalkulieren, weil die aktuellen Marktmieten in den künftigen Mietspiegel einfließen und ihn langfristig nach oben ziehen. Dennoch ist die Wahrscheinlichkeit hoch, dass sich ein Immobilienerwerb bei einer niedrigen Bestandsmiete nicht lohnt, da sich die Kaufpreise an den aktuellen Marktmieten orientieren.

**Vorsicht bei Marktmieten weit über dem Mietspiegel**

Anders sieht die Rechnung aus, wenn Sie von einer Marktmiete ausgehen, die weit über dem Mietspiegel liegt. Dann darf man in den ersten Jahren nicht mit Mietsteigerungen und damit mit einer wachsenden Ersparnis rechnen. Denn Mieterhöhungen sind erst möglich, wenn der Mietspiegel auf dem entsprechenden Niveau angekommen ist – und das kann viele Jahre dauern. Tendenziell ist der Erwerb von Wohneigentum aber umso attraktiver, je höher die Marktmiete für ein solches Objekt wäre.

Eine wichtige Rolle spielt auch die Finanzierung. Je mehr Eigenkapital der Käufer einsetzt und je schneller er seinen Kredit zurückzahlt, desto eher lohnt sich das Eigenheim. Von dem derzeit niedrigen Zinsniveau profitieren künftige Eigentümer gleich dreifach:

Durch den billigen Kredit sinkt der anfängliche Nachteil gegenüber dem Mieter.

Mit einer Zinsbindung von 15 oder 20 Jahren können sie sich die niedrigen Zinsen langfristig sichern und ihr Kreditrisiko minimieren. Gleichzeitig ist eine andere Geldanlage, zum Beispiel in festverzinsliche Wertpapiere, vergleichsweise unattraktiv.

Auch die Höhe der angenommenen Rendite für eine alternative Geldanlage spielt eine erhebliche Rolle bei der Vergleichsrechnung. Schon 1 Prozent mehr oder weniger pro Jahr kann den Ausschlag geben, ob sich eine selbstgenutzte Wohnung lohnt. Da Immobilien risikoreicher als festverzinsliche sichere Anlagen sind, ist auch denkbar, bei der alternativen Anlage von der Rendite eines gemischten Portfolios auszugehen, das einen angemessenen Aktienanteil enthält (siehe Seite 133). Die Rendite dürfte dann höher ausfallen und ein Immobilienkauf weniger vorteilhaft erscheinen.

**GÜNSTIGE ZINSEN NUTZEN**

Nichtsdestotrotz: Für Bauherren und Selbstnutzer ist jetzt ein guter Zeitpunkt zu investieren – vorausgesetzt sie finden eine preiswerte Immobilie, bringen einen soliden Grundstock an Eigenkapital mit und sie können sich die im Vergleich zur Mietwohnung oft höhere Anfangsbelastung leisten.

# DIE VERMIETETE EIGENTUMSWOHNUNG

Noch mehr Risiken als mit selbstgenutzten Häusern und Wohnungen gehen Anleger als Vermieter ein. Sie müssen nicht nur auf Lage, Qualität und Preiswürdigkeit der Immobilie achten, sondern brauchen auch noch einen zuverlässigen Mieter. Die Gefahr, am Ende mit einer schlechten Rendite dazustehen, ist vor allem bei hohen Wohnimmobilienpreisen nicht unerheblich.

Vermietete Immobilien zählen traditionell zu den langfristigen Anlagen, mit denen Sparer und Selbstständige für das Alter vorsorgen wollen. Ihr besonderer Reiz lag bisher in der Kombination aus einer relativ hohen Rendite im Vergleich zu sicheren Staatsanleihen und einem deutlich geringeren Risiko als am Aktienmarkt.

Doch im Zuge der Finanzkrise haben Wohnimmobilien aus der Perspektive heutiger Käufer in gefragten Ballungsräumen wie München und Berlin an Attraktivität eingebüßt.

## Niedrige Zinsen bergen auch Gefahren

Ursache für die niedrigen Zinsen ist Deutschlands Ansehen als sichere Anlageregion. Seit Ausbruch der Staatsschuldenkrise in einigen Ländern der Eurozone flossen Hunderte Milliarden Euro nach Deutschland. Hiesige Banken zogen beispielsweise ihr Geld aus den angeschlagenen Eurostaaten ab. Zugleich brachten deren Bürger Teile ihres Vermögens in Deutschland in Sicherheit. Das Geld wur-

**INFO** Eigenkapitalrendite als Vergleichsgröße

Die Eigenkapitalrendite gibt den durchschnittlichen Jahresertrag auf das eingesetzte Eigenkapital an. Sie berücksichtigt alle Einnahmen und Ausgaben im Anlagezeitraum einschließlich der Finanzierung. Die Eigenkapitalrendite ist entscheidend für den Vergleich mit anderen Kapitalanlagen. Doch Vorsicht: Sie ist das Ergebnis einer Prognoserechnung, deren Annahmen (zum Beispiel Mietpreisentwicklung, Wiederverkaufswert) unsicher sind. Je geringer das Eigenkapital im Verhältnis zum Kaufpreis, desto höher ist das Risiko – und desto weniger verlässlich ist die Rechnung. Vor allem bei einer Vollfinanzierung kann die Rendite schon bei einer geringfügigen Änderung der Prognoseannahmen gewaltig in den Keller sinken.

Mit dem kostenlosen Investitionsrechner von Finanztest können Sie verschiedene Szenarien durchspielen und einen Investitionsplan erstellen. Sie finden den Rechner im Internet unter www.test.de/rechner.

de zunächst vor allem in festverzinslichen Wertpapieren angelegt, deren Verzinsung wegen der hohen Nachfrage immer weiter sank. Viele Investoren wichen deshalb auf den Immobilienmarkt aus, wo sich höhere Renditen erzielen ließen. Weil immer mehr Anleger diesem Trend folgen und sich vor allem in Großstädten nach geeigneten Objekten umsehen, stiegen dort auch die Preise und die Erträge fielen immer magerer aus.

Doch wenn sich die Lage in der Eurozone wieder entspannt und die derzeit extrem niedrigen Zinsen wieder steigen, könnten sie die Preisentwicklung bei Wohnimmobilien dämpfen: Steigende Finanzierungskosten und attraktivere Renditen für sichere Staatsanleihen könnten die Nachfrage nach Immobilien bremsen und die Preise wieder nach unten ziehen (siehe Kasten unten). Denn kein besonnener Investor wird die Risiken einer Immobilieninvestition auf sich nehmen, wenn er nicht einen höheren Ertrag erzielt als mit deutschen Staatsanleihen. Die Eigenkapitalrenditen können aber nur steigen, wenn die Immobilienpreise fallen, weil sich die Mieten – wenn überhaupt – nur verzögert anheben lassen.

## Faustregeln für Immobilienanleger

Steigende Zinsen sind also ein Risiko für Immobilienkäufer, insbesondere für diejenigen, die auf dem Höhepunkt des Booms in den Markt einsteigen. Vorsichtige Anleger lassen sich von der Ausnahmesituation,

**INFO  Im Preisboom verkaufen**

Wer erwartet, dass sich die Eurozone stabilisiert und bereits eine vermietete Wohnimmobilie besitzt, kann jetzt über deren Verkauf nachdenken – vorausgesetzt das Objekt ist bereits abgezahlt oder in wenigen Jahren schuldenfrei. Der Preisboom wird sich möglicherweise noch eine Zeit lang fortsetzen, auch wenn in manchen deutschen Metropolen die Preise weitgehend ausgereizt zu sein scheinen. Auf jeden Aufschwung folgt aber bekanntlich auch ein Abschwung. Der dürfte einsetzen, sobald sich die Eurozone weiter stabilisiert und Anleger wieder vermehrt im Ausland und in risikoreichere Wertpapiere investieren. Wenn Sie Geld benötigen oder ohnehin geplant hatten, eine Immobilie in näherer Zukunft zu versilbern, lohnt es sich für Sie möglicherweise, den Verkauf vorzuziehen. Das ist dann der Fall, wenn der ursprünglich geplante Wiederverkaufswert deutlich übertroffen wird. Mit einer Anzeige im Internet und/oder in Ihrer Lokalzeitung lässt sich einfach und günstig testen, was der Markt hergibt. Das Geld aus einem Verkauf können Sie in ein sicheres Portfolio aus festverzinslichen Anlagen und Aktien investieren.

in der sich die deutschen Zinsmärkte befinden, nicht blenden. Sie halten an den bewährten Investitionsgrundsätzen für Wohnobjekte fest und kaufen nur bei einer vernünftigen Bewertung. Denn wer eine Immobilie zu teuer erwirbt, sieht die volle Kaufsumme möglicherweise nie wieder.

Ein wichtiger Anhaltspunkt für die Bewertung ist neben dem Vielfachen der Jahresnettokaltmiete und der daraus resultierenden Bruttoanfangsrendite (siehe Kasten Seite 85) die sogenannte anfängliche Nettomietrendite. Sie gibt das Verhältnis der Jahresmiete zum Kaufpreis inklusive aller einmaligen und laufenden Nebenkosten an.

Auf den Kaufpreis aufgeschlagen werden die Kaufnebenkosten für Makler, Notar und Grundbucheintragung. Gleichzeitig werden von der Nettokaltmiete die Verwaltungs- und Instandhaltungskosten abgezogen, die der Käufer nicht auf die Miete umlegen kann. Das sind zirka 200 bis 300 Euro pro Jahr für die Hausverwaltung und 6 bis 12 Euro für die Instandhaltung pro Jahr und Quadratmeter. Eine Immobilienanlage lohnt sich ab einer Nettomietrendite von mindestens 4 Prozent. Beträgt der Kaufpreis weniger als das 20-Fache der jährlichen Nettokaltmiete, fällt die Mietrendite häufig höher aus.

Die Eigenkapitalrendite, die unter anderem auch den erwarteten Wiederverkaufswert der Immobilie und den Finanzierungszins berücksichtigt, sollte bei guten Objekten nach Steuern zwischen 5 und 6 Prozent rangieren – vorausgesetzt Sie setzen wenigstens 20 Prozent Eigenkapital plus die anfallenden Kaufnebenkosten ein. Vorsichtige Anleger bringen sogar 30 bis 50 Prozent Eigenkapital mit. Darüber hinaus sollten zukünftige Vermieter noch über zusätzliche Reserven verfügen. Denn Mieten können sinken oder ganz ausfallen und Instandhaltungskosten und Steuervorteile entwickeln sich nicht immer wie geplant.

Wichtig ist, dass die Netto-Mieteinnahmen, also die Mieten abzüglich der Instandhaltungs- und Verwaltungskosten, wenigstens die laufenden Kreditzinsen decken. Im Idealfall reicht die Nettomiete für Zins und Tilgung aus oder führt sogar von Anfang an zu Überschüssen.

## Investitionsplan und Renditeprognose

Für eine solide Immobilienanlage benötigen Anleger einen Investitionsplan und eine Renditeprognose über 15 bis 20 Jahre, die sie mit dem kostenlosen Investitionsrechner von Finanztest erstellen können (siehe Kasten rechts). Im Investitionsplan werden für jedes Jahr alle voraussichtlichen Ausgaben von den Einnahmen abgezogen. Aus dem Plan ergibt sich für jedes Jahr der Betrag, den der Eigentümer zuschießen muss (Unterdeckung) oder an Überschüssen kassiert. In die Renditerechnung geht auch der geschätzte Verkaufserlös am Ende des Anlagezeitraums ein.

An der Investitionsrechnung können sich Anleger orientieren. Verlassen können sie sich darauf nicht, weil den Prognosen

DIE VERMIETETE EIGENTUMSWOHNUNG

**INFO** **Investitionsplan für eine vermietete Immobilie**

Ob sich die Investition in eine Eigentumswohnung lohnt, können Anleger mit dem Finanztest-Rechner im Internet nachvollziehen (www.test.de/rechner). Beispiel:
**Anleger:** Ehepaar, zu versteuerndes Jahreseinkommen 80 000 Euro.
**Objekt:** Zweizimmerwohnung, Kaufpreis 100 000 Euro, davon 80 000 Euro Gebäude, 20 000 Euro Grundstücksanteil, dazu kommen 10 000 Euro Kaufnebenkosten.
**Miete:** Die Nettokaltmiete 5 400 Euro im Jahr (450 Euro im Monat). Für Verwaltung fallen 250 Euro, für Instandhaltung 750 Euro pro Jahr an.
**Finanzierung:** Eigenkapital 40 000 Euro, Darlehen 70 000 Euro, Zins 4 Prozent fest für 20 Jahre, Tilgung 2 Prozent.
**Prognosen:** Miet- und Kostensteigerung jährlich 1,0 Prozent. Nach 20 Jahren Verkauf zum 18-Fachen der Jahreskaltmiete, das sind 117 400 Euro.
**Ergebnis:** Das Paar legt 40 000 Euro an und erzielt einen kleinen Überschuss von 250 bis 310 Euro im Jahr. Durch Tilgung des Kredits und Wertsteigerungen der Immobilie baut es Vermögen auf (siehe Tabelle unten). Verkauft es diese nach 20 Jahren für 117 400 Euro, hat es eine Rendite von 4,6 Prozent nach Steuern mit dem eingesetzten Kapital erzielt. Gelingt der Verkauf nur zum 15-Fachen der künftigen Jahresmiete (Verkaufspreis 97 900 Euro), würde die Rendite nach Steuern auf 3,37 Prozent sinken. Bei höherer Mietsteigerung ist dagegen mehr Rendite drin.

| Jahr | Mieteinnahmen[1] (Euro) | Nicht umlegbare Kosten[2] (Euro) | Jahresreinertrag[3] (Euro) | Kreditrate (Euro) | Restschuld (Euro) | Steuern[4] (Euro) | Überschuss[5] (Euro) |
|---|---|---|---|---|---|---|---|
| 0 | | | | | 70 000 | | – 40 000 |
| 1 | 5 400 | 1 000 | 4 400 | 4 200 | 68 600 | – 58 | 258 |
| 5 | 5 619 | 1 041 | 4 579 | 4 200 | 62 417 | 92 | 287 |
| 10 | 5 906 | 1 094 | 4 812 | 4 200 | 53 191 | 306 | 306 |
| 15 | 6 207 | 1 149 | 5 058 | 4 200 | 41 967 | 552 | 306 |
| 20 | 6 524 | 1 208 | 5 316 | 4 200 | 28 311 | 838 | 89 395 |

1) Nettokaltmiete ohne Betriebskosten.
2) Verwaltungs- und Instandhaltungskosten.
3) Mieteinnahmen abzüglich nicht umlegbarer Kosten.
4) Negatives Vorzeichen = Steuerersparnis.
5) Unterdeckungen tragen ein negatives Vorzeichen. Im 20. Jahr ist ein Verkauf zum 18-Fachen der Jahresmiete und die Rückzahlung der Kreditschuld berücksichtigt.

## INFO  Steuerregeln für Vermieter

Wer eine Immobilie vermietet, erzielt steuerpflichtige Einkünfte. Vermieter müssen daher mit ihrer Steuererklärung eine Überschussrechnung abgeben, in der sie Mieteinnahmen einschließlich Umlagen den Werbungskosten gegenüberstellen.

Dieser Teil der Steuererklärung ist für Vermieter meist eine lohnende Angelegenheit. Denn in den ersten Jahren nach dem Bau oder Kauf liegen die Werbungskosten durch Abschreibungen und Kreditzinsen oft deutlich höher als die Mieteinnahmen. Der Anleger schreibt steuerlich Verluste, die er mit seinen übrigen Einkünften verrechnen kann. Dadurch spart er Steuern. Erst mit zunehmender Entschuldung und steigenden Mieteinnahmen wird die steuerliche Gewinnzone erreicht.

**Die wichtigsten Werbungskosten**
**Abschreibungen:** Immobilienanleger können 50 Jahre lang jährlich 2 Prozent der Gebäudeanschaffungskosten (inklusive Nebenkosten) absetzen. Für Altbauten mit Baujahr bis 1924 beträgt die Abschreibung 40 Jahre lang je 2,5 Prozent. Abschreibungen sind nur für die Gebäudekosten möglich, nicht aber für Kosten des Grund und Bodens.
**Sonderabschreibungen:** Ausgaben für die Sanierung von Baudenkmälern und Gebäuden in Sanierungsgebieten können Eigentümer in nur zwölf Jahren abschreiben. In den ersten acht Jahren erkennt das Finanzamt jeweils 9 Prozent, in den restlichen vier Jahren je 7 Prozent der Sanierungskosten an.
**Instandhaltungs-, Betriebs- und Verwaltungskosten:** Zum Beispiel Ausgaben für Reparaturen, das Haus- oder Wohngeld für die Betriebskosten sowie die Verwaltervergütung.
**Finanzierungskosten:** Das Finanzamt erkennt die laufenden Zinsen sowie einmalige Kosten wie ein Disagio (Abschlag vom Darlehen), Bearbeitungs- und Wertermittlungsgebühren sowie Notar- und Grundbuchgebühren für die Grundschuldbestellung an. Nur die Tilgung des Darlehens zählt nicht.

**Steuern auf Veräußerungsgewinne**
Erzielt der Eigentümer beim Verkauf einen Wertgewinn, bleibt dieser steuerfrei, wenn zwischen An- und Verkauf mindestens zehn Jahre liegen. Wer vorher verkauft, muss den Gewinn voll versteuern. Achtung: Die Spekulationssteuer kann selbst dann anfallen, wenn der Verkaufspreis unter dem Kaufpreis liegt. Denn das Finanzamt zieht die vom Anleger bisher in Anspruch genommenen Abschreibungen vom Kaufpreis ab.

unsichere Annahmen zugrunde liegen. Um Chancen und Risiken einer Immobilienanlage realistisch einzuschätzen, sollten Käufer vorsichtig kalkulieren. Die durchschnittliche Mietsteigerung sollte sich an der aktuellen Inflationsrate orientieren und mit nicht mehr als 1 bis 2 Prozent angesetzt werden.

Wer für seinen Kredit eine Zinsbindung von nur zehn Jahren gewählt hat, rechnet für die Anschlussfinanzierung mit mindestens 6 Prozent Zinsen, weil es wenig wahrscheinlich ist, dass die Zinsen langfristig auf dem derzeitig niedrigen Niveau verharren. Den Wiederverkaufswert setzen vorsichtige Anleger nur mit dem 15- bis maximal 20-Fachen der künftigen Jahresnettokaltmiete an. Wer so rechnet, kann ziemlich sicher sein, dass er sich mit seiner Immobilienanlage keine blutige Nase holt.

## SO FINDEN SIE DIE RICHTIGE IMMOBILIE

✓ **Lage.** Achten Sie beim Immobilienkauf auf eine gute Lage. Wichtig ist eine konstante Nachfrage auf dem Wohnungsmarkt.

✓ **Besichtigung.** Besichtigen Sie die Immobilie vor dem Kauf. Nur wer das Wohnumfeld einer Immobilie unter der Woche und an Wochenenden genau erkundet, kann einschätzen, ob sie attraktiv ist.

✓ **Miete.** Beim Kauf einer vermieteten Wohnung sollten Sie sich in jedem Fall den Mietvertrag zeigen lassen. Wenn es geht, sprechen Sie auch mit dem Mieter.

✓ **Mietrendite.** Achten Sie auf ein günstiges Verhältnis der Mieteinnahmen zum Kaufpreis. Die Nettomietrendite sollte über 4 Prozent liegen.

✓ **Mietgarantie.** Vertrauen Sie nicht auf Mietgarantien der Verkäufer. Sie können Mieten vortäuschen, die der Markt nicht hergibt.

✓ **Provisionen.** Seien Sie vorsichtig, wenn Sie bei einer Bauträgerfirma kaufen. Die hohen Vertriebskosten treiben hier häufig den Preis in die Höhe.

✓ **Teilungserklärung.** Studieren Sie vor dem Kauf einer Eigentumswohnung die Teilungserklärung samt Gemeinschaftsordnung. Die Teilungserklärung legt die Aufteilung der Wohnanlage in Sondereigentum (Wohnungen und dazugehörige Räume) und die Miteigentumsanteile am Gemeinschaftseigentum wie Grundstück, Gebäudesubstanz, Außenanlagen und Gemeinschaftsräume fest.

✓ **Protokoll.** Lassen Sie sich vom Hausverwalter Einsicht in die Protokolle der Eigentümerversammlungen der letzten Jahre geben, um Hinweise auf den Zustand des Hauses zu bekommen.

## OFFENE IMMOBILIENFONDS

Der Kauf eines Eigenheims oder einer Immobilie zur Vermietung hat häufig einen Nachteil: Wenn Sie nicht über ein sehr großes Vermögen verfügen, wird ein beträchtlicher Teil Ihres Kapitals in einer einzigen Anlage gebunden, von der dann die Gesamtrendite Ihres Portfolios maßgeblich abhängt. Fachleute sprechen in solchen Fällen von Klumpenrisiken, weil die Verteilung des Risikos auf verschiedene Vermögensklassen wie Aktien und Anleihen nicht optimal ist. Mit offenen Immobilienfonds lässt sich dieses Problem umgehen. Schon mit kleinen Beträgen können Sie sich über diese Fonds an Gebäuden und Grundstücken beteiligen.

Offene Immobilienfonds sind eine gute Geldanlage für private Anleger, die ihr Geld breit streuen und außer Zinsanlagen, Aktienfonds oder einzelnen Aktien auch einen kleinen Anteil an Immobilien besitzen wollen. Offene Immobilienfonds, die

### OFFENE IMMOBILIENFONDS IM ÜBERBLICK

Die Tabelle enthält die besten offenen Immobilienfonds, die derzeit noch am Markt sind. Ein Blick auf die Wertentwicklung zeigt, dass mit dieser Anlageklasse keine größeren Sprünge zu machen sind. Die Renditen gingen in den vergangenen Jahren zurück.

| Fondsname | Isin (Kennummer) | Wertentwicklung (Prozent pro Jahr) | |
| --- | --- | --- | --- |
| | | 5 Jahre | 3 Jahre |
| Grundbesitz Europa (RREEF) | DE 000 980 700 8 | 3,4 | 3,1 |
| HausInvest (Commerzreal) | DE 000 980 701 6 | 3,2 | 2,7 |
| Deka-Immobilien Global | DE 000 748 361 2 | 3,0 | 2,2 |
| UniImmo: Europa | DE 000 980 551 5 | 2,8 | 2,4 |
| Deka-Immobilien Europa | DE 000 980 956 6 | 2,7 | 2,4 |
| UniImmo: Deutschland | DE 000 980 550 7 | 2,7 | 2,3 |
| Grundbesitz Global (RREEF) | DE 000 980 705 7 | 2,6 | 2,3 |
| UniImmo: Global | DE 000 980 555 6 | 2,1 | 1,1 |
| WestInvest InterSelect | DE 000 980 142 3 | 2,0 | 1,6 |
| Inter ImmoProfil | DE 000 982 006 8 | 1,8 | 1,9 |

Quelle: Thomson Reuters, eigene Berechnungen, Stand: 31. Mai 2013

in der Vergangenheit zwischen 3 und 5 Prozent Rendite pro Jahr einbrachten, kaufen und verwalten Gewerbeimmobilien, beispielsweise Bürogebäude, Einkaufszentren und Hotels. Ihre Erträge erwirtschaften sie mit Mieteinnahmen und Gewinnen aus dem Wiederverkauf von Immobilien. Zudem erhalten sie Zinsen für die Anlage ihrer Barbestände. Die brauchen sie, um Anteile zurückzunehmen, wenn Anleger aus dem Fonds aussteigen wollen, was nach der alten Gesetzeslage jederzeit möglich war. Vorgeschrieben ist dafür eine Liquiditätsquote von mindestens 5 Prozent.

## Engpass während der Finanzkrise

Nach Ausbruch der globalen Bankenkrise nahmen eine Reihe von Fonds allerdings keine Anteile mehr zurück. Sie hatten nicht genug Geld flüssig, um alle Anleger auszuzahlen, die Anteile verkaufen wollten. Teilweise hatten sie das selbst verschuldet. Denn die Fonds hatten zu viele Großinvestoren wie Banken, Versicherungen und sogenannte Dachfonds ins Haus geholt und mit ihnen keine ausreichenden Kündigungsvereinbarungen getroffen. Als diese dann hohe Summen in der Krise abziehen wollten, weil sie ihr Geld anderweitig benötigten, reichten die flüssigen Reserven nicht aus.

Denn Immobilien lassen sich nicht über Nacht zu einem angemessenen Preis abstoßen. Die betroffenen Fonds mussten vorübergehend geschlossen werden und inzwischen befinden sie sich in der Auflösung. Nach und nach werden sie ihre Immobilien verkaufen und die Anleger auszahlen. Ob die mit einem blauen Auge davonkommen oder am Ende Verluste hinnehmen müssen, wird sich erst nach der vollständigen Abwicklung zeigen.

Diese unselige Episode hat das Image der offenen Immobilienfonds schwer beschädigt, obwohl viele von ihnen auch während der Banken- und der nachfolgenden europäischen Staatsschuldenkrise stabile Erträge erwirtschafteten. Das grundlegende Geschäftsmodell der Fonds, die jahrzehntelang als sichere Anlage galten, hat sich nicht als untauglich erwiesen. Vielmehr sind die Fonds, die jetzt abgewickelt werden, daran gescheitert, eine illiquide Anlage liquide zu machen. Dieser Spagat ist ihnen nicht gelungen.

Nun soll ein Gesetz verhindern, dass sich eine solche Liquiditätskrise wiederholt. Ab 2013 müssen Anleger zwölf Monate vorher kündigen, wenn sie Geld aus offenen Immobilienfonds abziehen wollen. Für Neuanleger gilt dazu eine Mindesthaltedauer von zwei Jahren. Privatanleger profitieren von Freigrenzen. Sie können pro Kalenderhalbjahr 30 000 Euro abziehen. Das Geld gebe es sofort, stellen die Anbieter in Aussicht. Nach dem neuen Gesetz würde es genügen, wenn sie nur einmal im Jahr Anteile zurücknähmen. Doch sie wollen, dass die Anleger weiter täglich an ihr Geld kommen.

Für private Anleger sind die Regeln gut. Großinvestoren können die Fonds nicht mehr so schnell in die Bredouille bringen.

In vielen Fonds ist ihr Einfluss jetzt schon mehr als gering. Der Grundbesitz global der Deutschen Bank gehört beispielsweise zu 99,5 Prozent Privatanlegern.

## Gewerbeimmobilien sind konjunkturabhängig

Anders als Wohnimmobilien sind Gewerbeobjekte konjunkturabhängig. Wenn die Wirtschaft schlecht läuft und Unternehmen Mitarbeiter entlassen, sinkt beispielsweise die Nachfrage nach Büro- und Einzelhandelsflächen. Mietpreise und Gebäudebewertungen können dann unter Druck geraten. Die Fonds versuchen diese Risiken aufzufangen, indem sie möglichst in eine Vielzahl von Objekten über den ganzen Globus verteilt investieren. Eine solche Streuung soll die Fonds vor größeren Wertschwankungen schützen – und bislang ging diese Rechnung bei den erfolgreichen auf. Zwar werden immer wieder Gebäude abgewertet, andere steigen dafür aber im Preis.

Die Bewertung der Bestandsimmobilien ist allerdings nicht unumstritten. Denn dafür werden nicht tagesaktuelle Preise, sondern der sogenannte Verkehrswert angesetzt. Unabhängige Sachverständige ermitteln ihn auf Basis der langfristig erzielbaren Mieten. Ob ein Objekt aber tatsächlich zu diesem Preis verkauft werden kann, ist ungewiss. Wegen dieses Verfahrens spiegeln sich kurzfristige Schwankungen auf den Immobilienmärkten in den Preisen der Fondsanteile nicht wieder.

> **TIPP** **Das sollten Sie beim Fondskauf beachten**
>
> **Mix:** Offene Immobilienfonds sollten Sie Ihrem Depot nur beimischen und keinesfalls Ihr ganzes Geld darin anlegen. Mehr als 10 Prozent Ihres Vermögens sollten es nicht sein.
>
> **Fondsauswahl:** Achten Sie beim Fondskauf auf ein breit gestreutes Immobilienportfolio. Der Fonds sollte in mehreren Ländern vertreten sein. Gut ist, wenn die Fondsimmobilien wenig Leerstand haben und die Mietverträge noch lange laufen. Die Fonds, die sich in den letzten Jahren am besten geschlagen haben, finden Sie in der Tabelle auf Seite 100.
>
> **Transaktionskosten:** Die Ausgabeaufschläge für die Immobilienfonds liegen bei rund 5 Prozent. Sie sind im Verhältnis zu ihren Ertragschancen hoch. Beim Fondsvermittler im Internet bekommen Sie die Fonds wesentlich billiger. Auch Direktbanken bieten Rabatte auf die Ausgabeaufschläge. Wer bei seiner Bank bleiben will, kann die Fonds statt über die Fondsgesellschaft auch an der Börse kaufen. Das spart ebenfalls eine Menge Gebühren. Der Fondskauf über die Börse lohnt sich aber nur bei Einmalanlagen ab etwa 1 000 Euro.

## IMMOBILIENANLAGEN IM VERGLEICH

Die Tabelle zeigt einige Vor- und Nachteile verschiedener Immobilienanlagen für Privatanleger. Nicht beurteilt haben wir die Wertschwankungen der unterschiedlichen Anlagemöglichkeiten

| Vor- oder Nachteile bei… | Haus/Eigentumswohnung | Offene Immobilienfonds |
|---|---|---|
| Höhe des Mindestanlagebetrags | – | + |
| Aufwand der Informationsbeschaffung für die Immobilie | – | + |
| Risikostreuung (Anzahl, Größe, Lage) | – | + |
| Verkaufbarkeit | – | (+) |
| Inflationsschutz | – | + |
| Laufende Kosten | – | – |

( ) = Mit Einschränkungen. Quelle: IREBS Institut für Immobilienwirtschaft 2012, eigene Recherche

Kritiker halten das für riskant. Sie sehen die Gefahr, dass Immobilien zu hoch bewertet werden. Das Nachsehen hätten am Ende die Anleger, wenn solche Objekte zu niedrigeren Marktpreisen verkauft werden müssten. Ob die Verkehrswerte im Einzelnen richtig angesetzt sind, kann auch Finanztest nicht beurteilen. Doch gegen Manipulationen spricht, dass die Preise von unabhängigen Gutachtern ermittelt werden, die sich an verbindliche Vorschriften zur Immobilienwertermittlung halten müssen.

### OFFENE IMMOBILIENFONDS BIETEN VORTEILE

Ob nun eine Direktinvestition in ein Wohnobjekt oder in einen breit streuenden Gewerbeimmobilienfonds geeigneter ist, hängt von der individuellen Situation des Anlegers ab. Objektiv betrachtet bieten die offenen Fonds aber eine Reihe von Vorteilen, die nicht zu unterschätzen sind. Bei kleineren Vermögen und wenig sicheren Einkommen sind sie die erste Wahl.

# 7 GOLDENE REGELN FÜR VORSICHTIGE

Wer die wichtigsten Eigenschaften einzelner Anlageklassen kennt, hat den ersten Schritt zu einer erfolgreichen Vermögensstrategie gemacht. Doch bevor Sie Ihr persönliches Portfolio zusammenstellen, ist es nützlich, sich mit einigen Grundsätzen der Geldanlage vertraut zu machen. Sie helfen Ihnen, die richtigen Entscheidungen zu treffen, und bewahren Sie vor falschen Versprechungen und unrealistischen Erwartungen.

## WIE SIE DAS UNSICHERE SICHERER MACHEN

Fast jeder kennt irgendjemanden, der sich bei der Geldanlage schon einmal eine blutige Nase geholt hat. Das Angebot klang verlockend, die Gelegenheit erschien günstig, die Chance einmalig – doch am Ende ging es schief.

Damit Ihnen herbe Enttäuschungen erspart bleiben, haben wir für Sie die wichtigsten Grundregeln der Geldanlage zusammengestellt. Wenn Sie die beherzigen, kann eigentlich nicht mehr viel schiefgehen. Natürlich gibt es an den Finanzmärkten ebenso wenig Garantien wie im Leben. Aber man kann seinem finanziellen Glück ein bisschen auf die Sprünge helfen. Oder zumindest die Wahrscheinlichkeit erhöhen, dass Ihr persönliches Vermögensbildungs-Vorhaben nicht aus dem Ruder läuft wie so manches öffentliche Bauprojekt, das sich als Fass ohne Boden entpuppte. Eine präzise Planung, eine konsequente Umsetzung und anschließend regelmäßige Qualitätskontrollen sind auch bei der Geldanlage ein Schlüssel zum Erfolg.

Das klingt nach Arbeit. Doch der Aufwand ist gar nicht so groß, wenn Sie bedenken, dass es um Ihre finanzielle Zukunft geht. Auch wenn Sie glauben, sich auf einen guten Anlageberater verlassen zu können: Die Entscheidungen, wohin Ihr Geld fließt, müssen letztlich Sie alleine treffen. Und dabei werden Sie besser fahren, wenn Sie sich von einigen elementaren Grundsätzen leiten lassen, deren Gültigkeit im Gegensatz zu manchen Börsenkursen auch in ferner Zukunft noch Bestand haben wird.

> **SETZEN SIE SICH KLARE ZIELE!**

## NUR SO FINDEN SIE DIE PASSENDEN ANLAGEN

Um eine für Sie passende Mischung von Finanzprodukten zu finden, sollten Sie sich zunächst Gedanken machen, welches Ziel Sie mit Ihrer Anlage verfolgen. Das ist von elementarer Bedeutung, denn daraus leitet sich auch der Zeitraum ab, über den Sie Ihr Kapital investieren können.

Nehmen wir an, Sie hätten 30 000 Euro gespart. In fünf Jahren möchten Sie sich von dem Geld ein neues Auto kaufen. Doch in der Zwischenzeit soll es für Sie arbeiten. Die relativ kurze Anlagedauer und die Maßgabe, dass wenigstens die 3 000 Euro zu einem bestimmten Zeitpunkt zur Verfügung stehen müssen, setzen den Rahmen, in dem Sie sich mit Ihren Anlageentscheidungen bewegen. Unter den skizzierten Umständen kommen fast ausschließlich sichere festverzinsliche Bankeinlagen, Anleihen mit einer Restlaufzeit von maximal fünf Jahren und ein geringer Anteil riskantere Anlagen in Betracht. Letztere dürfen wegen der kurzen Anlagedauer nicht mit zu hohen Transaktionskosten verbunden sein. Zudem müssen Sie sie jederzeit verkaufen können. Diese Kriterien erfüllen beispielsweise Aktien-ETF (siehe Seite 71), offene Immobilienfonds scheiden dagegen aus.

### Lange Anlagezeiträume eröffnen mehr Möglichkeiten

Ganz anders sieht die Sache aus, wenn Sie wissen, dass Sie die 30 000 Euro in den nächsten 25 Jahren nicht brauchen. Sie haben zwar noch keine konkrete Idee, was Sie dann damit machen wollen. Aber in der Zwischenzeit möchten Sie eine möglichst hohe Rendite erzielen, ohne dabei zu viel zu riskieren.

# Das Rendite-Dreieck des Deutschen Aktieninstituts

Quelle: Deutsches Aktieninstitut, Stand: 31. Dezember 2012

**Jahresrenditen in %:**

Negative Rendite — Rendite um null — Positive Rendite

**Beispiel:** Wer Ende 1996 Aktien kaufte und bis Ende 2003 hielt, erzielte in diesem Zeitraum eine durchschnittliche jährliche Rendite von 4,6 %.

**Anlagezeitraum in Jahren:**

Eine lange Anlagedauer eröffnet auch vorsichtigen Anlegern mehr Möglichkeiten. Denn über solche Zeiträume war die Verlustgefahr mit riskanteren Anlagen wie Aktien sehr gering. Nach Berechnungen des Deutschen Aktieninstituts erlitt kein Anleger, der zwischen 1949 und 2012 in deutsche Aktien investierte und sie 15 Jahre lang behielt, einen Verlust.

Die durchschnittlichen jährlichen Renditen, die sich über einen solchen Zeitraum erzielen ließen, schwanken aber stark. Sie sind vom Ein- und Ausstiegszeitpunkt abhängig. Wer 1961 kaufte und 1976 wieder verkaufte, erwirtschaftete nur einen Ertrag von 1 Prozent pro Jahr. Zwischen 1991 und 2006 summierte sich die jährliche Rendite dagegen im Durchschnitt auf stattliche 10 Prozent pro Jahr, wie das Rendite-Dreieck des Deutschen Aktieninstituts auf Seite 107 zeigt. Bei einem längeren Anlagehorizont ist aber nicht nur die Verlustgefahr geringer. Zudem steigen die Renditechancen. Das belegen Analysen von Finanztest.

**Schutz vor überhasteten Entscheidungen**
Klar definierte Ziele und Anlagezeiträume sind aber auch wichtig, weil sie Sie vor Zweifeln schützen, die jeden Anleger spätestens dann befallen, wenn die Finanzmärkte mit Pauken und Trompeten in die nächste Krise steuern. Zwischenzeitliche Abstürze, die Banken und Fondsgesellschaften gerne euphemistisch als „Korrektur" bezeichnen, sind untrennbar mit den Börsen verbunden, wie ihre lange Geschichte zeigt. In solchen Phasen quält fast jeden Anleger die Frage, ob er nicht lieber verkaufen soll. Im schlechtesten Fall werden Wertpapiere auf dem Markttiefpunkt mit Verlust abgestoßen und die Erholungsphase dann aus Angst vor weiteren Rückschlägen verpasst. Wenn Sie aber eine genaue Vorstellung von Ihrem Anlagezeitraum haben und nach der Lektüre dieses Ratgebers wissen, dass Verluste auf lange Sicht unwahrscheinlich sind, können Sie ruhig bleiben und treffen keine überhastete Fehlentscheidungen. Zeiten fallender Aktienkurse können Sie dann möglicherweise nutzen, um Anteilsscheine an Unternehmen gegen den Trend günstig zu erwerben (siehe Seite 63).

**Prüfen Sie Ihre Risikobereitschaft**
Bevor Sie anlegen, sollten Sie sich auch Gedanken über Ihre Risikobereitschaft machen. Wenn Ihnen größere Kursschwankungen schlaflose Nächte bereiten, müssen Sie möglicherweise auf riskantere Anlagen vollkommen verzichten. Bedenken Sie aber, dass Sicherheit in Zeiten sehr niedriger Zinsen Geld kosten kann. Wenn die Inflationsrate höher ist als der sichere Zins, den Sie am Markt erzielen können, wird Ihr Vermögen schleichend aufgezehrt. Ihre Kaufkraft sinkt.

> **INVESTIEREN SIE NUR IN PRODUKTE, DIE SIE VERSTEHEN!**

## DURCHBLICK SCHÜTZT VOR BÖSEN ÜBERRASCHUNGEN

Was passieren kann, wenn gierige Banker in Finanzprodukte investieren, die sie selbst nicht durchschauen, hat die Finanzkrise gezeigt. Deutsche Landesbanken, die ein größeres Rad drehen wollten, mischten in Geschäften mit komplexen kreditbesicherten Wertpapieren mit, die sie nicht verstanden – und verloren Milliarden Euro, für die schließlich die Steuerzahler geradestehen mussten.

Wenn Sie sich Produkte aufschwatzen lassen, bei denen sich im Nachhinein herausstellt, dass sie mit Risiken behaftet sind, von denen Sie nichts wussten, hilft Ihnen niemand. Ihr Geld ist erst einmal weg. Vielleicht können Sie sich auf dem Klageweg etwas zurückholen. Doch juristische Auseinandersetzungen sind teuer, langwierig und nervenaufreibend und ihr Ausgang ungewiss. Schlimmstenfalls bekommt die Bank recht und Sie müssen zusätzlich zu Ihrem Verlust noch Anwalts- und Prozesskosten bezahlen.

Um sich vor solchem Ungemach zu schützen, sollten Anleger grundsätzlich nicht in Finanzprodukte investieren, die Sie nicht verstehen. Auch (oder gerade) dann nicht, wenn das Geschäft sicher und lukrativ erscheint. An den Finanzmärkten gibt es nichts geschenkt. Hohe Renditen sind immer mit entsprechenden Risiken verbunden (siehe Seite 118).

### Mangelhafte Bankberatung

Auf die Beratung von Banken können Sie sich keinesfalls verlassen. Untersuchungen von Finanztest und andere Studien belegen, dass die Kreditinstitute nicht unbedingt im Interesse ihrer Kunden handeln und Verbraucherschutzgesetze bisweilen mit Füßen treten. Beispielsweise sind sie dazu verpflichtet, Ihnen nach einer Anlageberatung ein Beratungsprotokoll auszuhändigen. Darin muss unter anderem festgehalten werden, welche Produkte Ihnen der Berater vorgestellt hat, welche Eigenschaften sie haben und warum er sie empfohlen hat. Das Protokoll soll Ihnen im Streitfall als Beweis dienen, wenn Sie sich im Nachhinein falsch beraten fühlen, etwa weil ein Produkt riskanter war als geglaubt. Eine Untersuchung von Finanztest zur Beratungsqualität von Banken zeigte jedoch, dass in rund 50 Prozent der Fälle kein Protokoll ausgehändigt wurde. Und die Protokolle, die angefertigt wurden, waren nicht immer einwandfrei. Die besten drei Banken erreichten in dem Test lediglich ein „Befriedigend". Alle anderen boten nur eine ausreichende oder mangelhafte Leistung – ein Armutszeugnis für die Branche und eine Gefahr für vorsichtige Anleger.

 **TIPP: WER SCHREIBT, DER BLEIBT**

Bestehen Sie stets auf einem Protokoll – ganz im Sinne des bewährten Juristen-Credo: „Wer schreibt, der bleibt." Schließen Sie keine Geldanlage ab, bevor Sie das Protokoll bekommen haben. Lassen Sie sich nicht mit dummen Ausreden abspeisen. Im Zweifel wechseln Sie die Bank. Ohnehin sollten Sie sich immer von mehreren Geldinstituten Anlagevorschläge machen lassen – und dann in Ruhe abwägen, ob Ihnen ein Konzept passend erscheint.

**Berater unter Druck**

Eine Ursache für die häufig mangelhafte Anlageberatung von Banken sehen Experten in deren Vergütungssystem. Vordergründig bieten die Geldinstitute ihre Beratung gratis an. Doch wenn ein Kunde ein Produkt erwirbt, erhält die Bank eine Abschlussprovision. Später kommen dann noch sogenannte Bestandsprovisionen hinzu, solange der Kunde das Produkt in seinem Depot behält. Es liegt auf der Hand, dass es im Interesse des Beraters ist, möglichst die Produkte zu verkaufen, mit denen die Bank die höchsten Provisionen erzielt.

Auch ist die Versuchung groß, hauseigene Fonds und Zertifikate zu empfehlen. Von ihren Vorgesetzten bekommen viele Berater Vorgaben, wie viele und welche Produkte sie in einer bestimmten Zeit verkaufen müssen. Unter solchen Bedingungen ist es nicht verwunderlich, dass sich in vielen Depots von Privatanlegern Produkte finden, die nicht zu ihren Anlagezielen passen und/oder von schlechter Qualität sind. Machen Sie sich stets bewusst: Bankberatung ist nicht unabhängig – es sei denn es handelt sich um eine Honorarberatung, für die Sie Geld bezahlen müssen.

Banken sind gesetzlich verpflichtet, ihre Provisionen offenzulegen. Dadurch sollen Kunden vor dem Kauf eines Finanzproduktes über mögliche Interessenkonflikte informiert werden. Doch zwei von drei Banken kommen ihrer Transparenzpflicht mehr schlecht als recht nach. Das ergab eine Untersuchung der Verbraucherzentralen. Anleger können Banken auf Schadenersatz verklagen, wenn Provisionen verschwiegen wurden und sich die gekauften Produkte als Verlustbringer entpuppen. Dazu gibt es mittlerweile eine verlässliche Rechtsprechung.

**Verbesserte Produktinformationen – Fehlanzeige**
Die Provisionen müssen auch in den sogenannten Produktinformationsblättern aufgeführt werden, die seit 2011 Pflicht sind. Sie sollen kurz und prägnant über Funktionsweise, Chancen, Risiken und Kosten von Finanzanlagen aufklären. Es gibt sie beispielsweise zu Aktien, Anleihen und Zertifikaten, zu Pfandbriefen und Bundeswertpapieren. Für Investmentfonds heißt das Produktinformationsblatt „Key Investor Document" (KID) beziehungsweise „Wesentliche Anlegerinformation". Es enthält europaweit einheitliche Informationsstandards zu jedem Fonds.

Mit der Einführung der Produktinformationen wollte der Gesetzgeber Anleger dabei unterstützen, Finanzprodukte besser verstehen und beurteilen zu können. Doch wie so häufig hapert es bei der Umsetzung. Verschiedene Untersuchungen und Stichproben zeigen, dass die Informationsblätter ihrem Anspruch nicht gerecht werden. Beispielsweise kritisierte die Finanzaufsicht Bafin ungenaue Beschreibungen von Kosten und Risiken. Zudem sind die Informationsblätter häufig wenig aussagekräftig und in der schwer verständlichen Sprache von Juristen verfasst. Sie enthalten Fachbegriffe und Beschreibungen, die Privatanleger nicht verstehen. Besonders ärgerlich ist: Bereits vor der gesetzlichen Pflicht boten viele Anbieter Informationsblätter an. Sie waren zwar auch schwer verständlich. Aber wegen ihrer Ausführlichkeit nicht selten aussagekräftiger als heute.

Bisweilen gleicht es einer Herkules-Aufgabe, vernünftige Informationen über ein Finanzprodukt zu bekommen. Die Anbieter wollen nur werben und verkaufen. Sie haben kein Interesse, sachlich und vollständig zu informieren. Das kostet nur Geld und ist nicht unbedingt absatzfördernd. Und jede klare Aussage zu einem Produkt birgt die Gefahr, später dafür haftbar gemacht zu werden. Deswegen verfolgen die Produktanbieter und Banken offenkundig die Strategie: Je mehrdeutiger und unklarer die Erklärungen, desto besser. Bevor Sie sich von solchen Spielchen in die Verzweiflung treiben lassen, sehen Sie sich nach alternativen Produkten und Anbietern um. Auswahl gibt es genug.

### FAZIT: INFORMIEREN SIE SICH SELBST
Vertrauen Sie nie blind einem Bankberater. Wenn Sie auf der sicheren Seite sein wollen, kommen Sie nicht umhin, sich selbst ein Bild von den Anlagen zu machen, die sie kaufen. Stecken Sie Ihr Geld nur in Produkte, die Sie verstehen. Mit dieser Maxime befinden Sie sich in guter Gesellschaft: So macht es auch Warren Buffett, einer der erfolgreichsten Investoren weltweit.

> **VERLASSEN SIE SICH NICHT AUF PROGNOSEN!**

## WARUM VORHERSAGEN MEISTENS DANEBENLIEGEN

In den vorhergehenden Kapiteln haben Sie wiederholt gelesen, dass sich Kurse von Wertpapieren ebenso wenig zuverlässig vorhersagen lassen wie beispielsweise das Wirtschaftswachstum und die Inflation. Ihre Entwicklungen hängen von dem Verhalten von Menschen ab und das ist bekanntlich unstet und schwer zu ergründen. Menschliche Entscheidungen werden von einer Vielzahl von Faktoren und Ereignissen beeinflusst, von denen heute noch keiner weiß, dass sie überhaupt stattfinden.

Wirtschaft und Finanzmärkte funktionieren nicht nach verlässlichen Naturgesetzen wie die Physik und die Chemie. Einmal ausgemachte Zusammenhänge zwischen einzelnen Faktoren sind über die Zeit nicht stabil. An der Börse können dieselben Zutaten heute eine andere Reaktion hervorrufen als in der Vergangenheit. Denn Marktdaten lassen sich immer unterschiedlich interpretieren. Sicher ist an den Finanzmärkten nur die Unsicherheit.

**Die meisten Banken sind immer optimistisch**
Dennoch produziert die Finanzindustrie zahllose Prognosen: Zu den Entwicklungen von Zinsen, Aktienkursen, Währungen, Rohstoff- und Immobilienpreisen und vielem mehr. Zum Jahresende veröffentlichen Zeitungen und Magazine gerne die Aktienkursprognosen der wichtigsten Banken zum deutschen Aktienindex Dax. Machen Sie sich mal die Mühe und studieren Sie eine solche Übersicht. Sie werden feststellen, viele Prognosen liegen sehr nah beieinander oder sind sogar identisch. Es gibt meistens einige Ausreißer nach oben und nur sehr wenige nach unten. Zumindest das ist schon fast ein Naturge-

setz, dessen Ursprung in den Geschäftsinteressen der Banken zu suchen ist. Seien Sie ehrlich: Würden Sie einen Aktienfonds kaufen, wenn Ihre Bank fallende Kurse prognostiziert? Eben.

Auf der anderen Seite erregen zu optimistische Vorhersagen schnell den Verdacht, unseriös zu sein. Deshalb sind Banken meistens „verhalten optimistisch". Folgt man ihren Aktien-Prognosen, dann wird fast jedes neue Jahr schwieriger als das vergangene, aber so gut wie immer soll ein Kursplus von 7 bis 9 Prozent drin sein. Mit so einer Prognosestrategie schürt man die Hoffnung der Kunden und lehnt sich gleichzeitig nicht zu weit aus dem Fenster. Liegt man daneben, steht man nicht alleine da. Schließlich hat es die Konkurrenz auch nicht besser gewusst.

Dass dieses Vorgehen schon statistisch blanker Unsinn ist, interessiert offenbar kaum jemand: Zwischen Ende 1948 und Ende 2012 war die Jahresrendite des Dax in 46 von 63 Jahren zweistellig, davon in 13 Jahren negativ. In nur elf Fällen endete das Jahr mit einem einstelligen positiven Ergebnis.

### Auch Börsengurus haben keine übernatürlichen Fähigkeiten

Vergleichen Sie einmal die Dax-Prognosen mit dem tatsächlichen Indexstand zum Jahresende: Die Abweichungen sind in der Regel erheblich. Meistens gibt es einen oder zwei Prognostiker, die einen Treffer landen. Nur: Im nächsten Jahr gelingt ihnen das mit hoher Wahrscheinlichkeit nicht noch einmal. Ein Schuss ins Schwarze ist eher Glückssache als auf die Fähigkeiten eines Analysten zurückzuführen.

Wem einmal eine spektakuläre Vorhersage glückt, wird von den Medien zum „Börsenguru", „Star-Ökonomen", zur „Investmentlegende" oder Ähnlichem stilisiert. Doch auch diese vermeintlichen Super-Prognostiker wissen es nicht besser als die anderen. Sie können ihre Erfolge in der Regel nicht wiederholen. Eines der jüngsten Beispiele ist der Ökonom Nouriel Roubini. Ihm wird nachgesagt, die Finanzkrise, die kaum jemand kommen sah, richtig vorhergesagt zu haben. In den folgenden Jahren lag er mit seinen Prognosen aber häufig daneben.

Natürlich stellt sich die Frage, warum das Prognose-Theater jedes Jahr aufs Neue aufgeführt wird, wenn Vorhersagen derartig unzuverlässig sind. Hier liefert das unumstößliche Gesetz von Angebot und Nachfrage eine mögliche Antwort: Offenbar sind den meisten Anlegern schlechte Prognosen lieber als gar keine.

 **FAZIT: NIEMAND KENNT DIE ZUKUNFT**

Stützen Sie Anlageentscheidungen nicht auf schnelllebige und interessengeleitete Finanzmarkt-Prognosen. Bisher konnten sich Anleger darauf verlassen, dass zumindest langfristig die Aktienkurse der Gewinnentwicklung der Unternehmen folgen. Über lange Zeiträume betrachtet sind Aktienpreise demnach kein Zufall.

# ACHTEN SIE AUF DIE KOSTEN!

## WER ZU VIEL ZAHLT, SCHMÄLERT SEINE RENDITE

Wenn Sie eine Aktie, Anleihe oder einen Fonds kaufen, fallen wie in den vorhergehenden Kapiteln beschrieben Transaktionskosten an. Auch der Staat hält die Hand auf und erhebt auf Zinserträge und Kursgewinne Steuern. Hohe Kosten können die Rendite Ihrer Geldanlagen spürbar schmälern. Andersherum sind gesparte Kosten ein sicherer Weg für vorsichtige Anleger, ihre Erträge zu steigern. Es lohnt sich deswegen, die Kosten bei der Auswahl der Bank im Blick zu behalten. Denn abhängig von der Depotgröße und dem Handelsvolumen können Sie viel Geld sparen, wenn Sie Ihr Depot bei einer preisgünstigen Bank einrichten. Grundsätzlich sind Onlinedepots, mit denen Sie Ihre Käufe und Verkäufe selbst am heimischen Computer abwickeln, erheblich preiswerter als Depots bei Filialbanken, wo Ihnen bei Bedarf ein Berater bei Ihren Transaktionen zur Seite steht.

### Extreme Preisunterschiede

Wie groß die Preisunterschiede sind, legt eine Finanztest-Untersuchung der Depotkosten von 44 Anbietern für zwei Modellkunden offen. Bei den Filialbanken betrug die Differenz rund 500 Euro zwischen den teuersten und den preisgünstigsten Anbietern. Für ein mittelgroßes Depot von 30 200 Euro und 18 Wertpapierorders pro Jahr (Ordergrößen 2 500 und 5 100 Euro) verlangte die Postbank (Depot Easytrade) 452 Euro. Bei der Konkurrenz mit dem höchsten Preis kostete das Depot 970 Euro. Noch steiler ist das Gefälle, wenn Sie Ihre Wertpapiere nicht in einer Filialbank bei einem Berater ordern, sondern ausschließlich über das Internet. Die günstigste Onlinelösung, die der Onlinebroker Flatex bot, kostete lediglich 90 Euro für das oben skizzierte Depot – eine Differenz von 880 Euro im Vergleich zur teuersten Filialbank. Bezogen auf den Depotwert entspricht das einem Renditeunterschied von fast 3 Prozent. Alle Testergebnisse finden Sie im Detail unter www.test.de/depot.

Nicht berücksichtigt sind in diesem Vergleich die Kosten, die jeder Kunde unabhängig von seiner Bank zahlen muss. Dazu gehören Entgelte für den Makler und die Börsenplatzgebühr, die an die ausführende Börse geht. Solche „Entgelte Dritter" reicht die Bank einfach weiter.

Die Bank kassiert Provisionen dafür, dass sie die Kundenaufträge an die Börse weiterleitet. Sie machen den Hauptteil der Kosten aus, die ein Kunde für seine Wertpapiergeschäfte zahlt. Die pauschalen Kosten für das Depot selbst, das viele Onlinebroker und Direktbanken ohnehin gratis führen, fallen umso weniger ins Gewicht, je mehr Sie handeln.

**Flexible Depots mit Beratung nach Bedarf**

Um zu sparen, müssen Sie aber nicht unbedingt von einer Filial- zu einer Onlinebank wechseln. Filialbankkunden können oft bei jedem Auftrag zwischen Service und Selbstbedienung wählen. Wenn sie sich in ihrer Filiale beraten lassen, zahlen sie für die Wertpapierorder einen höheren Preis als für eine Transaktion, die sie selbst am heimischen Computer ausführen. Die Eigeninitiative bringt spürbare Ersparnisse: Ein Kunde der Postbank mit dem 30 200-Euro-Modelldepot kann mehr als 200 Euro, ein Kunde der Targobank sogar rund 450 Euro pro Jahr sparen.

Die Wahlmöglichkeit zwischen einer Filial- und einer Onlineorder ist ideal für Anleger, die nur ab und zu eine Beratung brauchen. Haben sie Beratungsbedarf, gehen sie in die Filiale und zahlen eine höhere Provision. Wollen sie einfach nur eine ganz bestimmte Aktie kaufen, tun sie das online und müssen dafür nur die niedrigere Provision zahlen. Weniger flexible Filial-

### TIPP Sparen beim Fondskauf

Banker empfehlen gerne den Fondskauf bei Fondsgesellschaften, damit sie die dann fälligen Ausgabeaufschläge von bis zu 6 Prozent kassieren können. Hauseigene Fonds werden meist günstiger verkauft. Gewährt ein Berater nicht mindestens 50 Prozent Rabatt auf den Ausgabeaufschlag, sollten Kunden über die Börse kaufen. Hier sind nur rund 1 Prozent Provision üblich. Weist der Kunde den Berater an, das Geschäft direkt an die Börse zu geben, ist der Berater nach der Anlegerschutzrichtlinie Mifid dazu verpflichtet. Der Berater muss zudem den Börsenplatz wählen, bei dem das Wertpapier am günstigsten zu haben ist.

banken verlangen allerdings, dass sich ihre Kunden zwischen einem Beratungs- und einem Onlinedepot entscheiden.

**So sicher sind Wertpapierdepots**
Auch wenn eine Bank pleitegeht, müssen sich Kunden um ihre Wertpapierdepots keine Sorgen machen. Die dort lagernden Wertpapiere sind sicher, weil sie den Kunden gehören. Sie gelten als „Sondervermögen", das vom Vermögen der depotführenden Bank getrennt ist. Die Gläubiger der Bank haben auf die Papiere der Kunden keinen Zugriff.

Es kann allerdings sein, dass Wertpapiere eine Zeit lang nicht gehandelt werden können. Denn nach einer Insolvenz verbietet die Bundesanstalt für Finanzdienstleistungsaufsicht (Bafin) den Instituten, einzelne Aufträge auszuführen. Kommt es in dieser Zeit zu Kurseinbrüchen, können Anleger nicht reagieren. Es bleibt ihnen nur, ihr Depot komplett auf eine andere Bank zu übertragen. Das kann einige Wochen dauern.

**Viele Transaktionen, wenig Rendite**
Manche Anleger versuchen, besser abzuschneiden als der Markt, indem sie häufig ihr Depot umschichten – immer auf der Suche nach der ultimativen Renditerakete. Doch nach Abzug der Handelskosten gelingt es Privatanlegern kaum, den Markt zu schlagen, wie Studien zeigen. Je höher ihr Handelsvolumen war, desto niedriger fielen die Renditen aus. Das belegt, welche Bedeutung die Kosten haben.

Die Finanzindustrie versucht Sie regelmäßig dazu zu animieren, die Pferde zu wechseln. Alle paar Wochen werden neue „Megatrends" ausgerufen, denen Sie unbedingt folgen sollen. Manche Anleger lassen sich von hohen Renditeerwartungen verführen und schichten ihre Wertpapiere öfter um. Das lieben Banken. Je häufiger Sie kaufen und verkaufen, umso mehr verdienen die Geldinstitute – aber nicht unbedingt Sie. Sie haben hohe Transaktionskosten und es ist alles andere als sicher, dass Sie mit der neuen Anlage besser abschneiden als mit der alten. „Hin und her, Taschen leer", lautet deshalb eine alte Börsenweisheit.

Es bringt in der Regel wenig, irgendwelchen Trends hinterherzulaufen. Meistens sind sie ohnehin schon fast wieder vorbei, wenn Banken und Fondsgesellschaften sie ernennen und entsprechende Anlageprodukte auf den Markt bringen. Mit einem gut gestreuten Portfolio über verschiedene Anlagen und Anlageklassen liegen Sie immer richtig und müssen nicht ständig umschichten (siehe auch Seite 121).

**FAZIT: MACHEN SIE EINEN KOSTENCHECK**
Wenn Sie bereits ein Depot besitzen, lohnt sich eine Überprüfung der jährlichen Kosten und ein Vergleich mit anderen Anbietern. Die Depotbank zu wechseln, ist kein Problem (siehe Checkliste).

## SO WECHSELN SIE EINFACH UND SCHNELL DAS DEPOT

✓ **Auswahl:** Überlegen Sie, wie und in welchem Umfang Sie Ihr Depot nutzen wollen. Wenn Sie Hilfe bei Ihren Wertpapiergeschäften brauchen, sollten Sie Ihr Depot bei einer Filialbank führen. Benötigen Sie hingegen nur gelegentlich Rat und handeln sonst telefonisch oder über das Internet, wählen Sie eine Bank, die alle drei Handelswege anbietet. Wollen Sie ausschließlich über das Internet handeln, sollten Sie Ihr Depot am besten bei einem Onlinebroker oder einer Direktbank eröffnen.

✓ **Eröffnung:** Zur Eröffnung eines Onlinedepots müssen Sie ein Formular ausfüllen, das Sie bei den meisten Banken aus dem Internet herunterladen können. Sobald Sie eine Depotnummer haben, können Sie auch das Formular zum Depotübertrag herunterladen und es an die neue Bank abschicken.

✓ **Kosten:** Der Übertrag einzelner Wertpapiere oder eines ganzen Depots ist kostenlos. Kosten Dritter reichen Banken aber weiter. Sie verwahren die Wertpapiere ihrer Kunden bei einer Verwahrstelle, zum Beispiel der Wertpapiersammelbank Clearstream Banking AG. Die Kosten, die solchen Verwahrstellen für das Umschreiben des Depots entstehen, stellen sie den Banken in Rechnung und diese dürfen sie an den Anleger weiterreichen. In der Praxis machen dies die Banken normalerweise nur bei ausländischen Wertpapieren.

✓ **Fondsanteile:** Zu vielen Banken können Sie nur Fondsanteile in ganzen Stücken übertragen. Informieren Sie sich vor dem Übertrag, ob Sie sich um den Verkauf der Bruchstücke im alten Depot kümmern müssen. Wie die Bank das handhabt, steht häufig im Formular zum Depotübertrag.

✓ **Abgeltungsteuer:** Alle Steuerdaten werden inzwischen beim Depotübertrag automatisch übermittelt. Es gibt also keine Schwierigkeiten, nach einem Depotwechsel zu beweisen, welche Wertpapiere Bestandsschutz genießen, weil sie vor Einführung der Abgeltungsteuer gekauft wurden.

✓ **Auflösung:** Ihr altes Depot wird nicht automatisch gelöscht, nur weil es leer ist. Sie müssen sich um die Auflösung kümmern, weil ansonsten weitere Depotgebühren anfallen können. Einige Banken bieten mit dem Depotübertrag gleichzeitig an, für die Schließung Ihres alten Depots zu sorgen. Sie veranlassen dann auch den Verkauf der Bruchstücke.

✓ **Übertragung:** Der Depotübertrag kann zwischen wenigen Tagen und mehreren Wochen dauern. In dieser Zeit können Sie nicht über die Papiere verfügen.

# ERWARTEN SIE KEINE GESCHENKE!

## HÖHERE RENDITEN BEDEUTEN HÖHERE RISIKEN

Wenn es irgendwo etwas gratis gibt, zum Beispiel Bier, ist der Andrang meistens groß. Es dauert nicht lange, bis das Freikontingent ausgetrunken ist. Dann kostet das Bier wieder Geld und plötzlich ist der Durst nicht mehr so groß. Was bei Stadtfesten und anderen Feiern beobachtet werden kann, gilt noch viel mehr an den Finanzmärkten, wo heute Transaktionen rund um den Erdball in Bruchteilen von Sekunden mit einem Mausklick getätigt werden. Gäbe es irgendwo eine risikolose Extrarendite, würde sich umgehend eine Heerschar von internationalen Investoren auf dieses Gratis-Angebot stürzen. Die sichere Extrarendite wäre viel schneller weg als routinierte Festbesucher Bier trinken können.

Stellen Sie sich der Einfachheit halber vor, an einer Börse würden zwei Anleihen mit derselben Sicherheit und Laufzeit notieren. Die eine bietet 2 Prozent und die andere 3 Prozent Rendite. Anleger würden natürlich ausschließlich die Anleihe mit der höheren Rendite kaufen. Dadurch wird sie teurer. Ihr Kurs steigt, bis die Rendite auf 2 Prozent gesunken ist und die Nachfrage wieder auf das normale Niveau zurückgeht.

**Bei lukrativen Angeboten ist Skepsis angesagt**
In der Realität kommt es gar nicht erst zu großen Preisdifferenzen wie in dem fiktiven Beispiel. Der Markt – das sind Hunderttausende Anleger und Händler – sorgt im Millisekundentakt dafür, dass es nichts geschenkt gibt. Wenn Ihnen beispielsweise eine Anleihe angeboten wird, die eine höhere Rendite bietet als eine sichere Staatsanleihe mit derselben Laufzeit, dann

## Das magische Dreieck der Geldanlage

**Rendite**
Wie hoch ist der mögliche Wertzuwachs?

**Sicherheit**
Wie hoch sind die Risiken der Anlage?

**Verfügbarkeit**
Wie leicht lässt sich die Anlage zu Bargeld machen?

ist dieses Wertpapier auch riskanter. Das gilt ebenso, wenn Banken mit Finanzprodukten locken, die sie als renditestark und gleichzeitig sicher anpreisen. Solchen Offerten sollten vorsichtige Anleger mit einem besonderen Misstrauen begegnen und sie genauestens hinterfragen. Sind die Zinsen tatsächlich so sicher wie die Werbung behauptet oder sind sie an Bedingungen geknüpft? Denn bessere Ertragschancen stehen grundsätzlich immer größeren Risiken gegenüber und/oder einer geringeren Verfügbarkeit. Im Zweifel sollten Sie lieber die Finger von besonders lukrativ erscheinenden Angeboten lassen und sich mit einer alten Spieler-Weisheit trösten: Die Bank gewinnt immer!

Geldanleger bewegen sich immer in einem Spannungsfeld aus Rendite, Sicherheit und Verfügbarkeit. Man spricht vom „magischen Dreieck der Geldanlage". Die Kernaussage: Das, was sich jeder Anleger wünscht, nämlich eine hohe Rendite, maximale Sicherheit und tägliche Verfügbarkeit, ist nicht gleichzeitig zu haben – leider. Wollen Sie etwas mehr von dem einen, müssen Sie etwas von dem anderen aufgeben.

Beispiel: Bargeld auf einem Girokonto. Es ist von der Einlagensicherung geschützt und jederzeit verfügbar. Zinsen gibt es dafür aber meist keine. Kapital auf einem Tagesgeldkonto ist ebenso sicher. Doch dafür gibt es Zinsen. Allerdings können Sie nicht sofort an Ihr Geld heran. Bevor Sie Tagesgeld ausgeben können, müssen Sie es erst auf ein Girokonto überweisen (siehe Seite 19). Das kann ein bis zwei Tage dauern.

### Ausnahmen von der Regel

Doch scheinbar gibt es Ausnahmen von der Regel: 2012 waren etwa die Zinsen für Tagesgeld bei guten Anbietern zeitweise deutlich höher als die Rendite von deutschen Staatsanleihen mit zehnjähriger Laufzeit. Die Anleihe ist ähnlich sicher wie das Tagesgeld, wenn man sie bis zur Fälligkeit hält. Das Kapital steht aber über einen langen Zeitraum nicht zur Verfügung. Natürlich kann der Anleger die Anleihe auch vorher verkaufen. Dann hat er aber Kursrisiken.

Laut dem magischen Dreieck müsste die Anleiherendite eigentlich höher sein als die für Tagesgeld, weil das Geld länger gebunden ist. Aber diese Betrachtungsweise hat nur aus der Perspektive von Privatanlegern bestand. Stellen Sie sich dagegen einen der vielen Großinvestoren vor, etwa einen Pensionsfonds, der Milliarden Euro sicher anlegen muss. Solche Summen sind nicht einmal von der deutschen Einlagensicherung gedeckt. Da manche Banken nach wie vor auf wackeligen Füßen standen und die Stabilität einzelner Geldinstitute schwer einzuschätzen war, erschienen Staatsanleihen aus der Sicht von Großinvestoren sicherer als Bankeinlagen – ein Renditeabschlag war somit gerechtfertigt.

**Bequemlichkeit der Anleger sorgt für Zinsgefälle**
Warum es bei vergleichbaren Tagesgeld- und Festgeldangeboten unterschiedliche Konditionen gibt, haben wir auf Seite 19 erläutert. Folgt man der oben skizzierten ökonomischen Markttheorie, müssten sich alle Anleger auf das beste Angebot stürzen. Wenn die Bank dann genug Einlagen eingesammelt hat, sollten sich die Konditionen wieder verschlechtern. In der Praxis ist das tatsächlich manchmal der Fall. Es kommt auch vor, dass Banken keine neuen Einlagen mehr annehmen. Nichtsdestotrotz bieten manche Kreditinstitute langfristig bessere Konditionen als andere. Dass sie nicht von Anlegern überrannt werden, dürfte an deren Bequemlichkeit liegen. Zwar wechseln viele das Tagesgeldkonto, wenn es anderswo bessere Konditionen gibt. Ebenso vielen ist aber der Aufwand zu lästig. Deswegen bleibt es bei dem gewissen Gefälle für Zinsangebote mit gleicher Sicherheit und Anlagedauer.

 **FAZIT: SPEKULIEREN SIE NICHT AUF FREIBIER**
Wenn bessere Konditionen zu gleichen Bedingungen zu haben sind, sollten Sie sie nutzen. In aller Regel gibt es an den Finanzmärkten aber kein Freibier. Seien Sie also auf der Hut, wenn eine Anlage besonders attraktiv erscheint. Meist entpuppt sie sich als Mogelpackung und hat mehr als einen Haken.

# BEGRENZEN SIE IHR RISIKO!

## EINE GUTE MISCHUNG IST PFLICHT

Dass es keine gute Idee ist, sein ganzes Geld auf ein einzelnes Wertpapier zu setzen, leuchtet jedem intuitiv ein. Kaufen Sie zum Beispiel nur Aktien eines Unternehmens, ist Ihr Geld weg, wenn es pleitegeht. Verteilen Sie Ihr Kapital dagegen auf eine Vielzahl von Konzernen, ist ein Zahlungsausfall relativ problemlos zu verkraften. Auch Wertschwankungen werden so reduziert. Fachleute nennen das Diversifikation. Einige der Aktien werden während eines Aufschwungs gut laufen, andere schlechter. Gewinne und Verluste rechnen sich gegeneinander auf, sodass die Durchschnittsrendite des gesamten Portfolios weniger schwankt als die einzelner Aktien.

Mit einem Blick auf einen Aktienindex wie den deutschen Dax können Sie sich das verdeutlichen. Er enthält die Aktien von 30 Großkonzernen. Jeden Tag entwickeln sich ihre Kurse unterschiedlich. Manche Papiere schwanken vielleicht gerade um 1 bis 2 Prozent nach oben oder unten, andere bewegen sich kaum. Die Schwankung des gesamten Index wird irgendwo in der Mitte liegen. Klar, wenn Sie mit Sicherheit vorhersehen könnten, welcher der 30 Dax-Werte künftig die höchsten Kursgewinne erzielen wird, wäre es vorteilhafter, nur auf dieses Papier zu setzen. Weil das aber niemand weiß und Sie genau die Aktie erwischen könnten, die den größten Verlust einfährt, ist es sicherer, viele Titel oder einen Fonds zu kaufen und sich mit einem durchschnittlichen Ergebnis zu begnügen. In guten Zeiten bedeutet das einen geringeren Gewinn als die Spitzenwerte, in schlechten Zeiten einen geringeren Verlust als die größten Verlierer im Portfolio.

**Über verschiedene Anlageklassen streuen**
Anleger sollten Ihr Kapital aber nicht nur innerhalb einer Anlageklasse verteilen, die gleichartige Wertpapiere oder Vermögenswerte, beispielsweise Aktien, Anleihen oder Immobilien, umfasst. Um das Risiko in einem Portfolio noch weiter zu senken, wird das Vermögen zusätzlich über verschiedene Anlageklassen gestreut. Ein zweiter Blick auf das oben ausgeführte Beispiel mit Aktien verdeutlicht, was das bringen soll: Der Kauf verschiedener Aktien reduziert nur das sogenannte Unternehmensrisiko. Dahinter verbergen sich individuelle Faktoren, die den Börsenkurs eines einzelnen Konzerns beeinflussen wie etwa die Kompetenz des Managements. Es gibt aber auch sogenannte Marktrisiken, denen sich kaum ein Unternehmen entziehen kann. Dazu zählen die Zinspolitik der Notenbanken und die Risikobereitschaft der Anleger (siehe Seite 63). Wollen sie aus Angst vor Verlusten generell keine Aktien kaufen, fallen fast alle Kurse, unabhängig davon, wie großartig eine Firma geführt wird.

Vor solchen allgemeinen Marktrisiken kann die Diversifikation über verschiedene Anlageklassen schützen. Zwischen ihnen soll möglichst gar keine oder eine negative Beziehung bestehen. Das heißt, wenn eine Anlageklasse fällt, sollten die anderen nicht auch im Gleichschritt sinken. Das ist beispielsweise häufig zwischen Aktien und Staatsanleihen zu beobachten: Sind Aktien gerade out, werden Staatsanleihen umso stärker nachgefragt. Ihr Kursanstieg bremst die Verluste am Aktienmarkt.

Die Beziehung zwischen zwei Anlageklassen wird statistisch mit Hilfe der Kor-

## SO KORRELIEREN VERSCHIEDENE ANLAGEKLASSEN

|  | Aktien Welt[1] | Aktien Europa[2] | Aktien Emerging Markets[3] | Gold | Staatsanleihen Europa[4] | Deutsche Staatsanleihen[5] |
|---|---|---|---|---|---|---|
| Aktien Welt | 1,00 | 0,92 | 0,79 | 0,10 | 0,08 | –0,18 |
| Aktien Europa | 0,92 | 1,00 | 0,75 | –0,02 | 0,03 | –0,22 |
| Aktien Emerging Markets | 0,79 | 0,75 | 1,00 | 0,19 | 0,01 | –0,20 |
| Gold | 0,10 | –0,02 | 0,19 | 1,00 | 0,17 | 0,13 |
| Staatsanleihen Europa | 0,08 | 0,03 | 0,01 | 0,17 | 1,00 | 0,76 |
| Deutsche Staatsanleihen | –0,18 | –0,22 | –0,20 | 0,13 | 0,76 | 1,00 |

1) MSCI Welt; 2) MSCI Europa; 3) MSCI Emerging Markets; 4) WGBI EU; 5) REX all.
Quelle: Thomson Reuters Datastream; Zeitraum: 31. Mai 1993 bis 31. Mai 2013

relation gemessen. Sie kann Werte zwischen −1 und 1 annehmen.

Bei einem Wert von 1 befinden sich zwei Anlageklassen im Gleichlauf. Bei Werten nahe null entwickeln sie sich unabhängig voneinander. Negative Werte bedeuten, dass eine Anlageklasse steigt, während die andere fällt – und umgekehrt. Dieser negative Zusammenhang ist bei −1 am stärksten. Die Tabelle links zeigt, wie sich verschiedene Anlageklassen in den vergangenen 30 Jahren im Schnitt untereinander verhalten haben. Aber: Korrelationen sind nicht stabil. Auch sie schwanken über die Zeit teils kräftig.

**Grenzen der Diversifikation**

Institutionelle Großinvestoren verteilen ihr Vermögen über viele Anlageklassen. Neben Aktien, Anleihen und Immobilien setzen sie auch auf sogenannte alternative Investments wie Rohstoffe, Wald, Ackerland, direkte Unternehmensbeteiligungen (Private Equity) und Hedgefonds-Strategien. Das Ziel: Maximale Erträge bei minimalem Risiko. Als Großmeister der strategischen Vermögensaufteilung gilt David Swensen. Der Anlageexperte verwaltet seit 1985 das Stiftungskapital der amerikanischen Yale-Universität. Bis 2008 erwirtschaftete er mit einer ausgefeilten Diversifikationsstrategie eine jährliche Durchschnittsrendite von rund 17 Prozent. Sogar den Aktien-Crash nach dem Platzen der Internetblase zu Beginn des neuen Jahrtausends überstand er ohne größere Blessuren. Seitdem feiern ihn Medien als „Superinvestor".

Doch 2008 erlitt selbst Swensen Schiffbruch. Er verlor rund 25 Prozent des Stiftungskapitals. Auch sein Diversifikationskonzept funktioniert nur, solange sich die einzelnen Anlageklassen weitgehend unabhängig voneinander entwickeln. Aber die jüngste Finanzkrise zog fast alle Vermögenswerte nach unten. So fielen Aktien und Rohstoffe plötzlich um die Wette. Während der Internetkrise Anfang des neuen Jahrtausends waren Rohstoffe gestiegen, als Aktien abstürzten.

Von den Anlageklassen, die jedem Privatanleger zugänglich sind, stiegen 2008 nur sichere Staatsanleihen (von denen die meisten Banken und Vermögensverwalter 2007 wegen niedriger Zinsen dringend abgeraten hatten) und einige Währungen. Gold gab zuvor erzielte Gewinne ab und beendete das Jahr mit einem kleinen Plus.

Gerade in Krisen, wenn Anleger eine effektive Risikostreuung am dringendsten benötigen, stößt das Konzept an seine Grenzen. Denn dann heißt es an den Märkten „Alles muss raus" – und die meisten Anlageklassen sinken im Gleichlauf.

**FAZIT: NICHTS IST PERFEKT**

Eine Vermögensaufteilung, die immer Gewinne und niemals Verluste produziert, gibt es nicht. Nichtsdestotrotz kann eine gute Risikostreuung helfen, Verluste zu bremsen. Sie ist deshalb Pflicht. Das Vermögen sollte über verschiedene Anlageklassen und eine Vielzahl von Wertpapieren verteilt werden.

# KONTROLLIEREN SIE IHRE ANLAGEN REGELMÄSSIG!

## SCHLECHTE PRODUKTE SOLLTEN SIE AUSTAUSCHEN

Wenn Sie sich für eine Vermögensaufteilung entsprechend Ihrer Risikoneigung entschieden und passende Anlageprodukte ausgewählt haben, können Sie sich erst einmal bequem zurücklehnen. Ein wohlüberlegt strukturiertes Depot braucht nicht mehr allzu viel Pflege. Allerdings wuchert es mit der Zeit wie eine Zimmerpflanze. Deswegen sollten Sie auch Ihr Depot ab und zu zurückschneiden. Der Grund ist eine sehr wahrscheinliche Verschiebung der Gewichte einzelner Anlageklassen.

Angenommen Sie haben sich für eine Mischung aus 20 Prozent Aktienfonds, 40 Prozent Rentenfonds und 40 Prozent Tages- und Festgeld entschieden. Nach einem hervorragenden Aktienjahr sind ihre Fonds um 15 Prozent gestiegen. Die Anleihekurse gaben leicht nach, sodass die Rentenfonds unter dem Strich nur um 1 Prozent zulegten, die Bankeinlagen wuchsen um 2,5 Prozent. Wie sieht nun die Depotstruktur aus? Der kräftig gestiegene Aktienanteil macht nun 22 Prozent aus und die sicheren Anlagen nur noch 78 Prozent. Das sind noch keine dramatischen Verschiebungen. Aber vielleicht laufen Aktien im darauffolgenden Jahr wieder überdurchschnittlich, wodurch der riskante Depotanteil weiter zunehmen würde.

### Antizyklische Strategie als Nebeneffekt

Wenn sich Ihr Risikoprofil nicht geändert hat, sollten Sie das Beispieldepot auf seine ursprünglichen Gewichte zurücksetzen. Fachleute nennen das „Rebalancing". Sie verkaufen Aktienfondsanteile und kaufen für das Geld sichere Anlagen. Wenn Sie das von Zeit zu Zeit machen, verfolgen Sie

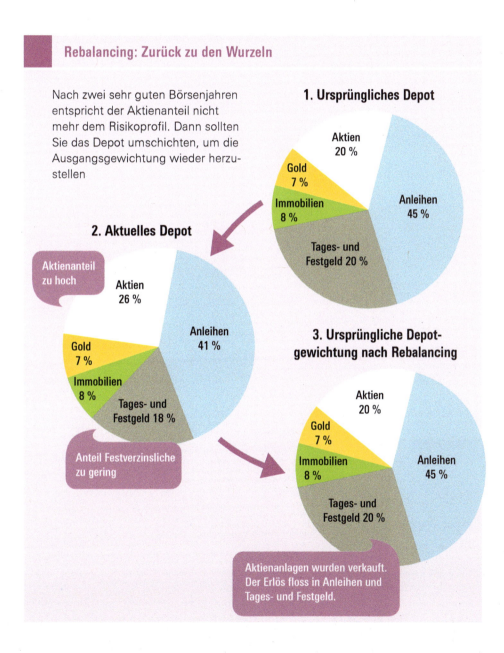

automatisch eine antizyklische Strategie: Sie verkaufen Anlagen die gut gelaufen sind und inzwischen vielleicht schon teuer erscheinen, und kaufen welche, die sich schlechter entwickelten und nun zu günstigen Preisen angeboten werden. Antizyklisch zu investieren kann die Depotrendite durchaus verbessern. Natürlich sollten Sie auch hier auf die Transaktionskosten achten. Für kleine Beträge lohnen sich keine Umschichtungen.

**Regelmäßiger Produkt-Check**
Es ist außerdem ratsam, sich immer wieder davon zu überzeugen, dass die anfangs ausgewählten Anlagen in ihrer Vergleichsgruppe noch zu den besten zählen. Möglicherweise bieten inzwischen andere Banken höhere Fest- und Tagesgeldzinsen. Finanztest liefert in jeder Ausgabe einen aktuellen Überblick über die besten Angebote, die Sie auch im Internet unter www.test.de/zinsen für jeweils 2 Euro abrufen können.

Zudem müssen aktiv verwaltete Fonds unter die Lupe genommen werden. Denn sie können im Vergleich zur Konkurrenz zurückfallen. Mit dem kostenlosen Fondsfinder von Finanztest können Anleger im Internet herausfinden, wie gut ihr Fonds dasteht (www.test.de/fondsfinder). Die Datenbank enthält Angaben zur Wertentwicklung und Platzierung von mehr als 10 000 aktiv gemanagten Fonds und ETF. Wenn ein Fonds nicht mehr zu den Spitzenfonds zählt, ist das kein Beinbruch. Sie können ihn behalten, solange er über fünf Jahre eine bessere Wertentwicklung als der jeweilige Referenzfonds hat. Liegt ein Fonds hinter dem Referenzfonds zurück, sollten Sie ihn austauschen. Die besten Fonds im Dauertest finden Sie in jeder aktuellen Ausgabe von Finanztest oder im Internet unter www.test.de/fonds.

**Auch den Ausstieg im Auge behalten**
Für die wenigsten ist Geldanlage Selbstzweck. Die meisten wollen ihre Anlagen irgendwann versilbern und das Vermögen für das einsetzen, wofür sie es aufgebaut haben, etwa für das Studium der Kinder oder den Kauf eines Einfamilienhauses. Damit alles klappt wie geplant, sollten Sie auch frühzeitig über den Ausstieg nachdenken. Denn so wie der Einstiegszeitpunkt kann auch der Ausstiegstermin die Rendite merklich beeinflussen. Es ist ein erheblicher Nachteil, wenn Sie gerade dann Ihr Depot auflösen müssen, wenn die Aktienmärkte am Boden liegen. Deswegen kann es sinnvoll sein, den riskanten Portfolioanteil einige Jahre vor dem Ausstiegszeitpunkt schrittweise zu reduzieren und in sichere Anlagen umzuschichten.

Sie können Ihre Aktienfonds auch vollständig vorzeitig abstoßen, wenn die Börsen heiß laufen wie etwa in den Jahren 1999 und Anfang 2000. Indizien für eine solche Entwicklung sind:
**1** Aktienindizes haben neue Höchststände erreicht, Kurse schnellen weiter nach oben.
**2** Die Stimmung an den Aktienmärkten ist optimistisch bis euphorisch.

3 Banken bieten massiv Fonds oder Zertifikate auf bestimmte Branchen oder Trends an.
4 Firmen erzielen Rekorde bei Umsätzen und Gewinnen. Ursprüngliche Prognosen werden immer öfter angehoben.
5 Bewertungskennzahlen wie KGV und KBV zeigen eine deutliche Überbewertung an (siehe Seite 66). Börsengurus erklären diese traditionellen Maßstäbe für überholt.

Natürlich können anhand dieser Kriterien nicht mit Sicherheit Umkehrpunkte an den Börsen bestimmt werden (siehe Prognosen). Aber sie können helfen, zumindest in der Nähe eines Hochs zu verkaufen.

### FAZIT: ANLAGEN-CHECK NICHT VERSCHIEBEN

Finanztest rät, das Depot ein- bis zweimal pro Jahr auf den Prüfstand zu stellen. Schieben Sie diese Aufgabe nicht vor sich her, auch wenn Sie sie als lästig empfinden. Das kann Sie viel Geld kosten. Am besten tragen Sie die Termine lange im Voraus in einen elektronischen Kalender auf Ihrem Mobiltelefon oder Computer ein. In der Zwischenzeit kann es nicht schaden, hin und wieder einen Blick in die Wirtschafts- und Finanzteile von Zeitungen zu werfen, um die Stimmung in der Wirtschaft und an den Börsen im Auge zu behalten.

# KRISENFESTE DEPOTS FÜR VORSICHTIGE

Im vorhergehenden Kapitel haben Sie gelesen, welche Vorteile es hat, das Vermögen über mehrere Anlageklassen zu verteilen und so die Risiken zu senken. Jetzt wird es konkret: Auf den folgenden Seiten stellen wir Ihnen Depotmischungen vor, die ein hohes Maß an Sicherheit bieten, auch wenn es an den Finanzmärkten kracht. Sie können die für Sie passende Strategie auswählen und Ihr Depot ohne großen Aufwand danach ausrichten.

## SICHER VOR VERLUSTEN: DAS GARANTIEDEPOT

Je stärker die Aktienmärkte schwanken, desto mehr sehnen sich Anleger nach Sicherheit. Banken und Fondsgesellschaften nutzen solche Phasen gerne, um sogenannte Garantiefonds zu platzieren. Sie versprechen einen weitgehenden Erhalt des eingesetzten Kapitals. Das klingt gut, hat aber einen entscheidenden Haken: Die Renditen müssen Sie mit der Lupe suchen. Berechnungen von Finanztest belegen, dass Anleger, die auf Nummer sicher gehen wollen, fast immer besser fahren, wenn sie sich ihr eigenes Garantiedepot zusammenbauen. Das ist viel einfacher und kostet weniger Zeit, als man meint.

### Sicherheit und Renditechancen

Mit einem solchen Depot schlagen Sie zwei Fliegen mit einer Klappe: Sie erleiden keine Verluste und haben gleichzeitig die Chance auf eine Rendite, die über der von sicheren festverzinslichen Anlagen liegt. Diese bilden das Fundament eines Garantiedepots und werden mit Aktienfonds kombiniert. Für den festverzinsten Depotanteil kommen Festgelder, Sparbriefe und sichere Bundesanleihen in Frage. Nehmen Sie die Anlageform, die den höchsten Zins bietet. Rentenfonds auf Euro-Basis sind weniger geeignet, weil es für sie keinen festen Rückzahlungstermin gibt und ihre Kurse schwanken.

Der Aktienanteil sollte aus breit gestreuten Fonds bestehen, die international oder europaweit in verschiedene Branchen und Länder investieren. Empfehlenswert sind entsprechende Indexfonds (ETF). Eine Auswahl finden Sie ab Seite 162.

## Das Grundprinzip

Am einfachsten lässt sich ein Garantiedepot konstruieren, wenn Sie einen bestimmten Betrag für einen festgelegten Zeitraum investieren wollen. Sie legen dann genau so viel Geld festverzinst an, dass Sie am Ende zumindest die anfangs eingesetzte Summe zurückbekommen. Der Rest des Geldes fließt in Aktienfonds. Je länger die Anlagedauer und je höher der Zins, desto größer ist der Aktienanteil in einem Garantiedepot.

Beispiel: 20 000 Euro sollen in einem Garantiedepot angelegt werden. Die Laufzeit beträgt fünf Jahre und der erzielbare Festgeldzins 2,5 Prozent. Um bei einem Zinssatz von 2,5 Prozent nach fünf Jahren 20 000 Euro zu erhalten, müssen 17 778 Euro als Festgeld angelegt werden. Weil nicht sicher ist, zu welchem Zins die jährlichen Zinserträge wieder angelegt werden können, sind hierbei Zinseszinseffekte nicht berücksichtigt. Für die restlichen 2 222 Euro kauft der Anleger einen internationalen Aktienindexfonds. Das entspricht einem Depotanteil von zirka 11 Prozent. Selbst wenn in diesem Fonds alle Firmen pleitegingen und es zu einem Totalverlust käme, was mehr als unwahrscheinlich ist, bliebe der ursprüngliche Anlagebetrag nach fünf Jahren erhalten.

Je nachdem wie der Aktienfonds am Ende abschneidet, fällt die Garantiedepot-Rendite aus. Im Durchschnitt war sie nach Berechnungen von Finanztest in den vergangenen 40 Jahren im Vergleich zu einer reinen Festzinsanlage höher. Das heißt, es war wahrscheinlicher, mit einem Garantiedepot besser dazustehen. Auf der anderen Seite waren natürlich auch schlechtere Ergebnisse möglich. Das ist der Preis für die größere Renditechance durch den Aktienanteil.

## Pragmatiker wählen einen höheren Aktienanteil

Die Depotgewichte verschieben sich in unserem Beispiel etwas, wenn man davon ausgeht, dass Steuerfreibeträge bereits ausgeschöpft sind und Abgeltungsteuer bezahlt werden muss. Der Aktienanteil sinkt auf 8 Prozent.

Allerdings ist es nicht sonderlich realistisch, mit einem Totalverlust des Aktienfonds zu rechnen. In den zurückliegenden vier Jahrzehnten betrug der maximale Verlust des Weltaktienmarktes 54 Prozent. Ebenso viel verloren europäische Aktien in der Spitze. Pragmatische Anleger können demnach unterstellen, dass der Wert von entsprechenden Indexfonds nicht um mehr als 60 Prozent sinken wird. Außerdem nimmt die Wahrscheinlichkeit von Verlusten mit Aktien mit zunehmender Anlagedauer ab (siehe Seite 106). Über einen Zeitraum von zehn Jahren gab etwa der Weltaktienmarkt im schlimmsten Fall um gut 30 Prozent nach.

Wenn man mit einem Minus von 60 Prozent statt mit einem Totalverlust kalkuliert, erhöht sich der Aktienanteil im Garantiedepot – und damit die Renditechancen. Die Aktiengewichte für beide Szenarien können Sie in der Tabelle für unterschiedliche Zinssätze und Anlagezeiträume ablesen. Mit ihrer Hilfe können Sie Ihr persönliches Garantiedepot problemlos zusammenstellen. Sie müssen nur noch den absoluten Geldwert für den Aktienanteil ausrechnen.

Für das Beispiel oben würde das bedeuten, dass ein Anleger 13 Prozent seiner 20 000 Euro, und damit 2 600 Euro, in Aktienfonds anlegen könnte, wenn er mit einem maximal Verlust von 60 Prozent kalkuliert

## Vermögensbremse Inflation

Vorsichtige Anleger sind immer gut beraten, wenn sie von einem Totalverlust des Aktienfonds ausgehen, sollte man meinen. Doch diese Sicht der Dinge hat einen

### INFO — Garantiedepot für niedrige und höhere Zinssätze

Nicht jeder bekommt bei der Bank seiner Wahl eine Geldanlage zum Spitzenzins. Die Tabelle zeigt, wie hoch der Aktienanteil je nach Zinssatz sein darf. Die Abgeltungsteuer ist berücksichtigt.

Anleger, die für den Aktienanteil sicherheitshalber mit einem Totalverlust rechnen, nehmen die jeweils kleinere Zahl. Wer mit 60 Prozent Verlust kalkuliert, kann einen höheren Aktienanteil wählen.

**Aktienanteil (Prozent) je nach Verlustannahme bei Zinssatz von … Prozent**

| Laufzeiten (Jahre) | 0,50 | 1,00 | 1,50 | 2,00 | 2,50 | 3,00 | 3,50 | 4,00 |
|---|---|---|---|---|---|---|---|---|
| 1  | 0 / 1 | 1 / 1 | 1 / 2 | 1 / 2 | 2 / 3 | 2 / 4 | 3 / 4 | 3 / 5 |
| 2  | 1 / 1 | 1 / 2 | 2 / 4 | 3 / 5 | 4 / 6 | 4 / 7 | 5 / 8 | 6 / 9 |
| 3  | 1 / 2 | 2 / 4 | 3 / 5 | 4 / 7 | 5 / 8 | 6 / 10 | 7 / 11 | 8 / 13 |
| 4  | 1 / 2 | 3 / 5 | 4 / 7 | 6 / 9 | 7 / 11 | 8 / 13 | 9 / 14 | 11 / 16 |
| 5  | 2 / 3 | 4 / 6 | 5 / 8 | 7 / 11 | 8 / 13 | 10 / 15 | 11 / 17 | 13 / 19 |
| 6  | 2 / 3 | 4 / 7 | 6 / 10 | 8 / 13 | 10 / 15 | 12 / 18 | 13 / 20 | 15 / 22 |
| 7  | 3 / 4 | 5 / 8 | 7 / 11 | 9 / 14 | 11 / 17 | 13 / 20 | 15 / 23 | 17 / 25 |
| 8  | 3 / 5 | 6 / 9 | 8 / 12 | 11 / 16 | 13 / 19 | 15 / 22 | 17 / 25 | 19 / 27 |
| 9  | 3 / 5 | 6 / 10 | 9 / 14 | 12 / 17 | 14 / 21 | 17 / 24 | 19 / 27 | 21 / 30 |
| 10 | 4 / 6 | 7 / 10 | 10 / 15 | 13 / 19 | 16 / 23 | 18 / 26 | 20 / 29 | 23 / 32 |

Annahme: Wiederanlage der Zinsen zu null Prozent (kein Zinseszinseffekt); ausgeschöpfter Steuerfreibetrag.

kleineren Schönheitsfehler. Bei der Berechnung der Aktienanteile blieb nämlich ein Risiko außen vor: die Inflation.

Wie Sie inzwischen wissen, sind Staatsanleihen und Bankeinlagen nicht vor Inflation geschützt (siehe Seite 13). Steigen die Konsumentenpreise um jährlich 2 Prozent, sinkt die Kaufkraft von 1 000 Euro innerhalb von fünf Jahren auf 905 Euro. Würde man diesen Effekt berücksichtigen, wäre die Konstruktion eines Garantiedepots in Niedrigzinsphasen wie in den Jahren 2012 und 2013 nicht mehr möglich. Der Anteil der Aktien, die in der Vergangenheit relativ gut vor Inflation schützten, würde paradoxerweise gegen null tendieren.

Für vorsichtige Anleger, die die Inflation stärker ins Kalkül ziehen wollen, kann also die Depotvariante mit einem höheren Aktienanteil die bessere Wahl sein. Hier ist zwar der nominelle Kapitalerhalt nicht zu 100 Prozent garantiert, weil natürlich nicht vollkommen ausgeschlossen werden kann, dass die Aktienfonds die 60-Prozent-Verlustmarke in der Zukunft reißen. Doch diesem sehr geringen Risiko steht ein etwas besserer Inflationsschutz gegenüber.

## Laufzeiten und Kosten

Sinnvolle Laufzeiten für Garantiedepots rangieren in Zeiten niedriger Zinsen zwischen fünf und zwölf Jahren.

Bei kürzeren Laufzeiten fällt der Aktienanteil so gering aus, dass sich ein Fondskauf nur bei größeren Anlagesummen lohnt. Und sehr langfristig ausgerichtete Depots kommen auch ohne eine Garantie aus. Denn wenn man einmal von japanischen Aktien absieht, waren internationale, US-amerikanische, europäische und deutsche Werte seit 1970 nach einer Anlagedauer von 13 Jahren immer im Plus – selbst nach der ungünstigsten Kursentwicklung.

---

**TIPP** **Bestehende Depots umschichten**

Wenn Sie bereits ein Wertpapier-Portfolio besitzen, können Sie es zu einem Garantiedepot umbauen. Das ist mit etwas mehr Rechenaufwand verbunden, aber auch nicht schwierig. Sollten Sie schon verschiedene Festgelder abgeschlossen haben, errechnen Sie einfach mit Hilfe der Tabelle für jede Laufzeit den Betrag, der in Aktien angelegt werden kann. Zählen Sie die Beträge zusammen und vergleichen Sie die Summe mit dem Wert der Aktienfonds, die Sie möglicherweise schon besitzen. Ist der Aktienanteil zu hoch, schichten Sie Fondsanteile zugunsten von Festgeld um. Wenn Festgelder auslaufen, können Sie den entsprechenden Aktienanteil versilbern oder die Fondsanteile weiterlaufen lassen – ohne Auffangnetz.

# ANLEIHEN UND AKTIEN MISCHEN: DAS SICHERHEITSDEPOT

Ein Garantiedepot kann ein wenig Arbeit machen, wenn es viele festverzinsliche Anlagen mit unterschiedlichen Laufzeiten enthält. Dagegen ist das Sicherheitsdepots aus Renten- und Aktienfonds vergleichsweise pflegeleicht. Anleger können es unbegrenzt laufen lassen und müssen lediglich von Zeit zu Zeit die Depotanteile auf ihre ursprünglichen Gewichte zurücksetzen (siehe Seite 124).

Das Sicherheitsdepot besteht zu 80 bis 85 Prozent aus Anleihen. Die restlichen 15 bis 20 Prozent werden in Aktien angelegt. Diese Kombination hat das geringste Risiko. Das zeigen Simulationen von Finanztest auf Grundlage historischer Daten der vergangenen 33 Jahre (Stand: 31. Mai 2013). Sie sind in der Abbildung auf Seite 134 zusammengefasst. Die Berechnungen basieren auf den Wertentwicklungen des MSCI-World-Aktienindex und dem Rentenindex REX, der deutsche Staatsanleihen mit verschiedenen Laufzeiten enthält.

**Aktienanteil senkt das Risiko**
Wenn Sie den Aktienanteil im Sicherheitsdepot unter 15 Prozent senken, steigt das Risiko. Das liegt daran, dass die Kurse von Rentenfonds schwanken und es nicht vorteilhaft ist, das ganze Kapital auf eine einzelne Anlageklasse zu konzentrieren (siehe Seite 122). Weil sich Staatsanleihen und Aktien häufig in unterschiedliche Richtungen entwickeln (siehe Korrelationstabelle Seite 122), glättet ein kleiner Aktienanteil die Schwankungen der Anleihen – und umgekehrt. Doch auch wenn Sie die Aktienquote deutlich über 20 Prozent erhöhen, nimmt das Risiko wieder zu, weil die stärkeren Schwankungen der Aktien ein höheres Gewicht bekommen.

**Mindestrendite hängt von der Anlagedauer ab**
Die Rendite des Sicherheitsdepots liegt für alle drei berechneten Laufzeiten (fünf, zehn und 15 Jahre) im Analysezeitraum im Schnitt bei rund 7,5 Prozent pro Jahr. Das heißt, es gab bessere und auch schlechtere Jahre. Welches Ergebnis ein Anleger letztlich erzielt, hängt von seinem Ein- und Ausstiegszeitpunkt ab.

Auch die Anlagedauer spielt eine wichtige Rolle. In der unteren Grafik auf Seite 134 können Sie für die drei Anlagezeiträume ablesen, wie hoch die erwartete Mindestrendite für das Sicherheitsdepots ausfällt. Je länger die Anlagedauer, desto höher die Mindestrendite und desto geringer das Risiko. Wie Sie erkennen können, ist die Mindestrendite für das Sicherheitsdepot im Vergleich zu anderen Aktienquoten immer am höchsten. Das liegt vor allem an dem großen Gewicht der Staatsanleihen, die für sichere Zinserträge sorgen.

Bei den Mindestrenditen handelt es sich um die schlechtesten Ergebnisse, die Anleger aller Wahrscheinlichkeit nach mit der jeweiligen Depotmischung und Anlagedauer erzielen können. In 99 Prozent der Fälle schneiden sie besser ab. Allerdings

## INFO Chancen und Risiken von gemischten Depots

Die Grafiken zeigen, wie sich die Durchschnitts- und Mindestrenditen bei einem steigenden Aktienanteil entwickeln. Ausgangspunkt am jeweils linken Rand ist ein Depot, das nur deutsche Staatsanleihen enthält.

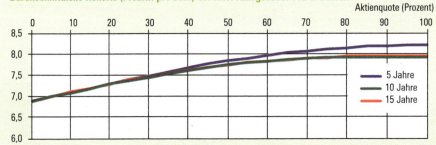

Quelle: Thomson Reuters Datastream, eigene Simulationen

bleibt eine Restwahrscheinlichkeit von 1 Prozent, dass es schlechter läuft als in der Grafik angegeben.

Wenn Sie die steigenden Kurven in der oberen Grafik, die die durchschnittlichen Renditen für steigende Aktienquoten zeigen, mit den fallenden Kurven der Mindestrenditen vergleichen, wird der Zusammenhang zwischen Rendite und Risiko noch einmal deutlich: Mit steigendem Aktienanteil nehmen die Durchschnittserträge zu und die Mindestrenditen ab.

**Ein Sicherheitsdepot zusammenstellen**
Wenn Sie es sich ganz einfach machen möchten, können Sie das Sicherheitsdepot nachbilden. Sie kaufen für den Aktienanteil einen Indexfonds (ETF) auf den MSCI World Index. Für den Rentenfondsanteil wählen Sie einen Marktindex mit deutschen Staatsanleihen wie den eb rexx Government Germany oder den Markit iBoxx € Germany. Das kann gerade bei kleineren Anlagesummen eine bequeme Lösung sein. Statt des Rentenindex auf deutsche Staatsanleihen können Sie natürlich auch einen breit gestreuten Index auf Euro-Staatsanleihen wählen (siehe Seite 36).

Wenn Sie größeren Aufwand betreiben wollen, kommen beispielsweise auch aktiv verwaltete Aktienfonds in Frage, die weniger schwanken als der Weltaktienmarkt. Beim Rentenanteil besteht die Möglichkeit, Staatsanleihen mit Unternehmensanleihen und Pfandbriefen zu ergänzen. Auch hier haben Sie die Wahl zwischen aktiven Fonds und Indexfonds. Die besten Fonds aus dem Finanztest-Dauertest finden Sie im folgenden Kapitel.

# ZUR SACHE: DAS INFLATIONSSCHUTZDEPOT

Wer steigende Inflationsraten fürchtet, kann versuchen, sein Depot gegen die Teuerung abzusichern. Patentrezepte dafür gibt es nicht. Ebenso wenig eine Garantie, dass sich das Portfolio im Ernstfall so entwickelt wie erhofft. Das wissen Sie bereits aus dem Kapitel über Sachwerte. Dort haben wir auch erklärt, warum es keine gute Lösung ist, das ganze Vermögen aus Angst vor Geldentwertung in Aktien, Gold, Immobilien und andere Sachwerte umzuschichten. Das Risiko eines solchen Portfolios wäre beträchtlich und würde kaum zu dem Profil eines vorsichtigen Anlegers passen. Hinzu kommt: Portfolios mit einem relativ großen Anteil aus Anleihen und kurzfristigen Festgeldern erzielten in der Vergangenheit auch in Perioden mit hoher Inflation bessere Renditen bei gleichzeitig geringeren Wertschwankungen als Portfolios mit einer Sachwertquote nahe 60 Prozent. Das zeigen Berechnungen der Schweizer Großbank Crédit Suisse.

### Bundesanleihen waren die beste Absicherung gegen Inflation

Auch Analysen von Finanztest belegen, dass Anleger der Inflation mit Staatsanleihen in der Vergangenheit ein Schnippchen schlagen konnten. Danach boten seit 1970 Bundesanleihen mit einer Restlaufzeit von einem Jahr auf kurze Sicht den besten Schutz vor Geldentwertung. Denn ihre Renditen passen sich am schnellsten an steigende Teuerungsraten an. Anleger fordern normalerweise einen höheren Zins, wenn die Konsumentenpreise anziehen. Bundesanleihen aller Laufzeiten lieferten insgesamt seit 1970 im Jahresdurchschnitt nach Abzug der Inflation eine reale Rendite von 4 Prozent. Das ist ein ordentliches Ergebnis. In den Perioden Anfang und Ende der 1970er-Jahre, als die Konsumentenpreise mit einer Rate von über 5 Prozent pro Jahr stiegen, sanken ihre realen Renditen zwischenzeitlich allerdings auf null beziehungsweise 1,2 Prozent.

### Trotz Geldwertstabilität Kaufkraftverlust

Was in der Vergangenheit Gültigkeit hatte, muss aber nicht in der Zukunft Bestand haben, wie die Staatsschuldenkrise zeigt. Sie hat die Anleihemärkte zum Teil auf den Kopf gestellt. 2012 bezahlten Investoren dem deutschen Staat dafür Geld, dass sie der Bundesrepublik kurzfristige Kredite geben durften. Deutschland zahlte keine Zinsen, sondern verdiente mit dem Schuldenmachen Geld – dank seines Rufs als sicherer Hafen.

Das mag den Steuerzahler freuen. Anlegern bereiten solche Marktverhältnisse dagegen Kopfschmerzen. Schon 2011 waren die Renditen für Bundeswertpapiere mit einer Laufzeit von bis zu zehn Jahren unter die Inflationsrate gefallen. Die realen Renditen waren damit negativ. Wer in Bundesanleihen investierte (und sie bis zum Ende der Laufzeit hält), büßte Kaufkraft ein, obwohl die Inflationsrate 2012 um die 2 Prozent pendelte, auf dem Ni-

---

**INFO** **Erst die Rückschau zeigt, wie es gelaufen ist**

Ob ein Anleger, der eine Anleihe erwirbt, seine Kaufkraft erhalten kann oder nicht, ist genaugenommen immer erst in der Rückschau erkennbar. Denn die Inflationsrate bezieht sich auf die Vergangenheit. Sie vergleicht das gegenwärtige Preisniveau mit dem vor zwölf Monaten. Die Rendite einer Anleihe zum Kaufzeitpunkt sagt dagegen aus, wie hoch ihr künftiger jährlicher Ertrag bis zur Fälligkeit im Durchschnitt ausfallen wird. Auch diese Kennzahl kann in die Irre führen, wenn das Papier nicht bis zum Ende der Laufzeit gehalten wird. Wird es vorher verkauft, sind Kursgewinne oder -verluste möglich, die zu einer höheren oder niedrigeren Rendite führen. Anleger wissen also erst im Nachhinein, ob ihre Rendite oberhalb der Teuerungsrate lag.

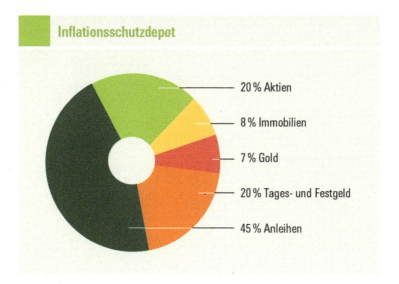

veau, das die EZB und Ökonomen als geldwertstabil betrachten.

Kaufkraftverlust mit Staatsanleihen bei Geldwertstabilität – das hat es in der jüngeren Geschichte der Bundesrepublik noch nie gegeben, nicht einmal in Phasen mit hoher Inflation. Wie lange diese Tendenz noch anhalten wird, weiß niemand. Solange das Wirtschaftswachstum schwach und die Verschuldung vieler europäischer Länder hoch ist, dürften die Zinsen niedrig bleiben. Für Anleger bedeutet das: Sie müssen in den sauren Apfel beißen und höhere Risiken eingehen, wenn sie ihr Vermögen vor Inflation schützen wollen.

Das hier vorgeschlagene Inflationsschutzdepot (siehe Grafik) ist nicht in Stein gemeißelt. Anders als beim Garantie- und Sicherheitsdepot können Sie die Gewichtung einzelner Anlageklassen variieren. Wenn Sie beispielsweise nicht in Gold investieren wollen, können Sie den Aktienanteil entsprechend erhöhen. Der Anteil dieser beiden riskanten Anlageformen sollte zusammen aber 30 Prozent nicht übersteigen, wobei die Goldquote maximal 10 Prozent betragen sollte. Den Immobilienanteil können Sie zulasten der Anleihen erhöhen. Für Letztere bietet sich eine Mischung aus verschiedenen Rentenfonds an (siehe Seite 45). Eine Option sind auch Fonds mit inflationsgeschützten Anleihen. Ihre realen Renditen waren aber zuletzt negativ.

**Tages- und Festgeld sorgen für Stabilität**
Der Tages- und Festgeldanteil ist die einzige feste Größe im Inflationsschutzdepot. Er bringt Stabilität, denn Bankeinlagen unterliegen keinerlei Kursschwankungen. Gleichzeitig profitieren Sie mit diesen kurzfristigen Anlagen am schnellsten von steigenden Zinsen, wenn die Inflationserwartungen zunehmen. Das schafft ein Gegengewicht zu den länger laufenden Anleihen, die dann am stärksten unter Druck geraten. Allerdings gibt es auch bei den Bankeinlagen – natürlich – Risiken: Wenn die Teuerung in Deutschland zunimmt, müssen die Zinsen hierzulande nicht zwangsläufig steigen. Die Europäische Zentralbank, die eine Geldpolitik für den gesamten Euroraum machen muss, könnte sich zum Beispiel mit Rücksicht auf die hoch verschuldeten Euroländer und deren schwaches Wirtschaftswachstum durchaus viel Zeit bei der Anhebung der Leitzinsen lassen.

## Das Treppendepot

So könnte ein Treppendepot mit Laufzeiten bis fünf Jahre aussehen: Sie investieren in fünf Festgeldkonten (oder Anleihen) mit einer Laufzeit von einem bis fünf Jahren. Immer, wenn eine Anlage ausläuft, kaufen Sie eine neue mit fünfjähriger Laufzeit.

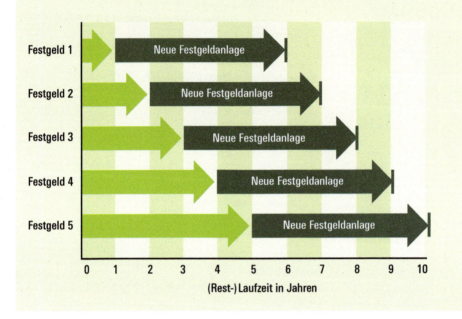

Wie Sie die Bankeinlagen zwischen Tages- und Festgeldern am besten aufteilen, hängt von den aktuellen Zinsangeboten ab. Im Sommer 2013 lagen die besten Tagesgeldkonditionen fast gleichauf mit kurzfristigen Festgeldern mit Laufzeiten unter einem Jahr, sodass Tagesgeld wegen seiner höheren Flexibilität attraktiver erschien. Eine wichtige Rolle spielen auch Ihre Erwartungen. Wenn Sie glauben, dass die Zinsen in Kürze steigen werden, sollten Sie vor allem auf Tagesgeld setzen, das mit ein- und zweijährigen Festgeldern ergänzt werden kann.

**Die Treppenstrategie**

Haben Sie keine Meinung zur Zinsentwicklung und wollen sich aus guten Gründen auch nicht auf Prognosen anderer verlassen (siehe Seite 112), dann sollten Sie Ihre Festgelder nach Laufzeiten staffeln. Eine solche „Treppenstrategie" schützt Sie davor, auf dem falschen Fuß erwischt zu werden. Denn wenn Sie etwa mit einer hohen Tagesgeldquote auf einen baldigen Zinsanstieg setzen und er bleibt aus, entgehen Ihnen die höheren Zinsen von länger laufenden Festgeldern. Konzentrieren Sie dagegen Ihr Kapital auf Letztere und die Zinsen steigen kräftig an, profitieren Sie nicht von dieser Entwicklung, weil Sie sich längerfristig gebunden haben. Das Treppendepot ist ein Mittelweg.

Beispiel: Bei einem Inflationsschutzdepot über 50 000 Euro betrüge der Anteil an Bankeinlagen 10 000 Euro. Teilen Sie den Betrag in fünf gleiche Teile auf. Ein Teil legen Sie auf einem Tagesgeldkonto an. Den Rest verteilen Sie auf Festgelder mit Laufzeiten von 1 bis 4 Jahren. Auf diese

Weise wird jedes Jahr ein Festgeld fällig. Wenn Sie das Geld jeweils wieder mit einer Laufzeit von vier Jahren anlegen, setzt sich dieser Rhythmus fort. Sie können die maximale Laufzeit auch auf fünf Jahre anheben oder auf drei Jahre senken. Das sollten Sie von zwei Faktoren abhängig machen:

**1 Marktzinsentwicklung:** Wenn bereits eine Phase steigender Zinsen begonnen hat, sind Laufzeiten bis maximal drei Jahre vorteilhafter.

**2 Zinsgefälle:** Laufzeiten bis zu fünf Jahren lohnen sich vor allem dann, wenn die Zinsunterschiede zwischen den Laufzeiten groß sind. Wenn Sie etwa für Festgeld mit vier Jahren Laufzeit 2,5 Prozent bekommen und für fünf Jahre 2,55 Prozent, also lediglich 0,05 Prozent mehr, erscheint die längere Laufzeit nicht sonderlich attraktiv.

Die aktuell besten Zinsangebote für unterschiedliche Laufzeiten finden Sie im Internet unter www.test.de/zinsen. Allerdings bietet für die unterschiedlichen Laufzeiten nicht immer dieselbe Bank die besten Zinsen. Im ungünstigsten Fall müssen Sie Ihr Geld auf drei oder vier Geldinstitute verteilen, wenn Sie jeweils die optimalen Zinsen erzielen möchten. Das kann nervig sein. Vor allem dann, wenn sich die Konditionen im Wochentakt ändern und sich die Ranglisten mit den besten Konditionen ständig neu formieren. Wem die Jagd nach den höchsten Zinsen zu anstrengend ist, sucht sich einfach das beste Tagesgeldkonto aus – und legt dort den ganzen Betrag an, der in kurzfristige Bankeinlagen fließen soll. Allerdings sollten Anleger in diesem Fall regelmäßig überprüfen, ob dessen Konditionen noch an der Spitze liegen.

# FONDS – DIE KLASSENBESTEN

Wenn Sie sich für eine Gewichtung der Anlageklassen entschieden haben, können Sie Ihr Depot mit Leben füllen. Welche Renten- und Aktienfonds sich dafür am besten eignen und wie Sie Fonds untereinander kombinieren können, lesen Sie in diesem Kapitel. Besonders bei großen Anlagesummen ist es sinnvoll, das Kapital auf verschiedene Fonds mit unterschiedlichen Strategien zu verteilen.

## SO OPTIMIEREN SIE IHR DEPOT

Bei der Suche nach den passenden Fonds hilft Ihnen der Dauertest von Finanztest. Er filtert die empfehlenswertesten Fonds in den Kategorien Rentenfonds Euro, Aktienfonds Welt, Aktienfonds Europa, Aktienfonds Deutschland und Aktienfonds Schwellenländer monatlich aus allen in Deutschland aktiv vertriebenen Fonds heraus. Dabei werden die Fonds einer Gruppe an einem „Referenzfonds" gemessen. Der Referenzfonds ist jeweils der Indexfonds (ETF, siehe Seite 45) auf einen ausgewählten breit gestreuten (marktbreiten) Vergleichsindex mit der besten Wertentwicklung. Bei den Aktienfonds Welt etwa auf den MSCI World. Zum anderen vergleichen die Finanztest-Experten die Fonds untereinander. Um in der Untersuchung berücksichtigt zu werden, müssen aktiv gemanagte Fonds mindestens fünf Jahre am Markt sein, Indexfonds wenigstens drei Jahre.

Alle Bewertungen und Berechnungen basieren auf der Euro-Wertentwicklung der Fonds und der Kapitalmarktindizes der zurückliegenden fünf Jahre. Sie stellen keine Prognose dar. Finanztest unterstellt bei den Berechnungen, dass vom Fonds ausgeschüttete Erträge sofort kostenlos in den Fonds reinvestiert werden.

**Effiziente und dominante Fonds**
Die Finanztest-Bewertung der Fonds ergibt sich aus Risiko und Chance. Das „Risiko" eines Fonds entspricht dem prozentualen Verlust, den ein Anleger erzielt hätte, wenn er ihn nur in den Monaten im Depot gehabt hätte, in denen dieser Ver-

lust gemacht hat. Die „Chance" eines Fonds entspricht dem prozentualen Gewinn, den ein Anleger erzielt hätte, wenn er ausschließlich in den Gewinnmonaten investiert gewesen wäre.

Finanztest bezeichnet Fonds als „effizient", wenn kein anderer Fonds innerhalb der gleichen Fondsgruppe eine höhere Chance und gleichzeitig ein niedrigeres Risiko hatte. Zudem müssen sie eine bessere Wertentwicklung als der Referenzfonds erzielt haben. Ein Fonds ist „dominant", wenn er eine höhere Chance und ein geringeres Risiko als der Referenzfonds bot. Fonds können gleichzeitig dominant und effizient sein. Empfehlenswert sind alle Fonds, die effizient und/oder dominant gegenüber dem Referenzfonds sind.

Hieraus ergibt sich in jeder Kategorie eine Liste mit empfehlenswerten Fonds, aus der Sie die für Sie passenden auswählen können. Die vollständigen Empfehlungslisten finden Sie im Internet unter www.test.de/fonds. In den aktuellen Finanztest-Ausgaben und in diesem Buch ist wegen der begrenzten Seitenzahl jeweils nur ein Auszug abgedruckt (siehe Serviceteil ab Seite 160). Er enthält alle effizienten Fonds. Dazu enthält er neben dem Referenzfonds weitere Indexfonds auf den Vergleichsindex, soweit solche angeboten werden. Diese Auswahl sollte für jede Vorliebe etwas bieten.

Fonds, die ihre laufenden Erträge aus Zinsen oder Dividenden automatisch wieder im Fonds anlegen, werden als „thesaurierend" bezeichnet. Sie sind in unseren Tabellen mit einem Ⓣ gekennzeichnet. Alle anderen Fonds schütten ihre Gewinne meistens jährlich an die Anleger aus.

**Keine Fondsstrategie funktioniert immer**
Welche Fonds in ihrer Gruppe gerade die Nase vorn haben, hängt immer auch von der jeweiligen Marktphase ab. Keine Strategie funktioniert immer – selbst dann nicht, wenn der Fondsmanager ein Genie wäre. Bei den Aktienfonds spielt es beispielsweise eine nicht unerhebliche Rolle, dass der Börsencrash von 2008 noch im Testzeitraum enthalten ist. Dadurch landeten viele Fonds auf den vorderen Plätzen, die eine defensive Strategie verfolgen und auf unterbewertete Unternehmen setzen (siehe Kasten rechts). Letztere brechen in der Regel nicht so stark ein, wenn es an den Börsen abwärtsgeht. In Aufschwungphasen hinken diese sogenannten Substanzwerte aber nicht selten dem Markt hinterher. Das können Sie in den Empfehlungslisten erkennen, wenn Sie auch auf die kurzfristige Wertentwicklung über ein Jahr achten. Sobald der jüngste Crash nicht mehr im Untersuchungszeitraum liegt, werden vermutlich manche Substanzwerte-Fonds aus der Empfehlungsliste herausfallen. Das bedeutet aber nicht, dass sie dann schlecht sind. Ihre Stunde kann wieder schlagen, wenn neue Unbill an den Börsen droht.

## Mischung macht den Meister

Es liegt es also nahe, verschiedene Fondskonzepte zu mischen. Vor allem für vermögendere Anleger bietet sich das an. Sie sollten ihr Geld in jeder Anlageklasse über mehrere Fonds mit unterschiedlichen Strategien und regionalen Schwerpunkten verteilen. Das kann das Risiko senken und die Rendite erhöhen. Allerdings ergänzen sich nicht alle Fonds gut. Achten Sie bei Aktienfonds darauf, dass es bei den Unternehmen, in die die Fonds investieren, möglichst wenig Überschneidungen gibt.

### Den Aktienanteil zusammenstellen

Ihre Basisanlagen sollten grundsätzlich aus breit gestreuten Aktienfonds Welt oder Europa bestehen. Das kann ein ETF auf den Vergleichsindex sein oder ein marktbreiter aktiv gemanagter Fonds. Innerhalb der jeweiligen Gruppe können Sie Fonds hinzunehmen, die spezielle Strategien verfolgen, etwa den Growth- und den Value-Ansatz. Auf diese Weise vermeiden Sie, dass sich viele Aktien in den verschiedenen Fonds überschneiden.

Zusätzlich oder alternativ können Sie sich bei den Aktienfonds Deutschland und den Aktienfonds Schwellenländer umsehen. Sie eignen sich als Beimischung. Denn Schwellenländer-Unternehmen sind in Aktienfonds Welt oft gar nicht enthalten und deutsche Konzerne nur zu einem sehr geringen Prozentsatz.

### INFO Fondsstrategien und Unternehmensanalyse

Etliche Fondsmanager folgen bei der Auswahl von Aktien einer Strategie:
**Value-Ansatz:** Der Fondsmanager bevorzugt Unternehmen mit guter Marktstellung und etablierten Produkten, die weiterhin ein stabiles Geschäft versprechen und unterbewertet erscheinen. Solche Firmen werden „Substanzwerte" oder auch „Value-Aktien" genannt. Sie zeichnen sich häufig durch niedrige Kurs-Gewinn- und Kurs-Buchwert-Verhältnisse sowie eine hohe Dividendenrendite aus (siehe Seite 66).
**Growth-Ansatz:** Beim Growth-Ansatz wählt der Fondsmanager Unternehmen, von denen er eine besondere Wachstumsdynamik erwartet, sogenannte Wachstumswerte. Sie schütten nur geringe oder keine Dividenden aus, weil sie ihre Gewinne benötigen, um ihre weitere Expansion zu finanzieren.
**Bottom-up-Analyse:** Der Fondsmanager analysiert die Gewinnaussichten eines Unternehmens unabhängig vom makroökonomischen Umfeld. Oft geht die Bottom-up-Analyse mit dem Value-Ansatz einher.
**Top-down-Analyse:** Das wirtschaftliche Umfeld steht bei der Unternehmensauswahl im Vordergrund. Manager, die einen Growth-Ansatz verfolgen, setzen häufig auf Top-down-Analysen.

**Rentenfonds Euro auswählen**

Auch bei den Rentenfonds sollten Sie keinesfalls alles auf eine Karte setzen. Schicken Sie mehrere ins Rennen. Das ist besonders wichtig, wenn sie in Ihrem Depot einen hohen Anteil ausmachen. Den Kern sollte ein Indexfonds auf europäische Staatsanleihen mit breit gestreutem Laufzeitenspektrum bilden. Sie können ihm Indexfonds auf Unternehmensanleihen und Pfandbriefe (siehe Seite 170) sowie aktive Fonds mit fokussierten Strategien beimischen. Zu Letzteren zählen die Fonds in der Tabelle auf Seite 160, die ausschließlich auf österreichische Anleihen setzen.

Ebenfalls geeignet sind breit streuende aktive Rentenfonds Euro. Diese sollten Sie aber häufiger kontrollieren. Unter den besten befinden sich fast nur solche, die Staatsanleihen mit riskanteren Papieren wie Unternehmens- und Hochzinsanleihen mischen. Ihr meist geringeres Risiko im Vergleich zum Referenzfonds und die höheren Renditen zeigen, welche Früchte solche Strategien tragen können. Sie können Ihr Geld über mehrere solche aktiven Rentenfonds Euro verteilen. Die Fonds sollten unterschiedliche Strategien verfolgen. Basisanlage sollte aber ein ETF auf den Vergleichsindex sein.

## RENTENFONDS EURO – EIN SOLIDES FUNDAMENT

Konservative Rentenfonds Euro gelten als Langweiler. Ihre Renditen sind normalerweise nicht üppig und die Wertschwankungen sehr gering. Doch auch wenn an den Kapitalmärkten Panik um sich greift, bieten sie Stabilität: Zwischen Ende 2007 und 2012, in den Hochzeiten der Finanzkrise, fielen die Wertverluste von Rentenfonds deutlich geringer aus als die der Aktienfonds. Gleichzeitig schnitten sie in puncto Wertentwicklung besser ab als die Aktienfonds. Der Referenzindexfonds, der den iBoxx Sovereigns Eurozone abbildet (siehe Kasten), erzielte im Schnitt eine jährliche Rendite von 5,6 Prozent. Das beste Aktiensegment, die Schwellenländer, schaffte im selben Zeitraum nur 1,2 Prozent pro Jahr. Doch viele Banken erwarten, dass die fetten Jahre für Rentenfonds nun vorbei sind. Seit sich die Finanzkrise beruhigt hat, rechnen sie mit steigenden Zinsen und fallenden Anleihekursen.

Besonders anfällig sind sehr niedrig verzinste langlaufende Anleihen von Ländern und Unternehmen mit bester Bonität. Ihre niedrigen Zinskupons können zwischenzeitliche Kursverluste kaum kompensieren. Normalerweise können Anleger in solchen Marktsituationen auf Fonds mit sehr kurz laufenden Anleihen ausweichen, die kaum auf Änderungen der Marktzinsen reagieren. Doch wenn deren Renditen so niedrig sind, dass ein spürbarer Kaufkraftverlust sicher ist, sind sie keine Lösung.

## INFO  Vergleichsindex Markit iBoxx Sovereigns Eurozone

Der iBoxx Sovereigns Eurozone ist ein breit gestreuter Rentenindex. Er enthält 265 Staatsanleihen von elf Euroländern, denen die Ratingagenturen eine gute Bonität (Investment Grade) bescheinigen. Griechenland ist deswegen in diesem Index nicht mehr vertreten.

Die Anleihen werden im Index entsprechend ihres Volumens gewichtet. Es muss mindestens zwei Milliarden Euro betragen. Die Gewichtung wird monatlich angepasst.

Der Index enthält Staatsanleihen aller verfügbaren Laufzeiten. Seine Wertentwicklung setzt sich aus den Zinszahlungen und den Kursgewinnen und -verlusten der einzelnen Anleihen zusammen.

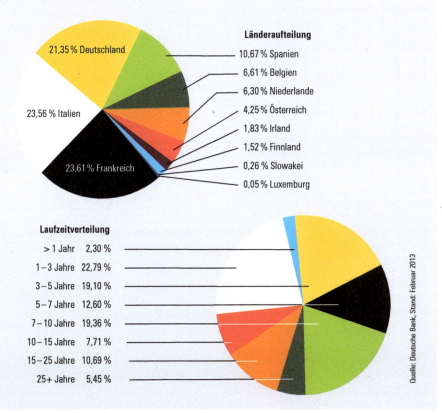

**Länderaufteilung**

- 21,35 % Deutschland
- 23,56 % Italien
- 23,61 % Frankreich
- 10,67 % Spanien
- 6,61 % Belgien
- 6,30 % Niederlande
- 4,25 % Österreich
- 1,83 % Irland
- 1,52 % Finnland
- 0,26 % Slowakei
- 0,05 % Luxemburg

**Laufzeitverteilung**

|  |  |
|---|---|
| > 1 Jahr | 2,30 % |
| 1–3 Jahre | 22,79 % |
| 3–5 Jahre | 19,10 % |
| 5–7 Jahre | 12,60 % |
| 7–10 Jahre | 19,36 % |
| 10–15 Jahre | 7,71 % |
| 15–25 Jahre | 10,69 % |
| 25+ Jahre | 5,45 % |

Quelle: Deutsche Bank, Stand: Februar 2013

Hinzu kommt, dass letztlich natürlich niemand weiß, ob, wann und in welchem Umfang die Zinsen tatsächlich steigen. Deshalb bieten sich vor allem breit gestreute Indexfonds an.

**Mit Euroland-Indexfonds gut aufgestellt**
Es gibt eine Reihe von ETF auf Staatsanleihen-Indizes, die zwischen zehn und zwölf Euroländer enthalten und über eine Vielzahl von Laufzeiten diversifiziert sind. Dazu zählen der Citigroup Euroland Government Bond, der EuroMTS Eurozone Government Bond und der Markit iBoxx Sovereigns Eurozone (siehe Tabelle Seite 160). Mit Fonds auf diese Indizes sind Sie gut aufgestellt, unabhängig davon, wie sich Zinsen und Staatsschuldenkrisen im Euroraum weiterentwickeln. Entspannt sich die Lage weiter, dürften zwar die Kurse von Bundesanleihen und andere erstklassige Papiere nachgeben. Doch dafür könnten die der Anleihen von Problemstaaten wie Italien und Spanien weiter steigen. Kommt die Krise zurück, dreht sich das Kurskarussell in die andere Richtung. Egal wie es kommt, die Mischung aus sehr guten und schlechteren Herausgebern und unterschiedlichen Laufzeiten bietet im Zinstief eine gute Risikostreuung. Das gilt auch dann, wenn sich die Euroländer weiterhin durch die Krise lavieren, ohne sie nachhaltig zu lösen. In einem solchen Szenario könnten die Zinsen in den sicheren Eurostaaten noch für längere Zeit niedrig bleiben und in den Problemländern hoch. Unter dem Strich haben Anleger in jedem Fall zumindest die Chance, eine Rendite oberhalb der Inflationsrate zu erzielen. Im Juni 2013 betrug die Effektivverzinsung des Markit iBoxx Sovereigns Eurozone 2,59 Prozent. Die Effektivverzinsung ist die durchschnittliche Rendite aller Anleihen im Index bis zu ihrer Endfälligkeit (siehe Kasten rechts).

**Indexfonds ohne Krisenstaaten**
Wer keine Anleihen von Krisenländern im Portfolio haben möchte, kann auf Rentenindexfonds ausweichen, die nur Staaten mit bester Bonität enthalten, oder ausschließlich auf Bundesanleihen setzen. Das bedeutet aber niedrigere Renditen, mit denen nach Abzug von Inflationsrate und Steuern kein realer Vermögenserhalt möglich ist. Selbst wenn Sie einen Indexfonds auf Unternehmensanleihen mit guter Bonität und einen auf Pfandbriefe beimischen, könnte es schwer werden, die Teuerungsrate zu überbieten. Die Effektivverzinsung des eb.rexx Government Germany (DE), der nur aus deutschen Staatsanleihen besteht, betrug im Juni 2013 nur 0,66 Prozent. Bei Unternehmensanleihen lag sie je nach Index um die 2 Prozent.

**Aktive Rentenfonds Euro mit Beimischungen**
Aktiv gemanagte Rentenfonds Euro, die ausschließlich auf Staatsanleihen setzen, haben wenig Spielraum, um ihren Vergleichsindex zu schlagen. Das liegt zum einen an den hohen Kosten, die die Renditen nach unten drücken. Zum anderen haben die Manager nur sehr begrenzte

Möglichkeiten, sich vom Vergleichsindex abzusetzen. Bei Fonds, die auf ein Land wie Deutschland fokussiert sind, können sie lediglich bei der Gewichtung der einzelnen Laufzeiten eigene Schwerpunkte setzen. Doch nur wenn sie die Zinsentwicklung richtig prognostizieren, lässt sich damit ein überdurchschnittlicher Gewinn erzielen. Fonds, die europaweit anlegen, können zusätzlich individuelle Ländergewichte setzen. Vor der Finanzkrise hat das wenig gebracht, weil die Renditeunterschiede zwischen den einzelnen Euro-Staaten sehr gering waren.

Während der Krise, als die Anleihemärkte in Europa auseinanderdrifteten, bestand allerdings die Chance, mit einer geschickten Ländergewichtung den Ver-

### INFO  Die wichtigsten Renditekennzahlen bei Rentenfonds

Bisher wurde in diesem Ratgeber im Zusammenhang mit Anleihen der Begriff Rendite verwendet, wenn es um den sicheren Ertrag ging, den ein Anleger im Durchschnitt erzielt, wenn er eine Anleihe bis zur Fälligkeit hält (siehe Seite 29). Die Fondsanbieter verwenden ihre eigene Terminologie.

**Effektivverzinsung (Endfälligkeitsrendite):** Im Zusammenhang mit Rentenfonds wird in der Regel von „Effektivverzinsung" oder der „Endfälligkeitsrendite" gesprochen. Damit ist im Prinzip dasselbe gemeint. Nur dass es hier um die durchschnittliche Rendite aller im Fonds enthaltenen Anleihen geht, wenn sie bis zur Fälligkeit gehalten würden. Die Rendite bis zur Fälligkeit wird auch Rückzahlungsrendite genannt. Für Anleger bietet diese Kennzahl nur eine gewisse Orientierung, weil sowohl aktive Fonds als auch Indexfonds Anleihen nicht immer bis zu deren Laufzeitende halten.

**Laufende Rendite:** Sie ergibt sich aus dem Verhältnis von Zinskupon und Kurs einer Anleihe. Bei Fonds wird mit den gewichteten Durchschnitten aller Anleihen gerechnet. Die laufende Rendite ist ein Anhaltspunkt für die laufenden Erträge aus einem ausschüttenden Rentenfonds. Sie bezieht sich aber anders als die Effektivverzinsung immer nur auf eine Zahlungsperiode, also ein Jahr. Liegen die Kurse der Anleihen im Fonds im Schnitt über dem Rückzahlungskurs von 100 Prozent, ist die laufende Rendite höher als die Effektivverzinsung. Kosten Anleihen weniger als der Rückzahlungskurs, ist die Effektivverzinsung höher als die laufende Rendite.

**Fazit:** Wer wissen will, welche Rendite ein Rentenfonds in den kommenden Jahren ungefähr abwirft, orientiert sich an der Effektivverzinsung. Steht der Ertrag für das aktuelle Jahr im Vordergrund, ist die laufende Rendite die richtige Kennzahl.

gleichsindex abzuhängen. Dennoch findet sich so gut wie kein Fonds, der auf Staatsanleihen beschränkt ist, in der Finanztest-Bestenliste (siehe Tabelle Seite 160). Fast alle aktiven Fonds, die besser als der Referenzfonds waren, setzen zusätzlich auf höher verzinste Papiere wie Unternehmensanleihen, Pfandbriefe, Hochzinsanleihen, Derivate (siehe Kasten) und manchmal auch auf Aktien. Diese Beimischungen sind relativ gering. Aber sie heben die Rendite. Gleichzeitig haben viele dieser Fonds ein geringeres Risiko als der Referenzfonds.

In Niedrigzinsphasen können aktive Rentenfonds Euro mit Beimischungen eine höhere Chance bieten, die Kaufkraft Ihres Geldes zu erhalten. Gleichzeitig kann ein geschicktes Management mögliche Verluste aufgrund von Zinserhöhungen minimieren.

> **INFO** **Derivate**
>
> Derivate sind Wertpapiere, deren Wertentwicklung in der Regel von der anderer Wertpapiere abhängt. Dazu zählen beispielsweise Futures und Optionen. Viele Derivate haben eine Hebelwirkung. Das bedeutet, dass sehr hohe Gewinne, aber eben auch sehr hohe Verluste möglich sind.

## AKTIENFONDS WELT – INDEXBEZWINGER SIND RAR

International anlegende Aktienfonds sind die Basis für den Aktienanteil eines Depots. Obwohl eine Vielzahl solcher Produkte um die Gunst der Anleger konkurriert, sind gute Aktienfonds Welt sehr rar gesät. In einer Untersuchung Anfang 2013 stellte Finanztest 770 von ihnen auf den Prüfstand. Das enttäuschende Ergebnis: Nur jeder 25. oder 4 Prozent waren empfehlenswert. Das entspricht gerade mal 30 Fonds inklusive Indexfonds. Weitere 16 aktiv gemanagte Fonds schafften auf Fünf-Jahres-Basis ein besseres Ergebnis als der Referenzfonds, der die Wertentwicklung des MSCI World am besten nachzeichnete. Doch auch das hebt die Quote der Indexbezwinger nicht sonderlich. Es spricht daher einiges dafür, gleich den Referenzfonds oder einen anderen Indexfonds zu kaufen. Dabei sollten Anleger allerdings darauf achten, dass sie einen breit aufgestellten Index wählen. Mit dem MSCI World (siehe Kasten rechts) sind sie auf jeden Fall gut beraten. Zu den wenigen aktiven Fonds, die diesen Index hinter sich gelassen haben zählt der Pictet Security-P. Er lag in den vergangenen fünf Jahren 4,6 Prozent vor dem Referenzfonds – pro Jahr (siehe Tabelle Seite 162).

## INFO  Vergleichsindex MSCI World

Der Weltaktienindex MSCI World ist der wichtigste Maßstab für Fondsmanager. Er dient als Messlatte für die Wertentwicklung und zeigt, welche Aktien die größte internationale Bedeutung haben. Der Index enthält nur Aktien aus Ländern, die MSCI als „entwickelt" einstuft. Sogenannte Schwellenländer sind nicht enthalten. Für sie bietet MSCI einen eigenen Index an (siehe Seite 158).

Der MSCI World, der von der US-Bank Morgan Stanley fortlaufend berechnet wird, enthält 1610 Unternehmen aus 24 Ländern. Mit einem Indexanteil von mehr als 50 Prozent haben US-Konzerne das mit Abstand größte Gewicht. Zu den kleineren Ländern, die in der Grafik unter „Sonstige" fallen, zählen Belgien, Dänemark, Finnland, Griechenland, Hongkong, Irland, Israel, Italien, Neuseeland, Norwegen, Österreich, Portugal, Singapur, Spanien und Schweden.

Die Gewichte des Index werden zwei Mal jährlich entsprechend der Marktentwicklung neu angepasst. Der Indexanteil von Unternehmen, deren Wert überproportional gestiegen ist, erhöht sich. Mit einem Börsenwert von 426 Milliarden US-Dollar war der Computerkonzern Apple im Januar 2013 das größte Unternehmen im Index. Zum Vergleich: BASF, das wertvollste Unternehmen im deutschen Aktienindex Dax, bringt es auf rund 90 Milliarden US-Dollar.

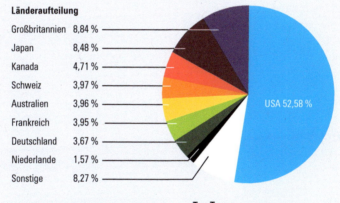

**Länderaufteilung**

|  |  |
|---|---|
| Großbritannien | 8,84 % |
| Japan | 8,48 % |
| Kanada | 4,71 % |
| Schweiz | 3,97 % |
| Australien | 3,96 % |
| Frankreich | 3,95 % |
| Deutschland | 3,67 % |
| Niederlande | 1,57 % |
| Sonstige | 8,27 % |
| USA | 52,58 % |

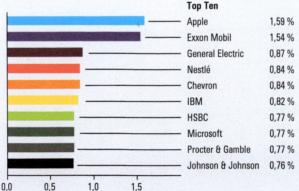

**Top Ten**

|  |  |
|---|---|
| Apple | 1,59 % |
| Exxon Mobil | 1,54 % |
| General Electric | 0,87 % |
| Nestlé | 0,84 % |
| Chevron | 0,84 % |
| IBM | 0,82 % |
| HSBC | 0,77 % |
| Microsoft | 0,77 % |
| Procter & Gamble | 0,77 % |
| Johnson & Johnson | 0,76 % |

Quellen: MSCI, Stand: Januar 2013, Deutsche Bank, Stand: Februar 2013

**Spezielle Strategien als Basisanlage ungeeignet**
Der Weg zum Erfolg führt fast immer über spezielle Strategien. Der Pictet Security-P setzt etwa auf den globalen Trend Sicherheit. Der Begriff ist weit gefasst und reicht vom Schutz vor Computerviren über Gebäudesicherheit und Gesundheitsschutz bis zur Verkehrssicherheit. Wichtig für Anleger ist vor allem, dass sich zu diesem Thema viele innovative, wachstumsstarke Aktiengesellschaften finden lassen.

Den Managern des Pictet Security-P ist das in den vergangenen fünf Jahren gut gelungen. Viele der von ihnen ausgewählten Unternehmen sind, obwohl deutschen Anlegern vielleicht nicht geläufig, Marktführer in ihrem Segment. Zu den größten Positionen gehört die britische Intertek Group, eines der weltgrößten Unternehmen für Produkttests. Auch der US-Konzern Thermo Fisher Scientific ist prominent vertreten. Er hat eine hervorragende Marktposition als Hightech-Ausstatter für wissenschaftliche Labors.

Auch wenn der Pictet Security-P in den vergangenen Jahren deutlich besser lief als der MSCI World, eignet er sich nicht als Basisinvestition für Anleger, die auch in Bezug auf ihr eigenes Depot Sicherheit großschreiben. Denn spezielle Anlagekonzepte sind noch anfälliger für Abstürze als Fonds, die alle Branchen abdecken. Anleger mit größerem Depot können ihr Geld aber über mehrere internationale Fonds mit unterschiedlichen Strategien streuen. Den Kern mit dem höchsten Gewicht sollte ein marktbreiter Indexfonds bilden.

**Gleiche Strategie – andere Umsetzung**
Der Aktienfonds Welt mit dem geringsten Risiko im Test war der BL Equities Dividend A, der eine Dividendenstrategie verfolgt. Das Management sucht nach Aktien, die aktuell und in der Zukunft eine überdurchschnittliche Dividendenrendite bieten. Zusätzlich ziehen die Manager für ihre Auswahl die Qualität der Unternehmen heran und kommen so zu einer sehr speziellen Zusammenstellung: Der Fonds besteht zu fast zwei Dritteln aus europäischen Aktien, hat einen verschwindend geringen US-Anteil, dafür aber mehr als 20 Prozent Unternehmen aus Schwellenländern, die im Vergleichsindex MSCI World gar nicht vertreten sind.

Auch bei den Fonds, die auf Substanzwerte (siehe Seite 142) setzen, gibt es kein einheitliches Vorgehen. Das zeigt

> **TIPP** **Vor dem Kauf überprüfen**
> Bevor Sie einen der hier aufgeführten Fonds kaufen, sollten Sie im Internet unter www.test.de/einzelfonds abfrage kostenlos überprüfen, ob er noch zu den besten zählt.
>
> Darüber hinaus finden Sie unter www.test.de/fonds monatlich aktualisiert alle empfehlenswerten Aktienfonds in den Kategorien Welt, Europa, Deutschland und Schwellenländer.

der direkte Vergleich des Vontobel Global Value Equity A USD mit dem Warburg Value A. Weil eine exakte Definition von Substanzstärke fehlt, bleibt Fondsmanagern ein gewisser Spielraum, wenn sie Geschäftszahlen von Firmen interpretieren. Der Vontobel-Fonds vertraut vor allem auf weltbekannte amerikanische und europäische Standardwerte wie Coca-Cola, den Tabakkonzern BAT und den Lebensmittelhersteller Unilever. Der Warburg Value schickt dagegen vorwiegend kleinere und mittlere Unternehmen ins Rennen. Nur wenige davon sind aus den USA, dafür etliche aus den Schwellenländern.

Der Amundi International Sicav AU (C), einer der Fonds mit den geringsten maximalen Verlusten, investiert ebenfalls in Aktien, die seine Manager als unterbewertet einschätzen. Dabei kommt wieder eine völlig andere Auswahl zustande als beim Vontobel- und beim Warburg-Fonds. Auffällig ist, wie auch beim Warburg-Fonds, der hohe Anteil japanischer Aktien. Die Manager des Amundi haben einen relativ großen Spielraum und können auch Anleihen und Wertpapiere auf Gold beimischen. Doch dieses Konzept hat auch Nachteile: Bei boomenden Börsen blieb der Fonds seit Sommer 2012 hinter der Konkurrenz zurück.

## AKTIENFONDS EUROPA – FLEXIBILITÄT LOHNT SICH

Eine Alternative zu weltweit anlegenden Aktienfonds sind Fonds, die sich auf Europa konzentrieren. Auch sie sind wegen ihrer breiten Streuung als Basisanlage geeignet. Beim jüngsten Test von Europa-Fonds schnitten aktiv gemanagte Fonds besser ab als bei Untersuchungen von anderen Fondsgruppen: Von 499 waren 45 empfehlenswert – also rund 9 Prozent. Hinzu kommen weitere 15, die über einen Zeitraum von fünf Jahren eine im Schnitt bessere Wertentwicklung als der Referenzfonds auf den Stoxx-Europe-600-Index (siehe Seite 153) erzielten.

Sind Europa-Fonds-Manager also besser als die der anderen Fondsgruppen? Das darf getrost bezweifelt werden. Ihr Erfolg dürfte vielmehr auf die Sondersituation wegen der Krise in Europa zurückzuführen sein. Anders als sonst drifteten die Aktienmärkte der einzelnen Länder und einzelne Branchen weit auseinander. In den stabilen Staaten wie Deutschland lief es an den Börsen zum Teil hervorragend, während in den Krisenländern die Kurse sanken. Zwischen 2008 und 2012 mussten Europa-Fondsmanager lediglich die Aktien von Finanzunternehmen und die der angeschlagenen Schuldenstaaten untergewichten, um den Index zu schlagen. Denn der bleibt entsprechend seiner Zusammensetzung relativ starr in allen

Ländern und Branchen investiert – egal, was passiert.

**Flexibilität bei geänderten Marktbedingungen**
Solange die Schuldenkrise in Europa nicht ausgestanden ist, sind aktiv verwaltete Fonds, die zumindest theoretisch flexibel auf geänderte Marktbedingungen reagieren können, eine gute Wahl. Sie können sich auch in den Krisenländern die attraktivsten Unternehmen herauspicken, die international aufgestellt sind und besser laufen als der jeweilige Leitindex. Ein solcher Konzern war etwa Inditex aus Spanien, offiziell firmiert er unter Industria de Diseño Textil. Die Firma betreibt die Modekette Zara und eröffnet weltweit neue Läden. Die Aktie hat 2012 gegen den Trend des spanischen Indexes Ibex 35 zugelegt. Ihr Kurs ist um rund 64 Prozent gestiegen.

**Welche aktiven Fonds liegen vor dem Vergleichs-Indexfonds?**
Global, das ist das Zauberwort vieler Europa-Fondsmanager, wenn sie über die Auswahl ihrer Aktien sprechen. Den meisten ist die konjunkturelle Lage des Landes, in denen Firmen ihren Sitz haben, einerlei. Hauptsache, diese sind weltweit aufgestellt, verdienen gut, auch in schlechten Zeiten, und sind günstig bewertet.

Mit einem solchen Bottom-up-Ansatz haben sechs aktive Fonds den Referenzfonds der Gruppe, den iShares Stoxx Europe 600, seit Ende 2007 deutlich abgehängt – bei gleichzeitig geringerem Risiko (siehe Tabelle Seite 164).

Der am wenigsten riskante Fond war der Comgest Growth Europe. Dessen Management sucht Unternehmen mit „wachstumsstarkem, einfachem, herausragendem Geschäftsmodell". Für Europa hat Comgest 75 Unternehmen als potenzielle Kandidaten identifiziert, etwa 30 davon kommen ins Portfolio des Fonds. Die meisten bleiben dort mehr als fünf Jahre. Die zehn größten Werte umfassen rund die Hälfte des Portfolios. Frankreich ist mit einem Anteil von 31 Prozent das am stärksten vertretene Land, was aber nicht der wirtschaftlichen Lage dort geschuldet ist, sondern sich ausschließlich aus der Titelauswahl ergibt. Größte Position ist L'Oréal, ein weltweit führender Hersteller von Kosmetikprodukten. Ebenfalls aus Frankreich stammen die Cateringfirma Sodexo, der Lebensmittelkonzern Danone, der Software-Entwickler Dassault Systèmes sowie der Luxusgüterkonzern LVMH.

Sehr gut geschlagen hat sich auch der Allianz Europe Equity Growth. Mit einem Plus von durchschnittlich 8,3 Prozent jährlich schaffte er zwischen Ende 2007 und Ende April 2013 die höchste Rendite. Das Management setzt auf Unternehmen, die ein „gutes, strukturelles Wachstum" haben. Dazu zählte zuletzt etwa Novo Nordisk aus Dänemark, Weltmarktführer für Insulinprodukte. Der Konzern dürfte von der steigenden Zahl der Diabetiker profitieren, unabhängig davon, wie die Konjunktur läuft. Weitere Positionen im Portfolio: die britische Firma Reckitt Benckiser, ein Reinigungsmittelhersteller. Sabmiller

## INFO  Vergleichsindex Stoxx Europe 600

Der Stoxx-Europe-600-Index versammelt je 200 kleine, mittlere und große Unternehmen aus 18 europäischen Ländern. Dazu gehören neben den Staaten mit dem höchsten Gewicht, die die Grafik zeigt, Belgien, Finnland, Griechenland, Island, Irland, Luxemburg, Norwegen, Österreich und Portugal. Rund 44 Prozent der Unternehmen stammen aus dem Eurogebiet. Alle anderen Konzerne verteilen sich auf andere Währungsräume (siehe Länderaufteilung). Für Anleger aus Deutschland bedeutet das: Ihre Rendite wird geschmälert, wenn der Euro gegenüber den anderen Währungen steigt. Umgekehrt winken Wechselkursgewinne, falls der Euro fällt.

Der Börsenwert aller Indexmitglieder betrug Anfang 2013 rund 5,7 Billionen Euro. Die größten drei Branchen waren Finanzdienstleistungen (21,52 Prozent), Verbrauchsgüter (17,77 Prozent) und Industrieunternehmen (12,96 Prozent). Der Index wird vierteljährlich angepasst.

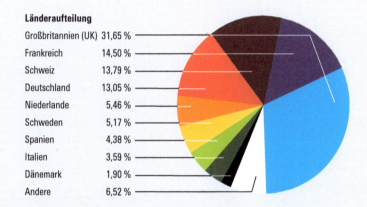

**Länderaufteilung**

|  |  |
|---|---|
| Großbritannien (UK) | 31,65 % |
| Frankreich | 14,50 % |
| Schweiz | 13,79 % |
| Deutschland | 13,05 % |
| Niederlande | 5,46 % |
| Schweden | 5,17 % |
| Spanien | 4,38 % |
| Italien | 3,59 % |
| Dänemark | 1,90 % |
| Andere | 6,52 % |

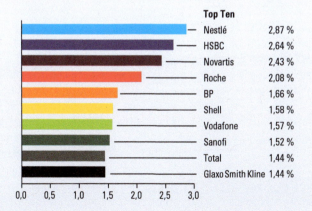

**Top Ten**

|  |  |
|---|---|
| Nestlé | 2,87 % |
| HSBC | 2,64 % |
| Novartis | 2,43 % |
| Roche | 2,08 % |
| BP | 1,66 % |
| Shell | 1,58 % |
| Vodafone | 1,57 % |
| Sanofi | 1,52 % |
| Total | 1,44 % |
| Glaxo Smith Kline | 1,44 % |

Quelle: Deutsche Bank, Stand: Februar 2013

und Carlsberg sind Brauereien, Prudential ist ein englischer Finanzdienstleister. Das Schwergewicht im Fonds, der deutsche Software-Entwickler SAP, gilt als innovativ und gehört auch in vielen anderen aktiv gemanagten Fonds zu den Top Ten.

## AKTIENFONDS DEUTSCHLAND – HOHE SCHWANKUNGEN

Anleger kaufen gerne Aktien von heimischen Unternehmen. Sie gewichten sie deshalb häufig überproportional, wie Untersuchungen zeigen. Doch eine zu große Vorliebe für die Heimatbörse kann zu einer schlechteren Risikostreuung führen. Deutsche Unternehmen sollten nicht mehr als 15 Prozent des Aktienanteils im Depot ausmachen. Diese Quote entspricht etwa der in breit gestreuten europäischen Indizes, liegt aber weit über der im MSCI World.

### Deutsche Aktien schwanken stark

Die Schwankungsbreite von deutschen Aktien war in der Vergangenheit höher als die von internationalen oder amerikanischen Werten. Zwischen 2007 und Ende April 2013 war der Vergleichsindex MSCI Deutschland sogar riskanter als der MSCI Emerging Markets (siehe Seite 158), der die als besonders schwankungsanfällig geltenden Schwellenländer abbildet. Von den besten Deutschland-Fonds verbuchte selbst der mit dem geringsten Risiko immer noch einen maximalen Verlust von 38,4 Prozent. Einer der sichersten weltweit anlegenden Fonds verlor dagegen in der Spitze lediglich 23,3 Prozent. Allerdings waren auch die Renditen in den vergangenen drei Jahren deutlich niedriger – besonders 2012. In dem Jahr war der deutsche Leitindex Dax mit einem Plus von fast 30 Prozent einer der Stars weltweit. Von den großen Leitindizes anderer Industrieländer konnte keiner auch nur annähernd mithalten.

### Wettbewerbsfähig auf dem Weltmarkt

Das Etikett „Made in Germany" übt auf viele internationale Anleger nach wie vor Anziehungskraft aus. Die deutschen Unternehmen sind international wettbewerbsfähig und bieten Produkte, etwa Autos, Maschinen und chemische Erzeugnisse, die weltweit nachgefragt werden. Die 30 Dax-Konzerne erwirtschaften 70 Prozent ihres Umsatzes mittlerweile im Ausland. Für sie ist deswegen weniger wichtig, wie die Wirtschaft hierzulande läuft. Viel entscheidender ist die Verfassung der bedeutendsten Exportmärkte. Dazu zählen die USA, China, Lateinamerika und natürlich der Euroraum. Letzterer schwächelt wegen der Banken- und Staatsschuldenkrise. Das geht auch an der deutschen Wirtschaft, die sich vergleichsweise gut hält, nicht spurlos vorüber.

## Deutschland als offensive Beimischung

Wenn Sie sich bereits für einen soliden internationalen Fonds entschieden haben und ihr Portfolio mit deutschen Aktien ergänzen wollen, sollten Sie bei der Fondsauswahl weniger auf die Risikokennzahlen schielen. Als Beimischung können sich auch vorsichtige Anleger ruhig einen aggressiveren Fonds aussuchen. Das entspricht ohnehin eher dem Charakter deutscher Werte und bietet sich besonders dann an, wenn Sie einen Börsen-Aufschwung erwarten.

Eine Option ist der DWS Deutschland (siehe Tabelle Seite 166), der es seit Jahren immer wieder unter die besten Fonds bei den Finanztest-Untersuchungen schafft. 2012, als die Kurse deutscher Aktien in den Himmel schossen wie die Bürotürme der Banken, gehörte er zu den wenigen seiner Gruppe, die den Vergleichsindex deutlich abhängten. Das unterstreicht seine offensive Strategie. Der Fonds hält rund 55 Titel, die das Management aus den 530 Unternehmen auswählt, die im C-Dax gelistet sind. Dieser Index enthält sowohl die großen 30 Dax-Konzerne als auch mittlere und kleine Unternehmen, sogenannte Nebenwerte. Ihr Anteil im Fonds rangiert zwischen 10 und 50 Prozent. Nebenwerte laufen in der Regel während Börsenaufschwüngen besser als die großen Standardtitel.

Das Management des DWS Deutschland sucht nach unterbewerteten Aktien, die es auf Basis fundamentaler Unternehmensdaten auswählt. Bevorzugt werden der DWS zufolge Unternehmen mit einem geringen Verschuldungsgrad, starkem Exportgeschäft und hoher Dividendenrendite. Solche Konzerne machten die Manager zuletzt vor allem in den Sektoren Automobil, Industrie, Chemie und Technologie aus. Links liegen ließen sie

### INFO   Wie Fonds mehr investieren als ihr Kapital

Neben Aktien darf der DWS Deutschland auch in Finanzderivate mit Hebelwirkung investieren. Diese Instrumente nutzt der Fonds, um beispielsweise in Aufschwüngen den Investitionsgrad über 100 Prozent des Fondskapitals zu heben. Mit Derivaten können Positionen an der Börse eingegangen werden, die um ein Vielfaches größer sind als das eingesetzte Kapital. Dadurch kann ein Fonds mit einem Anlagevolumen investiert sein, das sein Vermögen übersteigt. Im Januar 2013 beispielsweise betrug der Investitionsgrad des DWS Deutschland 107 Prozent. Dadurch erhöhten sich die Gewinnchancen, aber auch das Risiko.
**Tipp:** Eine Investitionsquote von mehr als 100 Prozent bedeutet immer, dass der Fonds Finanzderivate einsetzt. Wem das zu riskant ist, meidet solche Produkte.

**INFO** **Vergleichsindex MSCI Deutschland**

Der MSCI Deutschland ist breiter aufgestellt als der deutsche Leitindex Dax. Er enthält 51 Unternehmen, der Dax nur 30. Nach Angaben von MSCI decken die Index-Konzerne 85 Prozent der gesamten Marktkapitalisierung in Deutschland ab. Anleger, die mit einem Indexfonds in deutsche Aktien investieren möchten, können auch auf den Dax setzen. Er schnitt in den vergangenen fünf Jahren (Stand: 30. April 2013) besser ab als der MSCI Deutschland und hatte ein etwas geringeres Risiko (siehe Fondstabelle Seite 166)

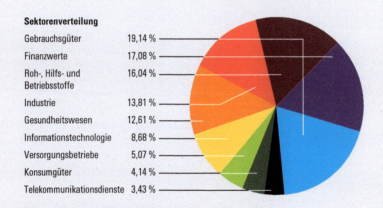

**Sektorenverteilung**

| | |
|---|---|
| Gebrauchsgüter | 19,14 % |
| Finanzwerte | 17,08 % |
| Roh-, Hilfs- und Betriebsstoffe | 16,04 % |
| Industrie | 13,81 % |
| Gesundheitswesen | 12,61 % |
| Informationstechnologie | 8,68 % |
| Versorgungsbetriebe | 5,07 % |
| Konsumgüter | 4,14 % |
| Telekommunikationsdienste | 3,43 % |

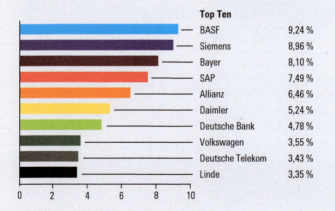

**Top Ten**

| | |
|---|---|
| BASF | 9,24 % |
| Siemens | 8,96 % |
| Bayer | 8,10 % |
| SAP | 7,49 % |
| Allianz | 6,46 % |
| Daimler | 5,24 % |
| Deutsche Bank | 4,78 % |
| Volkswagen | 3,55 % |
| Deutsche Telekom | 3,43 % |
| Linde | 3,35 % |

Quelle: MSCI, Stand: Januar 2013

dagegen die Versorger E.ON und RWE, deren Geschäft unter der Energiewende leidet. Auch Telekommunikations- und Finanztitel mieden die Manager. Die Quote mittlerer und kleiner Unternehmen lag bei 25 Prozent.

## AKTIENFONDS SCHWELLENLÄNDER – GUTE BEIMISCHUNG

Die Finanzbranche hat Staaten, deren Wirtschaft noch nicht so weit entwickelt ist wie die der Industrieländer, das Etikett „Emerging Markets" verpasst, aufstrebende Märkte, die an der Schwelle zu einer höheren Entwicklungsstufe stehen.

Was einen entwickelten Aktienmarkt von einem „Emerging Market" unterscheidet, ist allerdings nicht einheitlich definiert. Die meisten Fondsmanager und Börsenprofis folgen der Einteilung der Investmentbank Morgan Stanley, deren MSCI-Indizes die Basis zahlreicher Fondsportfolios bilden. Zu den entwickelten Märkten zählt Morgan Stanley beispielsweise Hongkong und Singapur, nicht jedoch Südkorea oder Taiwan. Dabei haben eine Vielzahl modernster Technologie- und Elektronikkonzerne in Südkorea ihren Sitz, von denen Samsung nur der bekannteste ist. Unter einem Schwellenland stellt man sich im Allgemeinen etwas anderes vor.

Nach der Einteilung der Finanzbranche sind jedenfalls Brasilien, Russland, Indien und China die größten Schwellenländer. Sie werden als sogenannte Bric-Staaten bezeichnet, eine Marketing-Erfindung der Investment-Bank Goldman Sachs.

### Hohes Wachstum kein Garant für hohe Aktienrenditen

Die Zukunftsaussichten vieler Schwellenländer sind gut. Mit Ausnahme von Russland ist ihr größter Trumpf die junge Bevölkerung. Nach westlichen Maßstäben hat sie riesigen Nachholbedarf an Konsumgütern. In Verbindung mit einer zunehmenden Kaufkraft verheißt das Wirtschaftswachstum für viele Jahre. Da können die alternden Gesellschaften Westeuropas, Japans und der USA nicht mithalten.

Für einige Schwellenländer spricht auch ihr Rohstoffreichtum. In Südamerika, Russland und Afrika lagern enorme Bodenschätze. In der Vergangenheit haben vor allem Konzerne aus den Industrienationen an der Förderung von Erdöl und Edelmetallen verdient. Nun holen Energie- und Rohstoffkonzerne aus den Schwellenländern rasant auf.

Zwar sind sich die meisten Experten darüber einig, dass die Emerging Markets auch in Zukunft stärker wachsen werden als die Industrienationen. Doch das garantiert keine boomenden Aktienmärkte. Es gibt keinen eindeutigen Zusammenhang, weil die Börsenkurse vor allem von Erwartungen auf künftiges Wachstum bestimmt

**INFO** **Vergleichsindex MSCI Emerging Markets**

Der MSCI Emerging Markets ist einer der am breitesten gestreuten Indizes, die die Entwicklung der Aktienmärkte in den Schwellenländern abbilden. Er umfasst 821 Unternehmen aus 21 Ländern. Dazu zählen neben den in der Grafik aufgeführten Staaten Ägypten, Chile, Indonesien, Kolumbien, Marokko, Peru, die Philippinen, Polen, Thailand, Tschechien, die Türkei und Ungarn. Die Zusammensetzung des Index und die Gewichtung der einzelnen Unternehmen werden auf Basis des Gesamtwertes ihrer frei an Börsen gehandelten Aktien bestimmt. Größter Wert ist Samsung. Mit einer Marktkapitalisierung von fast 152,5 Milliarden US-Dollar erreicht der Konzern ein Gewicht von 3,75 Prozent im Index. Dort sind aber auch mittlere Unternehmen vertreten. Das kleinste hatte im April 2013 einen Börsenwert von 369 Millionen US-Dollar. Nach Angaben von MSCI repräsentiert der Index etwa 85 Prozent aller börsennotierten Unternehmen in den 21 enthaltenen Ländern. Deren Währungen werden in US-Dollar umgerechnet, auf dessen Basis der Index berechnet wird. Für in Euro gehandelte Indexfonds bestehen Wechselkursrisiken, die das Anlageergebnis positiv oder negativ beeinflussen können.

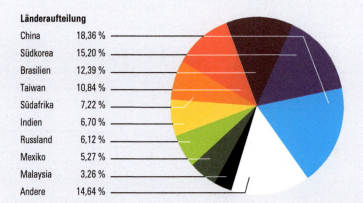

**Länderaufteilung**

| China | 18,36 % |
| Südkorea | 15,20 % |
| Brasilien | 12,39 % |
| Taiwan | 10,84 % |
| Südafrika | 7,22 % |
| Indien | 6,70 % |
| Russland | 6,12 % |
| Mexiko | 5,27 % |
| Malaysia | 3,26 % |
| Andere | 14,64 % |

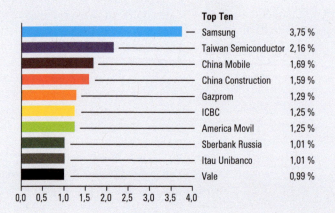

**Top Ten**

| Samsung | 3,75 % |
| Taiwan Semiconductor | 2,16 % |
| China Mobile | 1,69 % |
| China Construction | 1,59 % |
| Gazprom | 1,29 % |
| ICBC | 1,25 % |
| America Movil | 1,25 % |
| Sberbank Russia | 1,01 % |
| Itau Unibanco | 1,01 % |
| Vale | 0,99 % |

Quellen: MSCI, Stand: Januar 2013, Deutsche Bank, Stand: Februar 2013

werden (siehe Seite 65). Viele Schwellenländer sind nicht offen für Kapitalflüsse. Auch das wirkt sich auf die Börsen aus.

**Schwellenländer können Chancen verbessern**
Dennoch können Schwellenländer-Fonds Vorteile bringen, wie Berechnungen von Finanztest zeigen. In der Vergangenheit ließ sich das Chance-Risiko-Profil eines Aktiendepots, das nur Fondsanteile auf den MSCI-World-Index enthielt, verbessern, wenn man 10 bis 20 Prozent Indexfonds auf den MSCI Emerging Markets dazumischte. Die Rendite des Depots stieg, während die Schwankungsbreite nur leicht zunahm. Ob sich dieser Effekt auch künftig erzielen lässt, ist allerdings ungewiss. Nichtsdestotrotz sollten Anleger gerade größere Depots auch mit Schwellenländer-Fonds diversifizieren. Ihr Risiko lag in den vergangenen Jahren über dem von internationalen Fonds, aber unter dem von deutschen Aktien. Bevor Sie einen Emerging-Markets-Fonds kaufen, sollten Sie den Schwellenländer-Anteil ihrer aktiven Aktienfonds Welt ermitteln und diesen von der gewünschten Quote (maximal 20 Prozent des Aktienanteils) abziehen.

**Kaum empfehlenswerte aktive Fonds**
Bei aktiv gemanagten Schwellenländer-Fonds ist Vorsicht angebracht. Nur sehr wenige schaffen es, den Vergleichsindex zu schlagen. Bei einem Test im Jahr 2012 waren es lediglich sieben. Drei Jahre zuvor schaffte es nur ein einziger. Ein Indexfonds auf den MSCI Emerging Markets ist deswegen eine gute Wahl. Allerdings gibt es keinen Fonds, der alle 821 Indexaktien tatsächlich kauft. Die Gesellschaft iShares begnügt sich beispielsweise mit 320 Aktien, um den Index abzubilden.

Einer der wenigen beachtenswerten aktiven Fonds ist der Ende 1992 aufgelegte First State Global Emerging Markets. Die Fondsgesellschaft First State gehört zur Commonwealth Bank of Australia und ist räumlich nah an den asiatischen Schwellenländern. Für die Manager sprechen die seit Jahren guten Ergebnisse ihrer Emerging-Markets-Fonds. Gleich zwei davon stehen auf der Finanztest-Empfehlungsliste (siehe Tabelle Seite 168). Beide lieferten in den zurückliegenden Jahren viel höhere Renditen bei gleichzeitig geringerem Risiko als der Vergleichsindex.

Der Anteilswert des Global Emerging Markets ist in 19 Jahren um mehr als 800 Prozent gestiegen. Er eignet sich aufgrund seiner Strategie vor allem für Langfristanleger. Seine Manager suchen abseits aktueller Moden nach Geschäftsmodellen, die ein anhaltendes und gut vorhersehbares Wachstum versprechen. Dieses Anlagekonzept, das aktuelle Trends weitgehend ignoriert, brachte in der Vergangenheit meist deutlich bessere Ergebnisse als der Vergleichsindex. Wenn aber stark zyklische Aktien und Branchen wie Auto- oder Chemietitel boomen, hat der Fonds das Nachsehen.

## EMPFEHLENSWERTE FONDS AUS UNSEREM DAUERTEST (sortiert nach Sicherheit)

| Fonds | Dominant gegenüber dem Referenzfonds | | | | Effizient[3] | Wertentwicklung (Prozent p. a.) | | | Maximaler Verlust (Prozent) |
|---|---|---|---|---|---|---|---|---|---|
| | Geringeres Risiko als der Referenzfonds | Risiko[1] | Höhere Chance als der Referenzfonds | Chance[2] | | Seit Ende 2007 | 3 Jahre | 1 Jahr | |
| **RENTENFONDS EURO** | | | | | | | | | |
| DWS Rendite (Medium)<br>Isin: LU 031 060 095 1 | ■ | 10,8 | □ | 52,0 | ■ | 5,9 | 4,9 | 4,5 | 4,1 |
| Kepler Vorsorge Rentenfonds (A)<br>Isin: AT 000 079 986 1 | ■ | 13,2 | ■ | 69,7 | ■ | 7,5 | 7,2 | 12,6 | 4,8 |
| Schroder ISF Euro Bond A Dis<br>Isin: LU 009 347 208 1 | ■ | 14,4 | ■ | 70,9 | ■ | 7,4 | 6,2 | 10,9 | 6,4 |
| BNY Mellon Euroland Bond EUR A[4] ⓣ<br>Isin: IE 003 272 226 0 | ■ | 14,7 | ■ | 75,3 | ■ | 7,8 | 5,6 | 12,0 | 5,0 |
| iShares Barclays Euro Treasury Bond[5]<br>Isin: DE 000 A0Y BRZ 7 | ■ | 18,6[6] | □ | 66,1[6] | ◪[7] | 5,8[6] | 5,4 | 10,1 | 5,8[6] |
| db x-trackers iBoxx € Germany ETF<br>Isin: LU 046 889 657 5 | □ | 18,8[6] | ■ | 71,9[6] | ◪[7] | 6,4[6] | 5,6 | 3,9 | 6,0[6] |
| db x-trackers iBoxx € Sovereigns Eurozone ETF[4] ⓣ<br>Isin: LU 029 035 571 7 | – | 18,8 | – | 66,2 | ◪[7] | 5,8 | 5,4 | 10,1 | 5,8 |
| SSgA EMU Government Bond Index I d<br>Isin: FR 000 002 716 1 | □ | 18,8 | □ | 64,4 | ◪ | 5,6 | 5,1 | 10,0 | 6,0 |
| Volksbank Mündel-Rent (A) (VKAG)<br>Isin: AT 000 085 581 2 | □ | 20,6 | ■ | 76,9 | ■ | 6,6 | 6,2 | 9,6 | 5,8 |
| ComStage ETF iBoxx € Sovereigns Germany Capped 5-10[4] ⓣ<br>Isin: LU 044 460 696 5 | □ | 21,0[6] | ■ | 88,2[6] | ■ | 7,7[6] | 7,0 | 4,9 | 6,3[6] |
| iShares eb.rexx Government Germany 5.5-10.5 (DE)<br>Isin: DE 000 628 949 9 | □ | 21,3 | ■ | 89,2 | ■ | 7,7 | 7,2 | 5,2 | 6,4 |

Die Referenzfonds sind grau unterlegt.   ■ = Ja.  □ = Nein.  ◪ = Eingeschränkt   ⓣ = Thesaurierender Fonds. Alle anderen sind ausschüttende oder teilthesaurierende Fonds.

| Fondstyp | | | Anlageschwerpunkt und Anlagestrategie |
| --- | --- | --- | --- |
| | Indexfonds (ETF) | | |
| Aktiv gemanagt | Physisch | Synthetisch | |
| ■ | ☐ | ☐ | **Staats- und Unternehmensanleihen.** Mittlere Laufzeiten. Beimischung von Aktien, meistens durch Derivate abgesichert. Fremdwährung abgesichert. Einsatz von Derivaten. |
| ■ | ☐ | ☐ | **Österreichische Anleihen.** Ausschließlich Staatsanleihen und mündelsichere besicherte Anleihen aus Österreich. Mischt flexibel über alle Restlaufzeiten. Derivate ausschließlich zur Absicherung. Mindestens Investmentgrade. |
| ■ | ☐ | ☐ | **Anlageschwerpunkt Euro-Anleihen.** Benchmark BarCap Euro Agg enthält ca. 70 % Staatsanleihen. Beimischung von Derivaten. |
| ■ | ☐ | ☐ | **Überwiegend Staats- und Unternehmensanleihen aus Euroland.** Mischt flexibel über alle Restlaufzeiten. Beimischung von Fremdwährungsanleihen und High-Yields. Bottom-up-Analyse. |
| ☐ | ◪ | ☐ | **Euro-Staatsanleihen.** Index (Barclays Capital Euro Treasury Bond) enthält: Staatsanleihen aus Euroland. Alle Restlaufzeiten über einem Jahr. Gewichtung nach Größe. Mindestens Investmentgrade. Indexnachbildung: Auswahl möglichst indexnaher Titel. Leihe. |
| ☐ | ☐ | ■ | **Deutsche Staatsanleihen.** Index (Markit iBoxx € Germany) enthält: Deutsche Staatsanleihen mit Restlaufzeiten über einem Jahr. Gewichtung nach Größe. Monatliche Indexanpassung. Indexnachbildung: Anleihenkorb plus unbesicherter Swap mit Deutsche Bank (Rating A+). Keine Leihe. |
| ☐ | ☐ | ■ | **Euro-Staatsanleihen.** Index (Markit iBoxx € Eurozone) enthält: Ca. 260 Staatsanleihen aus 11 Euroländern. Alle Restlaufzeiten. Gewichtung nach Größe. Monatliche Indexanpassung. Mindestens Investmentgrade. Indexnachbildung: Anleihenkorb plus unbesicherter Swap mit Deutsche Bank (Rating A+). Keine Leihe. |
| ☐ | ◪ | ☐ | **Euro-Staatsanleihen.** Index (Citigroup Euroland Government Bond) enthält: Über 200 Staatsanleihen aus 9 Euroländern. Alle Restlaufzeiten. Mindestens Investmentgrade. Indexnachbildung: Repräsentative Auswahl von Indextiteln. Swaps und Leihe erlaubt. |
| ■ | ☐ | ☐ | **Österreichische Anleihen.** Investiert in mündelsichere Anleihen österreichischer Emittenten. Mischt über alle Laufzeiten. Derivate nur zur Absicherung. |
| ☐ | ☐ | ■ | **Deutsche Staatsanleihen.** Index (Markit iBoxx € Sovereigns Germany Capped 5-10) enthält: Die deutschen Staatsanleihen mit einer Restlaufzeit von 5 bis 10 Jahren. Maximal 30 % pro Titel. Mindestens Investmentgrade. Indexnachbildung durch europäischen Aktienkorb plus besicherten Swap mit Commerzbank (Rating A). Leihe. |
| ☐ | ■ | ☐ | **Deutsche Staatsanleihen.** Index (eb.rexx Government Germany 5.5-10.5) enthält: Deutsche Staatsanleihen mit Restlaufzeiten zwischen 5,5 und 10,5 Jahren. Gewichtung nach Größe. Mindestens Investmentgrade. Indexnachbildung: Vollreplikation. Leihe. |

Isin = Kennummer des Fonds        Fußnoten siehe Seite 168

| Fonds | Dominant gegenüber dem Referenzfonds | | | | | Wertentwicklung (Prozent p. a.) | | | |
|---|---|---|---|---|---|---|---|---|---|
| | Geringeres Risiko als der Referenzfonds | Risiko[1] | Höhere Chance als der Referenzfonds | Chance[2] | Effizient[3] | Seit Ende 2007 | 3 Jahre | 1 Jahr | Maximaler Verlust (Prozent) |
| Standard Life Euro Government Bond A thes.[4] ⓣ<br>Isin: LU 021 307 084 9 | ☐ | 29,7 | ■ | 92,6 | ■ | 5,8 | 5,9 | 13,8 | 10,9 |
| **AKTIENFONDS WELT** | | | | | | | | | |
| BL Equities Dividend A<br>Isin: LU 030 919 149 1 | ■ | 44,6 | ☐ | 136,0 | ■ | 5,2 | 9,1 | 8,1 | 28,2 |
| R + P Universal ⓣ<br>Isin: DE 000 531 696 2 | ■ | 46,3 | ☐ | 136,9 | ■ | 4,6 | 8,4 | 14,2 | 22,9 |
| Franklin Mutual Global Discovery A (Ydis) EUR<br>Isin: LU 026 086 272 6 | ■ | 49,1 | ☐ | 144,6 | ■ | 4,2 | 7,8 | 15,3 | 22,7 |
| Amundi International Sicav AU (C)[4)8)] ⓣ<br>Isin: LU 006 857 850 8 | ■ | 50,2 | ☐ | 169,0 | ■ | 5,7 | 8,0 | 10,5 | 23,3 |
| ValueInvest Global D1<br>Isin: LU 013 599 050 4 | ■ | 51,4 | ☐ | 174,8 | ■ | 5,6 | 6,7 | 23,0 | 30,0 |
| Vontobel Global Value Equity A-USD<br>Isin: LU 021 891 002 3 | ■ | 56,7 | ☐ | 192,6 | ▨[9] | 4,6 | 14,6 | 15,5 | 39,3 |
| Nordea Global Value AP-EUR<br>Isin: LU 025 563 760 4 | ■ | 58,3 | ☐ | 199,0 | ■ | 4,2 | 11,1 | 21,7 | 41,4 |
| LO Generation Global (EUR) P D[8]<br>Isin: LU 042 870 455 4 | ■ | 58,8 | ■ | 224,0 | ▨[9] | 5,6 | 7,6 | 14,5 | 34,2 |
| MFS Meridian Global Equity A1 EUR[4]  ⓣ<br>Isin: LU 009 456 074 4 | ■ | 61,0 | ■ | 240,8 | ■ | 5,5 | 11,3 | 19,4 | 38,2 |
| Swisscanto (LU) Equity Fund Selection International B[4] ⓣ<br>Isin: LU 023 011 204 6 | ■ | 61,4 | ■ | 246,8 | ■ | 5,6 | 11,8 | 16,1 | 42,3 |
| Pictet Security-P dy USD<br>Isin: LU 025 684 630 3 | ■ | 63,4 | ■ | 298,2 | ■ | 7,3 | 11,6 | 12,9 | 32,4 |

Die Referenzfonds sind grau unterlegt.   ■ = Ja.  ☐ = Nein.  ▨ = Eingeschränkt   ⓣ = Thesaurierender Fonds. Alle anderen sind ausschüttende oder teilthesaurierende Fonds.

## EMPFEHLENSWERTE FONDS AUS UNSEREM DAUERTEST (sortiert nach Sicherheit)

| | Fondstyp | | Anlageschwerpunkt und Anlagestrategie |
|---|---|---|---|
| | Indexfonds (ETF) | | |
| Aktiv gemanagt | Physisch | Synthetisch | |
| ■ | ☐ | ☐ | **Euro-Staatsanleihen.** Orientiert sich am ML Euro Government over 5 years Index. Laufzeiten müssen größer als 5 Jahre sein. Einsatz von Derivaten zur Absicherung, Kostenreduktion und zur Ertragssteigerung bei geringem Risiko. |
| ■ | ☐ | ☐ | **Dividendenstrategie.** Sucht nach Unternehmen mit hoher aktueller oder erwarteter Dividendenrendite. Beimischung von Immobilienfonds und -AGs. Derivate zur Absicherung. |
| ■ | ☐ | ☐ | **Wachstumswerte.** Sucht nach Titeln mit „überdurchschnittlicher Wachstumsdynamik". Überwiegend große Unternehmen. Beimischung von Nebenwerten. Bottom-up-Analyse. Meidet aktuell Finanztitel. |
| ■ | ☐ | ☐ | **Substanzwerte.** Sucht nach unterbewerteten Titeln sowie Übernahme- beziehungsweise Turn-around-Kandidaten. Investiert in große und mittlere Unternehmen. Bottom-up-Analyse. |
| ■ | ☐ | ☐ | **Substanzwerte.** Sucht nach unterbewerteten Titeln. Alle Unternehmensgrößen. Investiert auch in Anleihen und Gold-Werte. Derivate zur Absicherung erlaubt. |
| ■ | ☐ | ☐ | **Substanzwerte.** Sucht nach „unterbewerteten Unternehmen mit hoher Ertragsstabilität und geringer Verschuldung". Hält überwiegend große Werte. Bottom-up-Analyse. |
| ■ | ☐ | ☐ | **Substanzwerte.** Sucht nach „unterbewerteten erstklassigen Unternehmen". Überwiegend große Unternehmen. Obergrenze 10 % pro Titel. Beimischung von Schwellenländern. Bottom-up-Analyse. |
| ■ | ☐ | ☐ | **Substanzwerte.** Sucht nach Titeln, die „mit Discount zu ihrem inneren Wert notieren". Nachhaltigkeitsaspekte werden dabei berücksichtigt. Hält überwiegend große Werte. Einsatz von Derivaten nur zur Absicherung und falls direkte Anlage nicht möglich. |
| ■ | ☐ | ☐ | **Nachhaltigkeit.** Ökologische und soziale Aspekte werden bei Titelauswahl berücksichtigt. Management durch „Generation Investment Management", gegründet von Al Gore und David Blood. Bottom-up-Analyse. Derivate werden eingesetzt. |
| ■ | ☐ | ☐ | **Offene Ausrichtung.** Sowohl Wachstums- als auch Substanzwerte. Überwiegend große Unternehmen. Beimischung von Schwellenländern. Bottom-up-Analyse. |
| ■ | ☐ | ☐ | **Offene Ausrichtung.** Sucht nach „wichtigen Unternehmen". Überwiegend große Unternehmen. Zusätzlich Long-Short-Strategie (130/30) mittels Derivaten. |
| ■ | ☐ | ☐ | **Festes Thema: Sicherheit.** Investiert in Unternehmen, die zur „Gewährleistung von Integrität, Gesundheit und Freiheit von Einzelpersonen, Gesellschaften und Regierungen beitragen". |

Isin = Kennummer des Fonds    Fußnoten siehe Seite 168

| Fonds | Dominant gegenüber dem Referenzfonds | | | | Effizient[3] | Wertentwicklung (Prozent p. a.) | | | Maximaler Verlust (Prozent) |
|---|---|---|---|---|---|---|---|---|---|
| | Geringeres Risiko als der Referenzfonds | Risiko[1] | Höhere Chance als der Referenzfonds | Chance[2] | | Seit Ende 2007 | 3 Jahre | 1 Jahr | |
| db x-trackers MSCI World ETF 1C[4]<br>Isin: LU 027 420 869 2 | ⓣ | – | 64,3 | – | 222,0 | ☐ | 2,7 | 9,7 | 16,9 | 44,2 |
| Warburg Value A[4)8]<br>Isin: LU 020 828 919 8 | ⓣ | ☐ | 69,3 | ■ | 325,9 | ■ | 5,2 | 5,8 | 16,2 | 42,9 |
| DWS Internationale Aktien Typ O[8]<br>Isin: DE 000 984 801 0 | ⓣ | ☐ | 73,3 | ■ | 340,7 | ■ | 3,1 | 13,3 | 16,6 | 49,4 |
| Calamos Global Equity A EUR Acc.[4]<br>Isin: IE 00B 28V TY5 8 | ⓣ | ☐ | 73,9 | ■ | 368,4 | ■ | 3,8 | 9,9 | 0,7 | 46,1 |
| **AKTIENFONDS EUROPA** | | | | | | | | | | |
| Comgest Growth Europe Dis.<br>Isin: IE 00B 0XJ XQ0 1 | | ■ | 48,8 | ☐ | 179,3 | ■ | 6,9 | 15,7 | 25,5 | 33,7 |
| Spängler Quality Growth Europe (T)[4]<br>Isin: AT 000 085 775 0 | ⓣ | ■ | 55,2 | ☐ | 231,0 | ■ | 7,7 | 15,9 | 24,6 | 36,7 |
| Franklin European Growth A (acc)[4]<br>Isin: LU 012 261 284 8 | ⓣ | ■ | 60,4 | ■ | 264,8 | ■ | 7,1 | 13,3 | 24,5 | 38,4 |
| Allianz Europe Equity Growth A EUR<br>Isin: LU 025 683 919 1 | | ■ | 64,9 | ■ | 335,7 | ■ | 8,3 | 15,1 | 18,9 | 43,7 |
| iShares Stoxx Europe Large 200 (DE)<br>Isin: DE 000 593 398 0 | | ■ | 71,3 | ☐ | 232,6 | ◪[7] | -0,9 | 8,0 | 19,5 | 50,0 |
| BGF Continental European Flexible A2 EUR[4]<br>Isin: LU 022 410 547 7 | ⓣ | ■ | 71,6 | ■ | 391,7 | ■ | 6,5 | 13,0 | 22,1 | 46,2 |
| ETFlab MSCI Europe LC<br>Isin: DE 000 ETF L08 6 | | ■ | 71,6[6] | ☐ | 234,8[6] | ◪ | -0,9[6] | 7,7 | 18,6 | 50,2[6] |

Die Referenzfonds sind grau unterlegt.  ■ = Ja.  ☐ = Nein.  ◪ = Eingeschränkt.  ⓣ = Thesaurierender Fonds. Alle anderen sind ausschüttende oder teilthesaurierende Fonds.

EMPFEHLENSWERTE FONDS AUS UNSEREM DAUERTEST (sortiert nach Sicherheit) 165

| Fondstyp | | | Anlageschwerpunkt und Anlagestrategie |
| --- | --- | --- | --- |
| Aktiv gemanagt | Indexfonds (ETF) Physisch | Synthetisch | |
| ☐ | ☐ | ■ | **Marktbreit.** Index (MSCI World) enthält: Über 1600 große (ca. 82 %) und mittlere Unternehmen aus 24 entwickelten Märkten weltweit. Gewichtung nach Börsenwert (Streubesitz). Titelüberprüfung halbjährlich im Mai und November. Indexnachbildung: Aktienkorb plus unbesicherter Swap mit Deutsche Bank (Rating A+). Keine Leihe. |
| ■ | ☐ | ☐ | **Substanzwerte.** Verfolgt „klassischen Graham & Dodd-Value-Ansatz". Überwiegend mittlere und kleine Unternehmen. Beimischung von Schwellenländern. Bottom-up-Analyse. |
| ■ | ☐ | ☐ | **Wachstumswerte.** Investiert in ein konzentriertes Portfolio aus „wachstumsstarken Standardwerten". Nur große Unternehmen. Beimischung von Schwellenländern. |
| ■ | ☐ | ☐ | **Wachstumswerte.** Sucht nach Unternehmen mit nachhaltigem Wachstum. Alle Unternehmensgrößen. Beimischung von Schwellenländern. Verbindet Fundamentalanalyse mit globalen Investmentthemen. |
| ■ | ☐ | ☐ | **Wachstumswerte.** Sucht nach langfristig wachsenden Unternehmen, die international tätig sind. Überwiegend große Unternehmen. Bottom-up-Analyse. |
| ■ | ☐ | ☐ | **Wachstumswerte.** Sucht nach langfristig wachsenden Unternehmen, die international tätig sind. Überwiegend große Unternehmen. Bottom-up-Analyse. |
| ■ | ☐ | ☐ | **Wachstumswerte.** Sucht nach Unternehmen, die ein „außergewöhnliches Wachstumspotenzial aufweisen". Alle Unternehmensgrößen. Bottom-up-Analyse. |
| ■ | ☐ | ☐ | **Wachstumswerte.** „Konzentriert sich auf Titel, deren Wachstumspotenzial im aktuellen Kurs nicht hinreichend berücksichtigt ist". Überwiegend große Unternehmen. |
| ☐ | ■ | ☐ | **Große Werte.** Index (Stoxx Europe Large 200) enthält: Die 200 größten Unternehmen aus Europa (Stoxx Europe 600). Gewichtung nach Börsenwert (Streubesitz). Indexnachbildung: Vollreplikation. Leihe. |
| ■ | ☐ | ☐ | **Offene Ausrichtung.** Insel-Skeptiker. Kann sowohl in Wachstums- als auch Substanzwerte investieren. Alle Unternehmensgrößen. Ohne United Kingdom. |
| ☐ | ■ | ☐ | **Große Werte.** Index (MSCI Europe Large Cap) enthält: Die ca. 200 größten Unternehmen aus Europa (MSCI Europe). Gewichtung nach Börsenwert (Streubesitz). Titelüberprüfung halbjährlich im Mai und November. Indexnachbildung: Vollreplikation. Leihe. |

Isin = Kennummer des Fonds        Fußnoten siehe Seite 168

| Fonds | Dominant gegenüber dem Referenzfonds | | | | Effizient[3] | Wertentwicklung (Prozent p. a.) | | | Maximaler Verlust (Prozent) |
|---|---|---|---|---|---|---|---|---|---|
| | Geringeres Risiko als der Referenzfonds | Risiko[1] | Höhere Chance als der Referenzfonds | Chance[2] | | Seit Ende 2007 | 3 Jahre | 1 Jahr | |
| iShares Stoxx Europe 600 (DE) Isin: DE 000 263 530 7 | – | 71,7 | – | 244,0 | ◪ | –0,5 | 7,9 | 19,2 | 50,2 |
| ETFlab Stoxx Europe 50 Isin: DE 000 ETF L25 0 | ☐ | 72,0[6] | ☐ | 223,8[6] | ◪ | –1,8[6] | 6,4 | 17,5 | 49,6[6] |
| ETFlab MSCI Europe Isin: DE 000 ETF L28 4 | ☐ | 72,1[6] | ☐ | 242,4[6] | ◪ | –0,8[6] | 7,7 | 18,5 | 50,7[6] |
| R Conviction Europe C[4] ⓣ Isin: FR 001 078 483 5 | ☐ | 81,2 | ■ | 423,2 | ■ | –0,3 | 2,3 | 25,1 | 41,9 |
| **AKTIENFONDS DEUTSCHLAND** | | | | | | | | | |
| Acatis Aktien Deutschland ELM[4)8] ⓣ Isin: LU 015 890 355 8 | ■ | 60,1 | ☐ | 265,3 | ■ | 7,3 | 12,7 | 19,5 | 38,4 |
| DB Platinum Platow R1C[4] ⓣ Isin: LU 024 746 828 2 | ■ | 62,4 | ☐ | 287,4 | ■ | 7,3 | 17,5 | 19,8 | 38,2 |
| Pioneer German Equity ⓣ Isin: DE 000 975 230 3 | ■ | 74,9 | ■ | 379,9 | ■ | 3,6 | 10,0 | 13,4 | 44,6 |
| Baring German Growth (EUR)[4] ⓣ Isin: GB 000 819 206 3 | ■ | 77,4 | ■ | 390,5 | ■ | 1,9 | 11,3 | 18,0 | 51,5 |
| Concentra A EUR (Allianz GI)[8] Isin: DE 000 847 500 5 | ■ | 78,7 | ■ | 440,4 | ■ | 2,7 | 12,9 | 19,8 | 52,8 |
| DWS Deutschland ⓣ Isin: DE 000 849 096 2 | ■ | 79,0 | ■ | 534,6 | ■ | 5,6 | 12,8 | 20,0 | 46,6 |
| ETFlab Dax ⓣ Isin: DE 000 ETF L01 1 | ■ | 79,2[9] | ■ | 371,8[9] | ◪ | –0,3[9] | 8,8 | 16,9 | 52,2[9] |
| SSgA Germany Index Equity[4] ⓣ Isin: FR 000 001 802 0 | – | 79,5 | – | 356,4 | ◪ | –1,3 | 8,7 | 16,7 | 54,0 |

Die Referenzfonds sind grau unterlegt.   ■ = Ja.  ☐ = Nein.  ◪ = Eingeschränkt   ⓣ = Thesaurierender Fonds. Alle anderen sind ausschüttende oder teilthesaurierende Fonds.

EMPFEHLENSWERTE FONDS AUS UNSEREM DAUERTEST (sortiert nach Sicherheit)

| | Fondstyp | | Anlageschwerpunkt und Anlagestrategie |
| | Indexfonds (ETF) | | |
| Aktiv gemanagt | Physisch | Synthetisch | |
|---|---|---|---|
| ☐ | ■ | ☐ | **Marktbreit.** Index (Stoxx Europe 600) enthält: 200 große (ca. 76 %), 200 mittlere (ca. 24 %) und 200 kleine (ca. 1 %) Unternehmen aus 18 europäischen Ländern. Gewichtung nach Börsenwert (Streubesitz). Titelüberprüfung vierteljährlich. Maximal 20 % pro Titel. Indexnachbildung: Vollreplikation. Leihe. |
| ☐ | ■ | ☐ | **Große Werte.** Index (Stoxx Europe 50) enthält: Die 50 größten Unternehmen aus 18 europäischen Ländern. Gewichtung nach Börsenwert (Streubesitz). Indexnachbildung: Vollreplikation. Leihe. |
| ☐ | ■ | ☐ | **Marktbreit.** Index (MSCI Europe) enthält: Über 400 große (ca. 85 %) und mittlere Unternehmen aus 16 europäischen Ländern. Gewichtung nach Börsenwert (Streubesitz). Titelüberprüfung halbjährlich im Mai und November. Indexnachbildung: Vollreplikation. Leihe. |
| ■ | ☐ | ☐ | **Substanzwerte.** Sucht nach Titeln mit höherem Wertsteigerungspotenzial als der Stoxx Europe 600. Überwiegend große und mittlere Unternehmen, maximal 20 % Small Caps. Beimischung von Osteuropa. Bottom-up-Analyse. Einsatz von Derivaten. |
| ■ | ☐ | ☐ | **Substanzwerte.** Berücksichtigt bei Titelauswahl „Ertragsstärke, Liquidität und Marktstellung (ELM)". Alle Unternehmensgrößen. Bottom-up-Analyse. |
| ■ | ☐ | ☐ | **Substanzwerte.** Portfolio richtet sich nach Empfehlungen der Platow Börse. Alle Unternehmensgrößen. Bottom-up-Analyse. |
| ■ | ☐ | ☐ | **Offene Ausrichtung.** Investiert in ca. 40 Unternehmen aus dem C-Dax. Alle Unternehmensgrößen. Bottom-up-Analyse. |
| ■ | ☐ | ☐ | **Offene Ausrichtung.** Alle Unternehmensgrößen. |
| ■ | ☐ | ☐ | **Offene Ausrichtung.** Vorwiegend große Unternehmen. Bottom-up-Analyse. |
| ■ | ☐ | ☐ | **Offene Ausrichtung.** Tendenziell Substanzwerte. Überwiegend große Unternehmen. Beimischung von Nebenwerten. |
| ☐ | ■ | ☐ | **Große Werte.** Index (Dax 30) enthält: Die 30 größten und meistgehandelten Unternehmen am deutschen Aktienmarkt. Gewichtung nach Börsenwert (Streubesitz). Titelauswahl jährlich im September, Neugewichtung vierteljährlich. Marktabdeckung ca. 70 %. Maximal 10 % pro Titel. Indexnachbildung: Vollreplikation. Leihe. |
| ☐ | ◩ | ☐ | **Marktbreit.** Index (MSCI Germany) enthält: Rund 50 große (ca. 93 %) und mittlere Unternehmen aus Deutschland. Gewichtung nach Börsenwert (Streubesitz), Titelüberprüfung halbjährlich im Mai und November. Indexnachbildung: Vollreplikation wird angestrebt. Swaps und Leihe erlaubt. |

Isin = Kennummer des Fonds        Fußnoten siehe Seite 168

| Fonds | Dominant gegenüber dem Referenzfonds | | | | | Wertentwicklung (Prozent p. a.) | | | | |
|---|---|---|---|---|---|---|---|---|---|---|
| | Geringeres Risiko als der Referenzfonds | Risiko[1] | Höhere Chance als der Referenzfonds | Chance[2] | Effizient[3] | Seit Ende 2007 | 3 Jahre | 1 Jahr | Maximaler Verlust (Prozent) | |
| Amundi ETF MSCI Germany[4] ⓉIsin: FR 001 065 571 2 | ☐ | 80,1[9] | ■ | 359,5[9] | ◪ | −1,7[9] | 8,7 | 17,2 | 54,7[9] | |
| LBBW Exportstrategie Deutschland (Deka) ⓉIsin: DE 000 977 196 4 | ☐ | 84,2 | ■ | 540,8 | ■ | 0,3 | 9,1 | 11,4 | 58,3 | |
| DWS Aktien Strategie Deutschland ⓉIsin: DE 000 976 986 9 | ☐ | 84,5 | ■ | 601,7 | ■ | 1,5 | 14,1 | 18,8 | 58,7 | |
| **AKTIENFONDS SCHWELLENLÄNDER GLOBAL** | | | | | | | | | | |
| First State Global Emerging Markets Leaders A Acc[4] ⓉIsin: GB 003 387 391 9 | ■ | 61,1 | ☐ | 308,2 | ■ | 9,0 | 12,3 | 12,7 | 37,5 | |
| First State Global Emerging Markets A Acc[4] ⓉIsin: GB 003 019 036 6 | ■ | 62,7 | ☐ | 323,9 | ■ | 9,0 | 12,5 | 15,6 | 40,7 | |
| Danske Global Emerging Markets A[4] ⓉIsin: LU 008 558 027 1 | ■ | 69,7 | ■ | 426,0 | ■ | 9,2 | 10,9 | 11,7 | 41,5 | |
| CS ETF (Lux) on MSCI Emerging Markets[4] ⓉIsin: LU 025 409 744 6 | – | 76,0 | – | 337,2 | ◪ | 0,9 | 2,5 | 2,5 | 50,4 | |
| Raiffeisen Emerging Markets-Aktien (A) Isin: AT 000 079 640 4 | ☐ | 79,3 | ■ | 443,8 | ■ | 2,2 | 1,7 | 4,2 | 52,7 | |

1) Das Risiko eines Fonds entspricht dem prozentualen Verlust, den ein Anleger erzielt hätte, wenn er nur in den Verlustmonaten des Fonds in den Fonds investiert gewesen wäre.
2) Die Chance eines Fonds entspricht dem prozentualen Gewinn, den ein Anleger erzielt hätte, wenn er nur in den Gewinnmonaten des Fonds in den Fonds investiert gewesen wäre.
3) Ein Fonds wird als effizient bezeichnet, wenn kein anderer Fonds der Fondsgruppe eine höhere Chance und gleichzeitig ein geringeres Risiko aufweist.
4) Beim Verkauf ausländischer thesaurierender Fonds können steuerliche Nachteile entstehen, unter www.test.de/auslandsfonds finden Sie weitere Informationen.
5) In Irland aufgelegter Fonds.
6) Hochgerechnet aus der Differenz der historischen Wertentwicklung des Fonds und der des nachgebildeten Index.
7) Es gibt keine weiteren von uns bewerteten Fonds, die den gleichen Index nachbilden.
8) Fonds mit erfolgsabhängiger Gebühr.

Die Referenzfonds sind grau unterlegt. ■ = Ja. ☐ = Nein. ◪ = Eingeschränkt Ⓣ = Thesaurierender Fonds. Alle anderen sind ausschüttende oder teilthesaurierende Fonds.

EMPFEHLENSWERTE FONDS AUS UNSEREM DAUERTEST (sortiert nach Sicherheit) **169**

| | Fondstyp | | Anlageschwerpunkt und Anlagestrategie |
|---|---|---|---|
| | Indexfonds (ETF) | | |
| Aktiv gemanagt | Physisch | Synthetisch | |
| ☐ | ☐ | ■ | **Marktbreit.** Index (MSCI Germany) enthält: Rund 50 große (ca. 93%) und mittlere Unternehmen aus Deutschland. Gewichtung nach Börsenwert (Streubesitz), Titelüberprüfung halbjährlich im Mai und November. Indexnachbildung durch europäischen Aktienkorb plus unbesicherten Swap mit BNP Paribas (Rating A+). Keine Leihe. |
| ■ | ☐ | ☐ | **Festes Thema:** Exportorientierte Unternehmen. Überwiegend große Unternehmen. Bis 25% Unternehmen aus dem M-Dax. |
| ■ | ☐ | ☐ | **Offene Ausrichtung.** Tendenziell Wachstumswerte. Alle Unternehmensgrößen. |
| ■ | ☐ | ☐ | **Offene Ausrichtung.** Ausschließlich große und mittlere Unternehmen. Zurzeit defensiv ausgerichtet. Aktuell 34% nicht zyklischer Konsum wie Nahrungsmittel. |
| ■ | ☐ | ☐ | **Offene Ausrichtung.** Zurzeit defensiv ausgerichtet. Aktuell 35% nicht zyklischer Konsum. |
| ■ | ☐ | ☐ | **Offene Ausrichtung.** Beachtet bei Titelauswahl ethische und ökologische Richtlinien der Danske Bank Group. Aktuell 35% Finanzen. |
| ☐ | ◪ | ☐ | **Marktbreit.** Index (MSCI Emerging Markets) enthält: Über 800 große (ca. 86%) und mittlere Unternehmen aus 21 Schwellenländern. Gewichtung nach Börsenwert (Streubesitz). Titelüberprüfung halbjährlich im Mai und November. Indexnachbildung: Optimierte Auswahl von Indextiteln. Leihe. |
| ■ | ☐ | ☐ | **Offene Ausrichtung.** Tendenziell Substanzwerte. Aktuell 41% Finanzen. |

9) Die Anteilsklasse ist effizient bezogen auf alle Anteilsklassen anderer Fonds, wird jedoch von mindestens einer anderen Anteilsklasse des Fonds dominiert.

Quelle: FWW Fondsdatenbank/FWW GmbH 2013, eigene Berechnungen und Recherchen.

Stand: 30. April 2013

Isin = Kennummer des Fonds

## AUSGEWÄHLTE RENTENINDEXFONDS

In der Tabelle haben wir eine Auswahl von Indexfonds (ETF) zusammengestellt, die auf Euro lautende Anleihen verschiedener Laufzeiten mischen.

| Rentenindexfonds | | Isin (Kennummer) |
|---|---|---|
| **... MIT STAATSANLEIHEN** | | |
| iShares eb.rexx Government Germany (DE) | | DE 000 628 946 5 |
| ETFlab Deutsche Börse Eurogov Germany | | DE 000 ETF L17 7 |
| Lyxor ETF EuroMTS AAA Government Bond | ⓣ | FR 001 082 025 8 |
| iShares Markit iBoxx € Liquid Sovereigns Capped 1.5-10.5 (DE) | | DE 000 A0H 078 5 |
| ETFlab iBoxx € Liquid Sovereign Diversified 1-10 | | DE 000 ETF L11 0 |
| db x-trackers iBoxx € Sovereigns Eurozone ETF 1C | ⓣ | LU 029 035 571 7 |
| ComStage ETF iBoxx € Liquid Sovereigns Diversified Overall | ⓣ | LU 044 460 564 5 |
| Amundi ETF Govt Bond EuroMTS Broad | ⓣ | FR 001 075 419 2 |
| Lyxor ETF EuroMTS Global | ⓣ | FR 001 002 886 0 |
| db x-trackers II Global Sovereign EUR Hedged ETF 1C | ⓣ | LU 037 881 813 1 |
| **... MIT INFLATIONSINDEXIERTEN STAATSANLEIHEN** | | |
| Amundi ETF Euro Inflation | ⓣ | FR 001 075 412 7 |
| db x-trackers iBoxx € Inflation-Linked ETF | ⓣ | LU 029 035 822 4 |
| CS ETF on iBoxx EUR Inflation Linked B | ⓣ | IE 00B 3VT Q64 0 |
| iShares Barclays Capital Euro Inflation Linked Bond | ⓣ | DE 000 A0H G2S 8 |
| Lyxor ETF EuroMTS Inflation Linked | ⓣ | FR 001 017 429 2 |
| ComStage ETF iBoxx € Sovereigns Inflation-Linked Euro-Infl. | ⓣ | LU 044 460 718 7 |
| db x-trackers iBoxx Global Inflation-linked Hedged ETF | ⓣ | LU 029 035 792 9 |
| **... MIT STAATSANLEIHEN, PFANDBRIEFEN UND UNTERNEHMENSANLEIHEN GEMISCHT** | | |
| iShares Barclays Capital Euro Aggregate Bond | | DE 000 A0R M44 7 |
| **... MIT PFANDBRIEFEN** | | |
| iShares eb.rexx Jumbo Pfandbriefe (DE) | | DE 000 263 526 5 |
| db x-trackers iBoxx € Germany Covered ETF 1C | ⓣ | LU 032 146 350 6 |
| ETFlab iBoxx € Liquid Germany Covered Diversified | | DE 000 ETF L35 9 |
| iShares Markit iBoxx Euro Covered Bond | | DE 000 A0R FEE 5 |
| Lyxor ETF EuroMTS Covered Bond Aggregate | ⓣ | FR 001 048 112 7 |
| **... MIT UNTERNEHMENSANLEIHEN** | | |
| iShares Markit iBoxx Euro Corporate Bond | | DE 000 251 124 3 |
| Lyxor ETF Euro Corporate Bond | | FR 001 073 754 4 |
| iShares Barclays Capital Euro Corporate Bond | | DE 000 A0R M45 4 |

ⓣ = Thesaurierend, das heißt die Erträge des Fonds werden nicht ausgeschüttet, sondern wieder im Fonds angelegt.

| | Innerhalb der Gruppe haben wir die Fonds mit den jeweils sichersten Anleihen nach oben gestellt. | |
|---|---|---|
| | **Nachgebildeter Index** | **Anlageschwerpunkt** |
| | eb.rexx Government Germany | Nur deutsche Staatsanleihen mit verschiedenen Laufzeiten |
| | Deutsche Börse Eurogov Germany | Nur deutsche Staatsanleihen mit verschiedenen Laufzeiten |
| | EuroMTS Eurozone AAA Government | Euro-Staatsanleihen mit bester Bonität, keine Krisenstaaten |
| | Markit iBoxx € Liquid Sovereigns Capped 1.5-10.5 | Euro-Staatsanleihen, verschiedene Laufzeiten und Ratings |
| | Markit iBoxx € Liquid Sovereign Diversified 1-10 | Euro-Staatsanleihen, verschiedene Laufzeiten und Ratings |
| | Markit iBoxx € Eurozone | Euro-Staatsanleihen, verschiedene Laufzeiten und Ratings |
| | Markit iBoxx € Liquid Sovereigns Diversified | Euro-Staatsanleihen, verschiedene Laufzeiten und Ratings |
| | EuroMTS Eurozone Government Broad | Euro-Staatsanleihen, verschiedene Laufzeiten und Ratings |
| | EuroMTS Global | Euro-Staatsanleihen, verschiedene Laufzeiten und Ratings |
| | DB Global Investment Grade Sovereign EUR Hedged | Staatsanleihen weltweit, Schwerpunkte: USA, Japan, Italien |
| | Markit iBoxx € Inflation-Linked | Euro-Staatsanleihen, Schwerpunkte: Frankreich, Italien, BRD |
| | Markit iBoxx € Inflation-Linked | Euro-Staatsanleihen, Schwerpunkte: Frankreich, Italien, BRD |
| | Markit iBoxx € Inflation-Linked | Euro-Staatsanleihen, Schwerpunkte: Frankreich, Italien, BRD |
| | Barclays Capital Euro Government Inflation Linked Bond | Euro-Staatsanleihen, Schwerpunkte: Frankreich, Italien, BRD |
| | EuroMTS Inflation Linked | Euro-Staatsanleihen, Schwerpunkte: Frankreich, Italien, BRD |
| | Markit iBoxx € Inflation-Linked Euro-Inflation | Euro-Staatsanleihen, Schwerpunkte: Italien, Frankreich, BRD |
| | Markit iBoxx Global Inflation-Linked EUR Hedged | Staatsanleihen weltweit, größtes Gewicht: USA |
| | Barclays Capital Euro Aggregate Bond | Anleihen weltweit, verschiedene Laufzeiten und Ratings |
| | eb.rexx Jumbo Pfandbriefe | Nur deutsche Jumbo-Pfandbriefe, verschiedene Laufzeiten |
| | Markit iBoxx € Germany Covered | Nur deutsche Pfandbriefe, verschiedene Laufzeiten |
| | Markit iBoxx € Liquid Germany Covered Diversified | Nur deutsche Pfandbriefe, verschiedene Laufzeiten |
| | Markit iBoxx € Covered Bond | Pfandbriefe weltweit, Schwerpunkte: Spanien, Frankreich |
| | EuroMTS Covered Bond Aggregate | Pfandbriefe weltweit, Schwerpunkte: Spanien, England |
| | Markit iBoxx € Liquid Corporates | Unternehmensanleihen weltweit, Investment-Grade-Rating |
| | Markit iBoxx € Liquid Corporates | Unternehmensanleihen weltweit, Investment-Grade-Rating |
| | Barclays Capital Euro Corporate Bond | Unternehmensanleihen weltweit, mehr als 1300 Titel |
| | Stand: 28. Februar 2011 | |

# REGISTER

## A
Abgeltungsteuer 24
Abrechnungspreis 39
Aktien 49, 55, 133
– Inflationsschutz von 55
– Einfluss der Politik 65
– Risikobereitschaft 65
Aktienfonds 69, 142
–, aktive 70
–, passive 71, 74
Aktienfonds Deutschland 154
Aktienfonds Europa 143, 151
Aktienfonds Schwellenländer 157
Aktienfonds Welt 143, 148
Aktiengesellschaft (AG) 62
Aktienrendite 62, 65
Anlagedauer 106, 130, 133
Anlageklassen 122
Anlegerentschädigungsgesetz 13
Anleihen 17, 27, 133
– in Fremdwährung 40
– Kurs 28
– Laufzeit 32
– Liquidität oder Handel 27
– Renditen 28
Antizipation 54
Aufsichtsrat 62
Ausgabeaufschläge 74
Ausschüttender Fonds 141

## B
Bankeinlagensicherung, gesetzliche 13
Bankprovision 33
Bargeld 51
Barren 80
Barreserve 19
Bausparfinanzierung 88
Bausparkassen 15
Benchmark 70
Beratung 109
Berichtspflicht 62
Bilanzfälschungsskandale 61
Blindpools 52
Bonität 30, 43
Börsenguru 113
Börsenpauschale 34
Börsenwert 62
Bottom-up-Analyse 5
Bretton-Woods-System 51, 56
Bric-Staaten 157
Broker 75
Bruttoanfangsrendite 85, 96
Bruttoinlandsprodukt (BIP) 11
Buchwert 67
Bundesanleihen 136
–, inflationsindexierte 38
Bundesanstalt für Finanzdienstleistungsaufsicht (BaFin) 15
Bundeswertpapiere 7, 36

## C
C-Dax 155
Chance bei Fonds 142
Collective Action Clause (CAC) 37
Covered Bonds 45

## D
Dax 62
Depot 75, 124, 141
– Kosten 114
– Wechsel 117
Depotbeimischungen 146
Derivate 148
Devisenreserven 51
Direktbanken 115
Diversifikation 123
Dividende 62
Dividendenrendite 67
Dominante Fonds 141
Dreieck, magisches 119
Duration, modifizierte 34

## E
EdB-Sicherungsgrenze 14
Effektivzins 21, 147
Effiziente Fonds 141
Eigenheim siehe Immobilien
Eigenkapitalrendite 94
Eigentumswohnung 91
–, vermietete 94
Einlagensicherung, europäische 16
Einlagensicherungsfonds des Bundesverbandes deutscher Banken (BdB) 14

# REGISTER

Einlagensicherungs-
  gesetz 13
Emerging Markets 157
Emission 27
Emissionspreis 29
Emittenten 17
Emittentenrisiko 17
Endfälligkeitsrendite 147
Energien, erneuerbare 90
Energiewende 66
Enteignung der Sparer 10
Entgelte Dritter 115
Entschädigung 13
– Rechtsanspruch 14
Entschädigungseinrichtung
  deutscher Banken (EdB) 13
Entschädigungsverfahren 14
Ertragsfaktor 85
ETF (exchange traded
  funds) 45, 71, 129, 146
– Kosten 75
–, ohne Wertpapier-Port-
  folio 73
–, physische 71
–, synthetische 72
Euribor (Euro Interbank
  Offered Rate) 32
Euroland-Indexfonds 146
Europäische Zentralbank
  (EZB) 8, 22
Euro-Staatsanleihen 36
Exchange Traded Commo-
  dities (ETC) 80
Exchange Traded Funds
  siehe auch ETF 71
Extrem-Strategien 8

## F

Festgeld 21, 137
Festgeldzinsen 22
Festpreisgeschäfte 35
Finanzkrise 8
Firmenbonds siehe Unter-
  nehmensanleihen
Fonds 58, 141
–, aktiv gemanagte 45, 70
–, dominante 141
– Empfehlungen 160
–, effiziente 141
–, geschlossene 52
– Insolvenzschutz 17
–, passive 70
Fondsauswahl 102
Fondsgesellschaften 74
Fondsmanager 70, 142
Fremdwährungsanleihen 40
Fully Funded Swap Fund 73
Futures 53

## G

Garantiedepot 129
– Kosten 132
Geldmarktpapiere 28
Geldwertstabilität 51, 136
Gesamtmarkt 70
Gewerbeimmobilien 102
Global Emerging
  Markets 159
Gold 8, 49, 56, 77
– Inflationsschutz 56
– Kosten 80
Gold-ETC 80
Goldfixing 81
Growth-Ansatz 143

## H

Haftungshöhe 14
Handelskosten 116
Herdenverhalten 64
High-Yields 28
Hyperinflation 49
Hypothekenpfandbriefe 41

## I

Immobilien 8, 49, 57, 83
– Abschreibungen bei 98
– Altersvorsorge 89
– Bewertung 85
– Eigenheim 89
– Eigenkapital 87
– Finanzierungsplan 88
– Fördermittel 91
– Gewerbeimmobilien 58
– Inflationsschutz von 57
– Investitionsplan 96
– Lage 86
– Preisschwankungen 84
– Risiken 84
–, selbstgenutzte 89
– Suche 99
– Tilgung Kredit 88
– Veräußerungsgewinne 98
– Wohnimmobilien 58
– Zinsbindung 88
Immobilienfonds, offene 100
Indexfonds siehe ETF
Inflation 7, 50, 131, 135
Inflationsschutz 54
Inflationsschutzdepot 135
Inhaberschuldverschrei-
  bungen 17

Insolvenzschutz bei Fonds 17
Institutssicherung der Sparkassen-Finanzgruppe (DSGV) 15
Investmentfonds siehe Fonds
Investmentgrade 29, 31, 43
Investmentlegende 113

**J**
Jahresnettokaltmiete 85
Jumbo-Pfandbriefe 42
Junk-Bonds 43

**K**
Kaufkraftverlust 136
Kennzahlen zur Aktienanalyse 68
Key Investor Document (KID) 111
Konsum, nicht zyklischer 171
Korrelation von Geldanlagen 122
KfW-Kredite 90
Kreditwürdigkeit siehe Bonität
Kreditzinsen 98
Krisenschutz 49
Kupontermin 29
Kurs-Buchwert-Verhältnis (KBV) 67
Kurs-Gewinn-Verhältnis (KGV) 66
Kurswert 29

**L**
Laufzeiten 132
Leihe bei ETF 71
Leitindex 152
Leitzinsen 33, 137
Liquiditätsquote 101

**M**
Made in Germany 154
Marktbreiter Fonds 141
Marktzinsentwicklung 139
Marktzinsniveau 32
M-Dax 63
Megatrends 116
Mietersparnis 89
Mietspiegel 93
Mifid 115
Mindestrendite 133
Mittelstandsanleihen 44
MSCI World 70, 133, 148, 156
Münzen 80

**N**
Nennwert 28, 29
New Economy 61
Nominalwerte 50
Nominalzins 21
Notenbankkredite 9

**O**
Onlineorder 115

**P**
Patente 67
Pfandbriefe 41
–, öffentliche 41
Physischer ETF 71

Privatbanken 14
Produktinformationsblätter 111
Prognosen 112
Protokoll 110

**R**
Rating 29
Ratingagenturen 31
Realzins 10
–, negativer 11
Rebalancing 124
Referenzfonds 141
Referenzkonten 19
Referenzzinssätze 32
Renditechancen 129
Renditedifferenzen 33
Rendite 29, 118
–, laufende 147
Renten-ETF 45, 170
Rentenfonds 45
– Renditekennzahlen 147
Rentenfonds Euro 144, 144
Rentenindexfonds siehe Renten-ETF
Rentenindex REX General RI 133
Restlaufzeit bei Aktien 34
Risiken vermeiden 121
Risiko bei Fonds 141
Rohstoffe 53
Rückschlagspotenzial 84
Rückzahlungsbetrag 29

**S**
Sachwerte 77
– Anlagedauer 55
–, börsengehandelte 53
– Risiken 53

Schadensfall 15
Schiffspfandbriefe 41
Schulden 11
Schuldenmessung,
  relative 11
Schuldenquote 11
Schuldverschreibungen 41
Schwellenländer siehe
  Emerging Markets
Sicherheit 129
– von Bankeinlagen 13
– von Fonds 17
– von Zertifikaten 17
Sicherheitsdepot 133
Sicherungssysteme 13
– Grenzen 16
Sonderabschreibungen 98
Sondervermögen 17, 116
Sparbriefe 24
–, abgezinste 25
–, aufgezinste 25
– mit jährlicher Zins-
  zahlung 24
Sparbuch 19
Sparkassen 15
Spread 33, 34
Staatsanleihen 27
–, europäische 36
–, deutsche siehe Bundes-
  wertpapiere
Star-Ökonomen 113
Steuerpflichtige Einkünfte 98
Steuerregeln für Vermieter 98
Steuervorteil 89
Strategie, antizyklische 124
Streubesitz 62
Stückzinsen 29, 35
Substanzwerte 142, 143
Swaps 72

Synthetischer ETF 71

**T**
Tagesgeld 19, 137
– Direktbanken 21
– Nebenkosten 20
Tec-Dax 63
Teilreplizierende ETF 71
Thesaurierender Fonds 142
Top-down-Analyse 5
Transaktionskosten 102, 115
Transparenzpflicht 110
Treppenstrategie 138

**U**
Umschuldungsklausel 37
Unterdeckung 96
Unternehmensanalyse 5
Unternehmensanleihen 43
Unternehmensbeteiligun-
  gen 123

**V**
Value-Ansatz 143
Verband deutscher Pfand-
  briefbanken (vdp) 42
Verbraucherpreisindex 39, 50
Vergleichsindex 70
Volksbanken 15
Vollreplikation 71

**W**
Wachstumswerte 143
Währungsrisiko Gold 78
Warenterminkontrakte 53
Werbungskosten 98
Wertpapierdepot 116

Wertpapiere 78
–, festverzinsliche 24
Wesentliche Anleger-
  information 111
Wirtschaftsleistung 10
Wohnimmobilien 83
Wohn-Riester 90

**Z**
Zertifikate 17
Zinsen
–, steigende 95
–, variable 19
Zinsgefälle 120, 139
Zinskupon 28
Zinstief 12
Zinstreppe, falsche 20
Zinszahlungen, festge-
  schriebene 28
Zinszahlungstermin 29

## IMPRESSUM

© 2013 Stiftung Warentest, Berlin

Stiftung Warentest
Lützowplatz 11–13
10785 Berlin
Telefon 0 30/26 31–0
Fax 0 30/26 31–25 25
www.test.de
email@stiftung-warentest.de

USt.-IdNr.: DE136725570

**Vorstand:** Hubertus Primus
**Weiteres Mitglied der Geschäftsleitung:**
Dr. Holger Brackemann
(Bereichsleiter Untersuchungen)

Alle veröffentlichten Beiträge sind urheberrechtlich geschützt. Die Reproduktion – ganz oder in Teilen – bedarf ungeachtet des Mediums der vorherigen schriftlichen Zustimmung des Verlags. Alle übrigen Rechte bleiben vorbehalten.

**Programmleitung:** Niclas Dewitz

**Autor:** Markus Neumann
**Projektleitung/Lektorat:** Ursula Rieth
**Mitarbeit:** Veronika Schuster
**Korrektorat:** Hartmut Schönfuß
**Fachliche Unterstützung:** Roland Aulitzky, Karin Baur, Dr. Bernd Brückmann, Uwe Döhler, Thomas Krüger, Jörg Sahr, Hermann-Josef Tenhagen, Rainer Zuppe
**Titelentwurf:** Susann Unger, Berlin
**Layout:** Pauline Schimmelpenninck Büro für Gestaltung, Berlin
**Illustrationen:** Finanztest; Florian Brendel, Berlin
**Grafik, Satz und Bildredaktion:** Büro Brendel, Berlin
**Bildnachweis:** thinkstock (Titel);
plainpicture: Ben Clark (S. 26), Cultura (S. 06, 140), Elektrons 08 (S. 104), Lumiimages (S. 128), Maskot (S. 48), PhotoAlto (S. 18), Tobias Leipnitz (S. 76); thinkstock: iStockphoto (S. 60), Ciaran Griffin (S. 82)
**Produktion:** Vera Göring
**Verlagsherstellung:** Rita Brosius (Ltg.), Susanne Beeh
**Litho:** tiff.any, Berlin
**Druck:** CPI books GmbH, Leck

**ISBN: 978-3-86851-348-6**